中国金融四十人论坛
CHINA FINANCE 40 FORUM

致力于夯实中国金融学术基础，探究金融领域前沿课题，引领金融理念突破与创新，推动中国金融改革与发展。

结构性改革

中国经济的问题与对策

黄奇帆◎著

中信出版集团｜北京

图书在版编目（CIP）数据

结构性改革 / 黄奇帆著 . -- 北京：中信出版社，
2020.8（2024.12 重印）
　　ISBN 978-7-5217-1864-5

Ⅰ . ①结… Ⅱ . ①黄… Ⅲ . ①中国经济—经济改革—
研究 Ⅳ . ① F12

中国版本图书馆 CIP 数据核字（2020）第 076160 号

结构性改革

著　　者：黄奇帆
出版发行：中信出版集团股份有限公司
　　　　　（北京市朝阳区东三环北路27号嘉铭中心　邮编 100020）
承 印 者：北京通州皇家印刷厂

开　　本：155mm×230mm　1/16　　印　张：28　　字　数：350千字
版　　次：2020 年 8 月第 1 版　　　　印　次：2024年12月第36次印刷
书　　号：ISBN 978-7-5217-1864-5
定　　价：88.00 元

版权所有·侵权必究
如有印刷、装订问题，本公司负责调换。
服务热线：400-600-8099
投稿邮箱：author@citicpub.com

"中国金融四十人论坛书系"专注于宏观经济和金融领域,着力金融政策研究,力图引领金融理念突破与创新,打造高端、权威、兼具学术品质与政策价值的智库书系品牌。

中国金融四十人论坛是中国最具影响力的非官方、非营利性金融专业智库平台,专注于经济金融领域的政策研究与交流。论坛正式成员由40位40岁上下的金融精锐组成。论坛致力于以前瞻视野和探索精神,夯实中国金融学术基础,研究金融领域前沿课题,推动中国金融业改革与发展。

自2009年以来,"中国金融四十人论坛书系"及旗下"新金融书系""浦山书系"已出版100余本专著。凭借深入、严谨、前沿的研究成果,该书系已经在金融业内积累了良好口碑,并形成了广泛的影响力。

目　录

- 序　一 I
- 序　二 V
- 前　言 XIII

- **第一章　深入推进供给侧结构性改革**
  紧抓供给侧结构性改革主线 003
  深化土地要素市场化改革应把握好五个方面 018
  推进金融供给侧结构性改革的框架思考 040
  要素市场化配置是全面深化改革新突破 049
  推动公共卫生防疫领域供给侧全面改革 056

- **第二章　去杠杆与金融风险防范**
  如何打赢去杠杆攻坚战 067
  金融的本质 083
  加强金融企业和金融活动全生命周期风险防范 087
  P2P与互联网金融的风险防范 098
  去杠杆尤需提高股权融资比例 103

第三章　新时代资本市场高质量发展之路

中国资本市场的发展历程、功能及不足　111

调整资本市场基础性制度的十二条建议　119

完善两项根基性制度：注册制与退市制度　133

完善年金制度，充实长期资本来源　140

改革现行住房公积金制度，可与年金制度合二为一　151

香港资本市场再出发　161

第四章　"数字化"重塑经济社会生态

"数字化"背景下经济社会发展的新特征、新趋势　169

未来数字货币发展展望　200

5G背景下金融科技的特征和发展路径　212

推动智慧城市建设的五个平衡与五个关键　225

全球贸易的数字新趋势　232

第五章　房地产长效机制建设

建立房地产调控五大长效机制　239

房地产开发企业要摒弃的八种运行方式　258

房地产业未来趋势、运营方式和政府管控方式　265

第六章　国有企业资本运作与地方政府营商环境改善

国有企业的功能、比重以及基本运作　289

地方政府推动高质量发展的六个抓手　304

改善营商环境的两个关键　319

地方政府招商引资的十种有效方式　334

第七章　全面开放：应对国际新格局

新时代我国开放的新格局、新特征　347

应对中美贸易摩擦，中国要打好五张牌　359

建设自贸试验区，补齐服务贸易发展短板　390

以内循环为主体，构建国内国际双循环新格局　397

后　记　研究经济学是一辈子的事儿　419

序 一
一部为解决经济难题提供对策的好书

针对当前国民经济面临的一系列难题，奇帆同志所著的《结构性改革》提出了解决的思路和方案。这些难题有些是经济结构上的，有些是体制上的，都经过长期积累，严重制约着经济的持续健康高质量发展。由于他长期从事实际经济工作，在两个直辖市担任过重要领导职务，并且勤于学习、善于思考，他对困扰我们的各种问题的症结把握得非常准，能够透过纷繁复杂的现象看到本质。

他提出的解决问题的对策，有些是他对亲身经历的成功经验的总结，有些是对国际经验的比较借鉴，更多的是从实际出发独立思考的结果，具有很强的针对性和可操作性，如能付诸实施，一定能在宏观经济上产生好的效果。这里，列举几个我赞赏的对策。

如何尽快缩小城乡发展差距。城乡发展差距大是当前国民经济面临的最大矛盾。党的十九大提出我国社会的主要矛盾已经转化为人民日益增长的美好生活需要和不平衡不充分的发展之间的矛盾。发展的不平衡不充分集中体现在城乡之间发展的不平衡和农村发展的不充分。奇帆同志从我国最发达的城市上海调动到城乡反差最大的重庆工作，而且在重庆一干就是16年，他对城乡差距应当有着深切的感受。重庆是中央批准的统筹城乡综合配套改革试验区。在担任重庆市长期间，他为建立城乡一体化的发展体制进行了大胆实验，包括建立地票市场、鼓励农民工在城市落户等，为推动城乡融合发展创造了宝贵经验。在这本书中，他对如何有效配置城乡土地资源和农民工市民化进行了系统阐述。令人高兴的是，他的这些探索和建议，在2019年4月15日发布的《中共中央国务院关于建立健全城乡融合发展体制机制和政策体系的意见》和2020年国务院有关部门出台的一系列打破城乡市场壁垒、促进城乡融合发展的文件中，都得到了吸收和体现。前几年，重庆市的经济增长速度曾连续领跑全国，主要得益于城乡融合发展激活了蛰伏的发展潜能。如果重庆的这些改革举措能够在全国推广，汇聚成强大的发展新动能，经济下行压力必将得到缓解。

如何推进金融供给侧结构性改革。金融产业的改革发展是这本书的论述重点。我国金融业发展存在着以间接融资为主、直接融资为辅、保险业发展滞后的结构性矛盾。这本书运用大量数据和实例，对这些矛盾对于经济健康发展产生了哪些不利影响以及如何改革进行了有说服力的论述。特别值得一提的是，这本书将我国金融业与美国金融业相比较，就如何吸收美国的经验和教训，如何抓住机遇把我国资本市场和保险业做大做强以支持实体经济发展，提出了具体对策。此书分析了我国资本市场的9个不足，包括总量小、交易品种少、市场分割、发行机制不健全、退市制度不健全、上市公司质量有待提高、证券公司缺乏国际竞争力、投资者结构不合理、监管制度不健全。针对这些问题，奇帆同志提出了加强资本市场基础性制度建设的12条建议，主要有鼓励上市公司回购并注销本公司股票，遏制大股东高位套现行为，建立上市公司分红制度、注册制度和退市制度，取消股票交易印花税，允许企业年金等保险基金以适当比例投资股市，设立国家平准基金，赋予证券公司客户保证金管理权，重新设立中国成分股指数等。这些建议有的放矢、有理有据、切实可行，为深化资本市场制度改革提供了重要的智力支持。他还对发展企业年金、在去杠杆中规避风险、"数字化"的"五全基因"及其颠覆性作用，以及探索发行数字货币等问题提出了独到见解。

如何保持房地产行业平稳健康发展。房价过高是困扰许多城市的突出问题。这个问题处理不好，不仅影响民生和经济发展，而且孕育着很大的风险。奇帆同志根据重庆的成功经验，为解决这一矛盾提供了很好的答案：关键是要根据住房市场需求，合理增加城市住房建设的土地供给。在国家批准的建设用地指标严重不足的情况下，重庆通过地票市场把农村退出的建设用地转变为城市建设用地，满足了城市住宅建设用地需求，从而有效抑制了城市住房价格的上涨，把房价收入比控制在6~7，不仅满足了城市居民的需求，而且为进城落户的农民工提供了购房的机会。

如何深化国有企业改革。奇帆同志年轻时在国有企业当过工人，之后又担任过上海市经委主任，主管国有企业改革工作。以他对国有企业的深切了解，他提出的关于深化国企改革的建议具有很强的可行性。他把国有企业发展成混合所有制的股份制公司看作优化资源配置、建立现代企业制度的必然要求。他对如何建立国有资本运营公司做了深入思考，认为国有资本运营公司作为财务投资者，要像新加坡的淡马锡和巴菲特的投资公司那样，不参与企业经营，重在提高投资的回报率。这一类的公司应当做大做强，在国有总资本中的比例至少应提高到1/3。

如何缩小服务贸易逆差。我国货物贸易有大量顺差，但服务贸易逆差每年有近3 000亿美元，占全球服务贸易逆差的40%。他对如何通过办好自贸试验区带动服务贸易出口提出了很好的建议：应充分发挥货物贸易对服务贸易的带动作用，重点在跨国运输、货物保险、贸易清算结算、法律服务等方面培育出口能力。此外，在金融、教育、卫生、文化创意、技术贸易、服务外包、咨询服务、软件出口等领域，应通过扩大开放和培养人才，提高出口竞争力。

我和奇帆同志已经认识 30 多年了。1988 年他任上海经济信息中心主任，我在国家信息中心任副总经济师，从那时起我们开始在工作上有所交往。此后，我们虽然在不同岗位，但都活跃在改革开放发展的最前沿。对于他在不同岗位上做出的杰出成绩、发表的敏锐观点、表现出的勇于探索的改革精神，我都给予关注并由衷赞赏。2013 年，我们一起参加了党的十八届三中全会文件的起草，被分在一个小组。2019 年，奇帆同志被聘任为中国国际经济交流中心副理事长，我们有了更多的时间来讨论共同关心的问题。我对他的著作的出版表示祝贺！并希望他在经济研究领域创造新的业绩！

郑新立

中国国际经济交流中心副理事长

2020 年 4 月 19 日

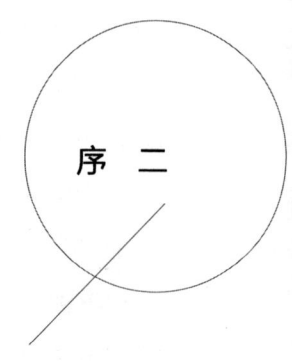

序 二

我与黄奇帆先生的直接交往不多，但神交已久。差不多二十年前，我的朋友崔之元教授兴奋地向我介绍了黄市长的许多经济理念，给我留下了深刻印象。此后，我便十分关注黄市长推出的新经济政策和他不时发表的经济观点。在我的心目中，他是中国"能员""干吏"中的佼佼者，而这些"能员""干吏"则是中国贤治（meritocracy）的基础。黄奇帆先生似乎并不总按常理出牌，但他解决问题的超常能力却使我叹服。

一直以来，我都想知道黄奇帆先生成功的秘诀是什么。《结构性改革》一书终于打开了一扇窗口，使我们得以窥见他的思想脉络和行事逻辑。如果中国其他同样富有实践经验的地方官员和政府大员都能像黄奇帆先生这样，在退出一线之后，深入总结自己为政的经验教训，使之系统化、理论化，那将不仅是中国经济学界之幸，而且是国家之幸。

《结构性改革》的内容十分丰富，涵盖了中国最近二十几年来几乎所有的重要理论和实践问题，其中还包括许多十分新潮的东西。囿于知识和阅历的限制，我没有能力全面评述此书，只能谈谈读后感。

列宁在《论策略书》一文中写道："现在必须弄清一个不容置辩

的真理，就是马克思主义者必须考虑生动的实际生活，必须考虑现实的确切事实，而不应当抱住昨天的理论不放，因为这种理论和任何理论一样，至多只能指出基本的和一般的东西，只能大体上概括实际生活中的复杂情况。'我的朋友，理论是灰色的，而生活之树是常青的。'"

一方面，作为长期主政一方经济的政府大员，黄奇帆先生有着学者只能望洋兴叹的解决大小经济问题的丰富实践经验。另一方面，他又是一位勤于思考、善于思考、乐于思考的思想者。用他自己的话说："对经济问题的思考与研究，早已成为自己的一种日常习惯、一种生活方式。"建立在丰富实践基础上的深入理论思考应该说是该书的一大特色。

由于来源于生活，又高于生活，在《结构性改革》一书中令人拍案叫绝的故事俯拾皆是。我希望黄奇帆先生以后还能更多地与我们分享这类故事。

故事一。2008年，内陆地区尚不存在电子产业，因为把零部件、原材料从沿海运到内陆一般要历经2 000千米，需要付出高昂的物流成本和时间成本。地处内陆的重庆要发展电子产品，就要把零部件、原材料本地化，实现企业上中下游产业链集群一体化。于是重庆承诺惠普董事长，如果对方把3 000万台电脑的生产订单转移到重庆，就保证两年内在对方厂址的1小时路程之内配套1 000家零部件厂，共同形成产业链集群。转过头来，重庆又承诺给富士康1 000万台惠普电脑的整机生产订单，前提是富士康将对应数量的零部件厂商引进重庆。事实上，零部件企业只要到了重庆，不仅可以完成1 000万台电脑的生产订单，而且可以为更多生产企业服务。两年内，重庆达成了当时承诺的目标，拥有了1 000多家电脑零部件厂商，并相继吸引了除惠普外其他六七家世界知名品牌的电脑厂商，每年生产

6 000万台电脑，多年保持产量稳定，占全球电脑生产总量的1/3。重庆成功打造了一整条齐全的产业链，相应的物流成本大幅降低，品牌商和产业链相互配合，中心零部件企业和供应链纽带无缝对接，成为一大核心竞争力。

故事二。重庆每年生产6 000万台电脑、2亿部手机，需要大量的液晶面板。而当时京东方的技术世界领先，市场前景广阔，但缺乏资金。重庆承诺帮助其筹集资金。京东方定向增发100亿股股票，每股2元多，由重庆企业买入，实现了200亿元投资，再向银行贷款140亿元，共计筹资340亿元。由于企业效益好、利润高，京东方的股票由最初的每股2元多涨到了每股4.5元，最高的时候甚至到了每股6元。在其股价为4.5元时，重庆企业将100亿股卖出，收回了200亿元，另外的250亿元并未被市政府征用，而是继续投资京东方，用于研发第六代柔性液晶面板。

故事三。"渝新欧"国际运输通道，满足了内陆几千万台产品市场对北美（30%）、亚洲（30%）和欧洲（40%）的分销，大大节省了时间与物流成本。如果产品在重庆生产后运到上海、广东等地，再通过船舶运到欧洲，一方面耗时需两个月，另一方面物流成本也很高，至少增加了2 000千米内陆到沿海的距离。这条"渝新欧"国际联运大通道同时解决了三大难题：一是六七个国家的海关一体化；二是各个国家铁路部门运行统一编制的时刻表；三是敲定铁路运费价格，压低运输成本。2011年铁路价格是一个集装箱每千米1美元，现在降到了每千米0.5美元，12 000千米距离只需要6 000美元运费。如果一个集装箱里面的货物价值足够高，"渝新欧"国际联运大通道的6 000美元运费就是经济的，所以现在大家都愿意用铁路进行运输。

"不谋万世者，不足谋一时；不谋全局者，不足谋一域。"黄奇帆先生对许多全局性、长期性重大问题的思考也是非常富有启发性的。

关于城乡土地资源配置问题，黄奇帆先生指出，一个农民在农村的宅基地用地平均为250平方米，城市建设性用地平均为100平方米。但农村的宅基地和建设用地没有退出，城市发展又需要建设用地。为实现城乡建设性用地指标增减挂钩总体平衡，将闲置的农民宅基地等农村建设用地，复垦为耕地，产生的建设用地指标（地票）作为土交所交易的主要标的物，在重庆市域内将农用地转为国有建设用地。宅基地产生的货币价值成为农民的原始资本，农民进城了，耕地总面积也并未减少。

关于人口红利问题，黄奇帆的角度同一般经济学家也不同。中国还有近3亿农民工，由于不能落户城区，这3亿农民工的劳动寿命减少了一半。与我国城市职工一般60岁退休不同，随着年龄的增长，农民工干到45岁左右时，沿海城市的企业一般就不聘用他了。他本来可以工作到60岁，现在只能工作到45岁，少了15年，相当于就业工龄少了1/3。同时，农民工在正常上班的时候，一年12个月里总有两个月回家探亲，这两个月回家的时间相当于全年的1/6。1/3+1/6=1/2，理论上农民工的工作寿命因为是农村户籍状态而不是城镇户籍状态，大体减少一半，换言之就是3亿人减少一半。所以户籍制度改革不仅关系到改善农民工待遇的问题、人权的问题、对农民关爱的问题，同样也关系到生产力问题和人口红利的问题。

关于铁路运输问题，黄奇帆先生认为，因为把货物转移到火车上很麻烦，大家就把货物装上汽车，进行长途运输，而汽车运输的成本是火车的3倍。但过去几十年各地开发区公共设施"七通一平"中，很少通铁路。事实上，只要一家企业有几十亿元产值，火车就要开到厂里去。现在产值几百亿元的企业的货物运输，全靠卡车拉，这些都是不经济的。

关于债务重组问题，黄奇帆也敢于触犯禁忌，他认为最重要的是要针对坏账欠债的困难企业拿出整改的具体方案，如果只是把债务包层层转包，那是务虚、套利。比如，银行有100亿元坏账，企业把这100亿元打包按20亿元卖给资产管理公司，资产管理公司把大包拆成小包，最后按30亿元又转出去。如果是这样的层层转包，最后接盘的人有什么能力帮助企业完成债转股或债务重组呢？倒霉的还是实体经济。

由于不仅有丰富的地方经验，而且有超越一时、一隅的大思路，黄奇帆先生成为借箸之人也就不足为奇了。

当然，《结构性改革》并不是一部地方大员的成功学或案例集锦。相反，黄奇帆先生不仅从自己独特的视角，对许多重要理论问题，系统地阐明了自己的观点，而且力图澄清一些本来应该由职业经济学家阐明，但却被经济学家说糊涂了的理论问题。黄奇帆先生"入侵"不同领域经济学家专属地盘的意图可以从《结构性改革》的目录清楚地看出来。《结构性改革》涉及了从供给侧改革的性质到数字经济，从房地产开发到国际政治、经济新格局等我们当前所关注的几乎所有重大领域。由于知识和专业的限制，我对黄奇帆先生书中所涉猎的许多问题没有立场和观点，不敢妄评。这里，我仅就自己相对熟悉的几个问题谈一下看法。

黄奇帆先生大作第一章的标题是"深入推进供给侧结构性改革"，可见他对供给侧结构性改革问题是高度重视的。我曾表示"供给侧"一词是日本汉字，读起来拗口。但如鲁迅先生所说，"走的人多了也就成了路"。读得多了，也就不拗口了。比起"侧"这个词，更重要的是如何理解"供给侧结构性改革"这个概念，如何理解供给侧结构性改革和宏观调控的关系。黄奇帆先生指出，"与宏观调控中的总量调控不同，供给侧结构性改革是经济运行体制机制的改革，解决的是结构性问题"，"供给侧结构性改革则是结构性、体制性的改革，改变的是经济运行内在机制"。用黄奇帆先生的话说，"货币政策和财政政策都属于需求侧的宏观调控，且侧重于短期。经济热了，需要逆周期政策，让经济冷一点；经济冷了，又需要逆周期政策，让经济热一点"。而供给侧结构性改革则是通过"体制机制性的改革"，给经济"带来长期性和结构性的变化"。我对黄奇帆先生的观点深以为然。供给侧结构性改革属于制度经济学、经济增长理论和发展经济学的范畴，而总需求管理则属于宏观经济学范畴。体制机制性改革（"制度变迁"），同资本积累和科学技术进步决定了经济的长期增长路径，决定了经济的潜在增长速度。上帝的归上帝，恺撒的归恺撒。把经济体制改革、经济结构调整和宏观调控对立起来是完全错误的。当然，在20世纪70年代，西方宏观经济理论中也有所谓"供应学派"。但这个供应学派同我们的"供给侧结构性改革"并没有什么太大关系，黄奇帆先生对此也做了清楚的解释。我这里不再赘述。

黄奇帆先生根据党的十八届三中全会、党的十九大的意图和要点，提出了今后应该推进的十条改革措施。其中，深化服务贸易领域开放、降低运输成本、延长女性退休年龄、大力推进农民工在城镇落户等属于生财型的改革，有利于创造新的财富；而加快金融领域对外开放、加快组建国有资本运营公司属于聚财型改革，可为经济注入新的活力；而取消住房公积金制度、健全企业年金制度、有效配置城乡土地资源、深化投融资PPP（政府和社会资本合作）模式改革属于资源优化配置型改革，可以显著提高资源配置效率，助推高质量发展。确实，正如黄奇帆先生指出的，如果各地方、各部门都可以按照十八届三中全会的改革框架开动脑筋，想一些真正能够起到实效的改革举措，共同努力，我国改革开放事业和现代化建设必将能进入一个新的发展阶段。

黄奇帆先生在《结构性改革》一书中对许多重大的理论问题提出了非常独到的见解,许多问题还有进一步探讨的空间。但是,一篇序言是不能写得过长的,我只好就此打住。

最后,我想说的一句话是,《结构性改革》是一部难得的好书,是一个聪明人写给我们这些不太聪明的人读的好书。我强烈建议中国的各级经济工作者和经济学者都来认真研究黄奇帆先生的这部著作。

中国社会科学院学部委员

2020 年 3 月 31 日

前　言

　　无论是宏观经济或微观经济，还是国际贸易市场或国内交易市场，抑或是工商企业或金融企业，各种宏观与微观系统中，往往都存在着矛盾、问题。如果想进一步脱困、发展乃至迎难而上，只有研究问题、分析问题、抓住问题的关键，才能找到解决问题的对策和路径。

　　如何解决问题呢？问题往往存在于系统之中、现状之中，表现为结构性的、体制性的、机制性的、制度性的问题。把握问题的关键，通常需要从这些方面去寻找原因。唯物辩证法告诉我们，世界是物质的，物质是运动的，世界上的一切事物都是矛盾的对立统一。毛泽东同志在《矛盾论》中写道："唯物辩证法的宇宙观主张从事物的内部、从一事物对他事物的关系去研究事物的发展，即把事物的发展看作是事物内部的必然的、自己的运动，而每一事物的运动都和它的周围其他事物互相联系着和互相影响着。"其中，"外因是变化的条件，内因是变化的根据，外因通过内因而起作用"。站在这样的哲学高度理解改革发展中的种种问题，就是通过改变问题的联系方式、边界条件，抓住问题的结构性短板、要素性短板、机制性短板，使矛盾的运动轨迹朝着理想的方向和预期的目标转化。总之，在面对复杂问题的时候，掌握马克思主义辩证法的基本规律，遵循"问题—结构—对策"的逻辑分析范式，问题基本上能迎刃而解。

改革开放40余年来，在党中央的领导下，我国在社会发展、经济建设、民生保障等方面取得了举世瞩目的巨大成就。但近年来我国实体经济中，结构性矛盾突出、金融服务实体经济能力不强、要素成本快速上升、创新能力不足、资源环境约束增强等问题也逐渐凸显。党的十八大以来，以习近平同志为核心的党中央在把握我国当前主要矛盾的基础上高瞻远瞩，提出了供给侧结构性改革的新思路。供给侧结构性改革的含义用辩证法来理解，就是改变一个国家、地区的经济中供给一侧的供给条件、边界条件。比如，"三去一降一补"中"降"的含义就是降低物流成本、税费成本、融资利息成本、劳动力供应成本以及各种资源要素的成本。当这些成本都降低了，整个经济结构就会变化，运行质量和效益就会显著提高。

自供给侧结构性改革实施以来，"三去一降一补"成效明显，产业结构加快升级，创新驱动作用逐步增强，改革红利持续释放。但经济发展中深层次的结构性、体制性制约尚未得到根本解决，供给侧结构性改革任务仍然没有结束。恰逢2018年中美贸易摩擦、2020年新冠肺炎疫情暴发，暴露了我国在许多领域仍然存在着短板和瓶颈，更凸显了改革的重要性和紧迫性。

面对当前的基础性、结构性难题，从2018年开始，我结合自己多年来解决问题的辩证思维方法，在各类论坛、校园授课发表了一系列演讲，在期刊上发表了多篇论文，阐述了我关于供给侧结构性改革的一系列观点。现在我将上述内容收录在本书中，以便读者阅读。

全书共分为七章。

第一章从供给侧结构性改革出发，提出了供给侧结构性改革是40年改革开放的魂，论证了我国的供给侧结构性改革与西方供应学派的三个根本上的不同，我们强调政府和市场两只手共同主导，强调需求与供给互不偏废，强调坚持公有制、非公有制经济共同发展不动摇。未来供给侧结构性改革要从各类要素入手，深化土地要素市场化配置改革，加快推进生财型、聚财型和资源优化配置型改革。金融领域的供给侧结构性改革要进一步改革货币体系、资本市场、利率体系，解决好金融市场开放效率不足和金融基础设施仍然较为薄弱的问题。公共卫生防控领域也要全面推进供给侧改革。

第二章主要讲述了我国过去几年来出现的宏观经济杠杆率过高现象以及如何"去杠杆"、防风险、避免系统性风险的发生。"去杠杆"的关键在于提高直接融资比例，大力发展资本市场。具体分析了P2P（点对点网络借款）与互联网金融风险防范的重要性，并提出要加强金融企业和金融活动全生命周期的风险防范问题。

第三章回顾了我国资本市场的发展历程、它扮演的主要功能，以及当前尚存的不足。为了进一步发展好资本市场，我们要加快调整资本市场的基础性制度，加快推动注册制、退市制，改革住房公积金，推动企业年金入市。同时，要进一步发挥好香港资本市场的功能，拓展香港国际金融中心的深度、广度和厚度。

第四章讲述了数字化的构成与颠覆性作用，以及它对人类社会各方面的影响。深入讨论了面向未来的全新数字货币，以及5G背景下金融科技的特征和发展路径。要抓住数字经济机遇，通过数字产业化、产业数字化，推动数字服务、数字贸易集群化发展，推动智慧城市建设，提高城市的效率和活力。

第五章解析了过去十几年我国房地产和实体经济出现的十大失

衡，以及要解决这些失衡问题，更好地促进房地产市场发展的五大长效调控机制。同时，分析并预判了今后十年房地产行业发展的六大趋势，对房地产企业来说，面对这些趋势，必须要摒弃盲目扩展、粗放建设、高债务发展等不合理的经营模式；对地方政府而言，必须要遵循六种管控原则。

第六章阐述了国有企业在国民经济中的重要功能、比重底线，国有经济与民营经济协同发展问题，以及国有资本投资公司与运营公司的区别特征和运行要求，论述了国有经济进行混合所有制改革的必要性以及几种混改方式。在招商引资、与社会资本合作时，政府要改善政府服务方式、降低要素成本、保护社会资本的合法权益。

第七章阐述了新时代我国改革开放面临的新局面、新特征。在中美贸易摩擦、国际贸易保护主义抬头的情况下，我们要认识贸易摩擦的长期性、严峻性，坚持原则，打好我们的市场牌、产业链牌、金融牌、科技牌、开放牌等一系列组合牌。未来进一步通过自贸区建设，扩大服务贸易规模，加快构建完整的内需体系，形成国内国际双循环相互促进的新格局。

上述内容就是我这两年多来的一系列研究成果。恰逢百年未有之大变局，经济转型发展、中美贸易摩擦、新冠肺炎疫情暴发等问题交相叠加，无不考验着我们面对复杂问题的智慧和勇气。"青山座座皆巍峨，壮心上下勇求索。"面对改革的新问题，只要我们坚持马克思主义辩证法，从基础性、结构性、机制性、制度性多个维度剖析问题的短板，抓住问题的关键矛盾，就能找到合理的解决方案。

2020 年 3 月 2 日

第一章

深入推进供给侧结构性改革

紧抓供给侧结构性改革主线

●

供给侧结构性改革是习近平总书记在 2015 年中央财经领导小组第十一次会议上第一次提出来的，是回答和解决站在我国新的历史阶段和改革开放形成的新起点上，如何引领我国继续大踏步跟上时代，顺利实现现代化，实现伟大民族复兴宏伟目标，在"强起来"新时代构建现代化经济体系对接"中国梦"这个重大时代命题的"最新方案"和"最佳方案"。

我们一定要完整地理解供给侧结构性改革。可以用"供给侧＋结构性＋改革"这一公式来理解，即要从供给侧问题的研究出发，围绕具有重大潜在红利但又被制度压抑的供给侧问题，对症下药，用改革的办法解决问题，推进结构调整，实现资源优化配置，矫正要素配置扭曲，扩大有效供给，提高供给结构对需求变化的适应性和灵活性，提高全要素生产率，更好满足广大人民群众对美好生活的需要，促进经济社会持续健康发展。

2016 年 5 月，习总书记在中央财经领导小组第十三次会议上指出,供给侧结构性改革的根本目的是提高供给质量满足需要,使供给能力更好满足人民日益增长的物质文化需要;主攻方向是减少无效供给,扩大有效供给,提高供给结构对需求结构的适应性,当前重点是推进"三去一降一补"(去产能、去库存、去杠杆、降成本、补短板)五大任务;本质属性是深化改革,推进国有企业改革,加快政府职能转变,深化价格、财税、金融、社保等领域基础性改革。可见,供给侧结构性改革是一个复杂的系统工程,涉及方方面面。

一、供给侧结构性改革与西方供应学派有根本区别

与宏观调控中的总量调控不同,供给侧结构性改革是经济运行体制机制的改革,解决的是结构性问题。譬如说,如果把经济运行看成发动机在工作,总量调控相当于在调节发动机的油门,油门大小影响发动机的运行速度;而供给侧结构性改革则是对发动机的内在构造进行调整,对气缸、变速器、给油回路进行改造,是结构性、体制性的改革,改变的是经济运行的内在机制。因此,在切入点上,强调从供给侧下手,通过激活市场主体(企业组织供给)、优化要素配置(要素供给)、降低营商成本(成本供给)、提高市场效率(制度供给)、增强创新动能(创新供给)等措施,着力提高供给体系质量和效率,增强供给结构对需求变化的适应性和灵活性。

自中央提出供给侧结构性改革以来,国内社会各界热烈讨论拥护,国际社会也高度评价。但实践中仍然存在对供给侧结构性改革认识不足的问题,特别是有不少人将其与西方供应学派混为一谈,因此十分有必要把供给侧结构性改革与西方供应学派的区别再做进一步解释宣传,以正视听。毋庸置疑,我国的供给侧结构性改革与西方供应学派有着根本性的区别,"不是一回事儿"。归纳起来,主要

有三个方面的不同。

（一）宏观经济背景不同

美国供应学派出现的主要宏观经济背景是美国20世纪70年代突发的"滞胀"问题。当时的美国经济，一方面经济增长低迷，接近于零；另一方面，通货膨胀达到15%以上。针对于此，在里根担任美国总统之前，美联储主席保罗·沃尔克利用需求管理手段来约束、扼制通货膨胀问题，把名义利率提高到20%以上，政策结果对于扼制通货膨胀发挥了重要作用，但对滞胀中的"滞"的解决却毫无贡献。1981年，里根提出"经济复兴计划"，声明与过去美国政府以需求学派为指导思想的政策相决裂，改以供应学派理论为依据，采取了大幅度减税和削减社会福利等措施，以刺激经济增长和减少政府干预及赤字压力，并主导了两次重要的减税措施的制定与实施。里根经济政策扭转了20世纪80年代初美国经济的滞胀局面，推动了相对一个时期美国经济持续增长，并有效平抑了通货膨胀，保持赤字大体处于可控制水平。

我国供给侧结构性改革产生的主要宏观经济背景与美国当年所面临的"滞胀"完全不同，当前我国所面临的是经济发展阶段转换过程中的中长期增长和结构调整遇到的瓶颈制约。改革开放以来我国经济高速增长堪称"中国奇迹"，但未来10~30年的发展将面临来自内部和外部两方面的减速压力，经济可持续快速发展的难度显著加大。从内部因素看，与自身技术水平提升、改革红利、内需扩大、加大投资等有关，高速增长作为后发经济体在特定追赶时期的一种普遍增长形态，会随着与前沿国家技术差距和其他相关要素、机制差别的缩小，而呈现出增长速度规律性地向成熟经济体水平逐步收敛的态势，这意味着我国在经济发展初期所具备的技术性后发优势、帕累托式的改革红利等，将逐渐消失殆尽。

从全球范围看，拉美地区多国都曾经历30年黄金增长期，日本、韩国在赶超的过程中也曾经历先高速增长后逐步放缓的阶段。我国经济也正是在2010年进入中等收入阶段之后开始逐步放缓的。从外部因素看，我国经济的高速增长与全面开放条件下人口、原材料等要素红利作用下的全球化份额攀升有关。然而，自2008年全球经济危机爆发以来，尽管美国、欧洲、日本等经济体采取了以宽松货币政策为核心的宏观经济政策，但总体形势复杂严峻，我国以欧美日等主要贸易伙伴的需求带动出口进而带动经济增长的模式，在可预见的未来将不可持续。为了处理好新阶段"动力机制转换和优化"问题，需要考虑"怎么促使微观经济主体潜力和活力充分释放"，需要建构经济增长中转型升级的新动力机制。

（二）经济学学理支撑不同

审视西方供应学派理论，主要有三个流派：一是萨伊定律，认为"供给创造自己的需求"；二是拉弗曲线，认为"高税收会抵制供给"；三是诺斯制度变迁理论，用制度经济学的方法来解释历史上的经济增长。总体看，这些理论虽然具有一定的合理性，实践上也为一些国家某个阶段经济复苏提供了支撑，但同我们的供给侧结构性改革有本质的不同。我理解，主要有三大不同。

首先，美国供应学派认为经济增长的唯一源泉在供给侧，强调供给会自动创造需求，片面地主张从供给着手推动经济发展，甚至主张与需求管理"彻底决裂"。我国的供给侧结构性改革既不实行需求紧缩，也不放弃需求管理，而是强调在传统的需求管理还有一定作用和优化提升空间的同时，释放新需求，创造新供给，着力改善供给环境，优化供给侧机制，特别是通过改进制度供给，大力激发微观经济主体活力，构建、塑造和强化经济长期稳定发展的新动力。

其次，美国供应学派认为，供应学派的制度化供给是基于私有化的制度供给，认为只有私有化才能提高效率。我国是社会主义市场经济，强调公有制经济和非公有制经济共同发展，"两个轮子一起转"。

最后，美国供应学派的学理逻辑是在新自由主义取向下，认为应尽量减少政府对经济的干预，推崇政府的无为。而我国供给侧结构性改革的大背景是十八届三中全会提出的政府积极全面深化改革，学理逻辑是在强调"充分发挥市场在资源配置中的决定性作用"的同时，亦要求"政府更好发挥作用"，更为注重"有效市场"与"有为、有限政府"相结合。

（三）宏观政策要领不同

首先，美国供应学派认为增加政府支出会抑制储蓄和投资，不会增加就业和产量，倾向于政府"无为而治"。我国供给侧结构性改革则认为货币政策主要是对总量调控较为有效的政策手段，而财政政策才是具有"区别对待"针对性的，是对结构性调整更为有效的政策手段，主张践行适度扩大政府支出的积极的财政政策，在合理范围内扩大财政赤字，提升支出作用空间。

其次，美国供应学派主要侧重于减税，尤其是对累进税制高税率的削减，不注意全面的政策配套。我国供给侧结构性改革所强调的减税，则是在多年结构性减税基础上配合全面改革和生产方式转变的进一步调整。随着2007年我国新的企业所得税、研发费用加计扣除等促进创新的税收政策已逐步放宽和落实，此轮减税从税种变化到税基、税率等变化，目标均在于进一步调整产业结构、转变发展方式、提升发展质量，配合的机制主要是继续深化分级分税财政体制改革，寻求长治久安，而非仅以减少税收总量的手段刺激短期增长。

最后，美国供应学派基于新自由主义，反对国家过度干预货币发行量，在货币政策上主张紧缩，试图通过提升储蓄率，既提高增长速度又缓解通货膨胀。我国供给侧结构性改革则强调积极发挥货币政策的作用，保持流动性合理充裕和社会融资总量适度增长，以带有灵活适度特征的稳健货币政策既防止通缩又防范通胀，适度降低储蓄率。同时在扩大财政赤字的基础上，更加注重财政政策在结构性调整中的针对性作用，并以国债及政策性金融等有效结合机制，实现财政政策与货币政策的合理搭配、科学调控。

总之，中央提出的供给侧结构性改革，着眼点是解放和发展社会生产力，关键是用改革的办法推进结构调整，减少无效和低端供给，扩大有效和中高端供给，增强供给结构对需求变化的适应性和灵活性，提高全要素生产率，是一个宏大的系统工程式提升质量和效益的战略创新。实际上，我国的供给侧结构性改革从西方的经验中是找不到的，回顾 40 多年改革开放，特别是经济体制改革的历程可以发现，我国的改革从来是以问题为导向的。围绕有重大潜在红利的供给侧问题，推动一批生财型、聚财型、资源优化配置型的改革，以生产关系的调整，释放并促进生产力的加速度发展。

二、供给侧结构性改革是改革开放40年一脉相承并与时俱进的主线

（一）改革开放是我国40多年持续稳定发展的根本动力，是我党一以贯之的战略方针

回顾我国改革开放 40 多年历程，正是不断调整落后、僵化的生产关系以适应不断发展变化的生产力的过程，正是不断自觉进行改

革开放、释放微观市场主体潜力与聪明才智、提升经济社会发展活力的过程。

1984年10月召开的党的十二届三中全会做出《中共中央关于经济体制改革的决定》，阐明了经济体制改革的大方向、性质、任务和各项基本方针政策，富有远见地断言，"改革是为了建立充满生机的社会主义经济体制"。1993年11月召开的十四届三中全会做出《中共中央关于建立社会主义市场经济体制若干问题的决定》，里程碑式地提出了建立社会主义市场经济体制的总体思路与目标模式，利用有利的国际环境来加快国内的改革发展，是当时强调"战略机遇"的主要着眼点。20世纪90年代以来，中国在加快内部经济改革的同时，努力融入国际社会和世界经济，逐步建立一整套基本市场经济制度，也为此后十年的经济高速增长提供了良好的制度条件。2003年10月召开的十六届三中全会做出《中共中央关于完善社会主义市场经济体制若干问题的决定》，成为进一步深化经济体制改革的纲领性文件，为全面建设小康社会奠定了坚实基础。2013年，党的十八届三中全会做出《中共中央关于全面深化改革若干重大问题的决定》，历史性地提出了"使市场在资源配置中起决定性作用"，并形成了60条336项改革顶层规划（党的十八大以来，中央先后共推出了1 600多项改革方案），是新时期、新形势下进一步释放经济社会潜力、活力的重大举措，也为供给管理注入了新时代背景下的新内容、新要求。其后，十八届四中全会关于"全面依法治国"的部署，五中全会系统化表述的发展新理念，是制度供给的全面配套和发展观念更新的升华，构成相互呼应的总体协调与完整布局，从而构成以创新驱动、全面改革联结"全面法治化"现代政治文明、践行现代发展理念的"供给侧"制度变革总纲的进一步延伸。

（二）供给侧结构性改革是改革开放的魂，是贯穿改革开放的主线和红线

习总书记主持召开全面深化改革领导小组第二十三次会议时指出，"供给侧结构性改革与全面深化改革、落实新发展理念是相通的，核心是体制机制创新，最终目标是形成经济增长新机制"。我们要在深化改革、扩大开放上下功夫，通过改革打通城乡间、区域间、不同所有制企业间的资源要素配置瓶颈，通过开放增加市场、资本、要素、技术、人才和先进管理制度供给，提高资源要素配置的匹配性和有效性。改革开放40多年历程基本遵循了从解决商品、服务供给到更加注重企业供给、制度供给，破解制度束缚，推动制度创新这样一条逐步升级的轨迹道路发展。产品、服务供给的升级换代产生了"供给创造新的需求"的巨大动力，制度供给的优化更是带来"解放生产力"的巨大"引擎"与"红利"效果。改革的主线就是围绕企业供给、减税费成本供给、劳动力供给、资源要素供给以及产业结构技术创新供给等供给侧问题，进行制度性、结构性改革，而这些供给侧问题，都是社会性、基础性的问题，都是体制性、结构性的问题，一旦得以改革化解，就会产生长远的基本面的趋势性的发展动力，就会产生巨大的改革红利，推动国民经济持续发展。

例如，20世纪80年代对具有企业供给功能，也就是微观的生产力组织功能的供给端改革，至少有四项。一是农村联产承包制。新时期中国的改革是从农村开始的，而改革开放初期，在邓小平领导下先后推出的"实行家庭联产承包责任制""废除人民公社"等改革举措，有效破除了长期束缚农村农业发展的制度障碍，迅速实现了农业的大增产，首先解决了农民"吃得饱"的问题，改变了农村面

貌和农民的生存状况，从根本上解放了农村的生产力，把农村改革推向了一个新阶段，也为后续的城市改革和其他领域改革创造了条件。二是发展民营经济。扫除把民营经济作为资本主义尾巴的极左政策，形成了"两个坚定不移"的基本经济制度，鼓励和支持民营经济发展，几十年来，形成了 7 000 多万个个体户，3 000 多万户民营企业，为我国的国民经济提供了 "5""6""7""8" 的伟大成就［50%的财政税收、60% 的 GDP（国内生产总值）、70% 的研发投入、80%的劳动力就业］。三是扩大开放，引进外资。40 年来共引进了 2.9 万亿美元的外资资本金，连同合资伙伴中资方的资本投入，以及银行贷款，外资企业总资产约占全部工商企业资产量的 30%。这些外资不仅带来了资本，还带来了技术、管理、国际化经营性人才以及国际市场网络。四是国企改革。从 20 世纪 80 年代初为搞活国企推出的承包制、简政放权，到 80 年代末推出转变国有企业体制机制 22 条（《转机条例》），再到 90 年代提出在国有企业建立现代企业制度，都是从企业供给端解决国有企业的市场活力，使之从计划经济的一个生产机构转变为市场经济的市场主体。

又如，20 世纪 90 年代在降低税费、劳动力成本供给、市场供给、要素供给等方面采取了强有力的改革措施。一是极大地降低税费，促进了企业发展。20 世纪 80 年代初实施的 55% 企业所得税，在 90 年代降到了 33%，到 21 世纪初已进一步降到了 25%，并且早在 20 世纪八九十年代，在经济技术开发区、特区和新区实施了 15% 的企业所得税政策。二是下岗再就业。20 世纪 90 年代中期，为解决企业总员多、出工不出力的问题，全国开始建立下岗再就业中心，剥离企业富余劳动力，一共转移下岗人员 3 500 万，极大地减轻了企业的用工负担，提高了企业的劳动生产率。三是解决企业社会负担重的问题。也是在 20 世纪 90 年代中期，全国各大城市轰轰烈烈地开展了剥离企业办社会的工作，将企业办幼儿园、办学校、办医院、管职工养老到生儿育女等的社会负担转移到社会办理，极大地减轻了企业的社会负担。四是解决企业债务重的问题。实施了债转股、债务剥离和破产核销坏账的战略措施，全社会债转股1.4万亿元，破产企业核销坏账5 000亿元，总共处置了1.9万亿元的问题贷款，约占2000年全部银行贷款余额18万亿元的10%以上，极大地减除了企业背负的沉重生产负担。

再如，市场制度改革中有关价格机制改革，生产资料要素市场、房地产市场、资本市场、外汇市场等方面的改革，都是供给侧的结构性制度改革。在价格机制改革方面，价格改革被视作我国经济体制改革成败的关键，堪称改革开放进程中在党中央坚强领导下持续发力、一以贯之从供给侧推进制度创新的典范。1978年12月，党的十一届三中全会做出提高部分农副产品收购价格的决定，标志着我国的价格改革正式起步。1984年10月，党的十二届三中全会通过《中共中央关于经济体制改革的决定》后，价格改革开始从前期的完善计划价格体制向打破高度集中的计划价格体制迈进。邓小平发表南方谈话以后，价格改革进入快车道，政府定价范围大幅缩减，到1994年工业生产资料价格"双轨制"基本取消。之后，党的十六届五中全会又提出"建立反映市场供求状况和资源稀缺程度的价格形成机制，更大程度地发挥市场在资源配置中的基础性作用"。十八大以来，中央进一步深化改革，历史性地提出了"使市场在资源配置中起决定性作用"的重大理论创新。2015年10月，党中央、国务院印发《关于推进价格机制改革的若干意见》，明确了新时期价格改革的路线图、时间表，价格改革也进入了完善主要由市场决定价格机制的新阶段。

此外，住房制度及房地产市场的改革、资本市场及上市公司制度的改革、货币市场及外汇市场的改革，对外开放从沿海经济技术开发区到经济特区，从浦东新区、滨海新区、西部大开发，到如今自由贸易试验区的开放，都无不体现出各个时期党中央审时度势推动改革的战略举措，而这些改革对国民经济发展都是具有增值型、生财型、聚财型、资源优化配置型的改革，其每年产生的发展改革红利都是万亿元级，以十年、二十年的累积效应看，甚至是几十万亿元级的。

制度供给是龙头，是我国转轨过程中要抓的一个纲举目张的关键。作为一个转轨中的发展中大国，追求"后来居上"的现代化，为成功实施赶超战略，特别应当注重制度供给，在新的时期以全面改革为核心，来促进供给侧解放生产力、提升竞争力，以此生成我国经济社会升级版所需的有效供给环境条件，解除供给约束，推动改革创新"攻坚克难"，冲破利益固化的藩篱，充分激发微观经济主体创业、创新、创造的活力。

一定意义上讲，在转轨过程中，"制度高于技术"。从计划经济到市场经济这一伟大制度变迁，以及社会主义市场经济制度的发展与不断完善，过去是，现在也是实现我国现代化战略目标最具根本性的决定因素。回顾改革开放40多年历程可以发现，我国解决充满挑战的追求和实现现代化的历史任务的过程，是一个特别强调以推动制度和机制创新为切入点、以结构优化为侧重点的供给侧发力与改革的长期过程。

一言以蔽之，供给侧结构性改革的时代内涵，就是在历史新起点上攻坚克难，通过继往开来、与时俱进地改革深化来进一步解放生产力，以推动我国的现代化伟业继续前进。当前，改革已进入"深水区"，要啃下难啃的硬骨头，供给侧结构性改革就需要承前启后、继往开来地聚焦"有效制度供给"这一改革的关键。

三、"三去一降一补"是当前落实供给侧结构性改革的切入点和关键点

中央提出,推进供给侧结构性改革是当前和今后一个时期我国经济工作的主线,往远处看,也是我国跨越中等收入陷阱的"生命线",是一场输不起的战争。2015年12月,中央经济工作会议把"去产能、去杠杆、去库存、降成本、补短板"五大任务,作为供给侧结构性改革的切入点和关键点进行了部署。2016年和2017年通过两年的时间,取得了初步成效。2018年12月,中央经济工作会议又指出,要在"巩固、增强、提升、畅通"八个字上下功夫,巩固"三去一降一补"成果。当前,围绕"三去一降一补"解决在供给侧历史积累下来的矛盾和问题,尤其需要重视如何打破有效制度供给瓶颈,实现制度机制创新优化的问题。

(一)去产能应正确把握实质和主导机制

当前,去产能要正确把握实质和主导机制,具体来说有以下三点。

第一,不宜笼统地讲去所有的"过剩产能",我国现在必须聚焦的是去"落后产能",也就是当下的低效率、重污染的落后产能。去产能的工作重心放在去"落后产能"这个实质问题上,才能更直接、更聚焦地对应结构优化和打造产业升级版。

第二,要继续加大力度处置"僵尸企业",该"断奶"的就"断奶",该断贷的就断贷,坚决拔掉"输液管"和"呼吸机"。但在实践中要注意区分把握,不要把所有在竞争力上有一定困难的企业马上认定为所谓"僵尸企业"。某些在竞争中已经感到有压力、有困难的企业,如果能成功实现升级换代的创新,是有可能转为有效产能

的组成部分的,这就要求在实际工作中要有分类指导、重组优化的努力。

第三,去产能的主导机制应该是依靠政府维持公平竞争的制度环境,让整个市场机制发挥作用,以竞争中的优胜劣汰解决去除落后产能。尤其要杜绝行政指令"一刀切"的方式,来给出指标层层往下压任务,这在实际中带来的结果往往是不公正和结构的进一步扭曲,只会加重企业的困难。

(二)房地产去库存应针对"分化"的市场格局综合施策

当前,三四线城市的高库存问题得到初步缓解,"堰塞湖"风险基本排除。实践中要注意区分形成房地产高库存的不同成因,重视当前房地产市场仍在延续的"冰火两重天"分化格局,分类施策、分城施策,不搞一刀切,不搞政策反复,防范市场"打摆子""坐过山车",要把短期和长期问题结合起来解决,现阶段要更加注重破解长期制度性问题。加强在土地、财税、金融、投资以及法制等方面的市场化改革,引导形成合理的市场预期。加大户籍制度改革力度,建立健全农民工进城的财税、土地等配套制度,把去库存和促进人口城镇化结合起来,提高三四线城市和特大城市间基础设施的互联互通,提高三四线城市教育、医疗等公共服务水平,增强对农业转移人口的吸引力。

(三)去杠杆须区分宏观与微观,宏观上实现结构性去杠杆,微观上实现分子分母双向着力去杠杆

当前,去杠杆要继续坚持结构性去杠杆的基本思路,区分宏观把控和微观操作的不同要领。宏观层面,要清楚全局的去杠杆并不排除局部的加杠杆,但局部的加杠杆必须服从、服务于全局的去杠

杆，以求达到优化结构，促进产业转型升级。要强化逆周期调节，保持财政政策和货币政策取向的基本稳定，结合实际相机预调微调，保持流动性合理充裕，为实体经济发展提供良好的宏观环境。微观层面去杠杆，降低企业的负债率，既要从分子层面减少债务总量，改善债务结构，消除高利息负债；又要从分母层面注入有效资本，增加股权资本，从分子分母双向降低资产负债率。去杠杆过程中，各级政府部门要实事求是、分类指导，切忌一刀切、层层加码、同频共振。

（四）降成本要着重降低制度性成本

"降成本"从政府角度来说，关键着眼点要放在降制度性成本上。比如，20世纪90年代末推行的"国有企业改革"，通过部分国有企业破产来实现降低整个社会沉没资产的制度性成本，通过部分国有职工下岗，去除国有企业社会化功能，降低国有企业运营成本，实际上也是为企业减负降低制度性成本。再如，当前正在大力推行的自贸区建设，通过实施"负面清单"管理和推行政府的"权力清单""责任清单"，大幅减少行政管制，进一步优化营商环境，是典型的通过制度创新为企业降低制度成本。

此外，在减税费上需要继续做好分类施策工作，以区分税种之间或税费之间不同的减税空间。比如在20世纪80年代，企业所得税高达55%，后来在推动经济特区、开发区、上海浦东新区和天津滨海新区发展的过程中，对这些地区普遍实施了15%的企业所得税。2000年以后，在实施西部大开发战略中，为了支持西部发展，在西部地区对鼓励类产业也实施了15%的企业所得税。从全国整体来看，企业所得税从20世纪80年代的55%降低到了90年代的33%，21世纪以来，降低到了25%。企业所得税进一步下降的空间余地已经很小了，下一步降税费主要是围绕个人所得税（最高边际税率45%，改革开放以来40年没调整过）和非税收入，比如各种各样的行政性收费，目前仍达数十种，称得上"多如牛毛"，亟应结合配套改革来减降。

（五）补短板需要定制化方案

当前，补短板要着眼于解决结构性问题，实现经济结构优化，因地制宜、因行业制宜地做定制化方案。此外，要对国民经济中的薄弱环节加大精准投资，这在短期内是释放需求，在长期内就是创造新的有效供给。要进一步优化营商环境，完善基础设施建设投融资体制机制，补齐"软""硬"两方面的基础设施短板。

深化土地要素市场化改革应把握好五个方面

●

2020年注定是中国土地管理制度改革具有里程碑意义的一年。这一年，新《土地管理法》从元旦起正式实施，国务院在3月发布了《关于授权和委托用地审批权的决定》，中共中央、国务院在4月和5月先后出台了《关于构建更加完善的要素市场化配置体制机制的意见》和《关于新时代加快完善社会主义市场经济体制的意见》，它们均把土地要素市场化配置放在了显著位置，释放出新时代深化土地要素市场化配置改革的强烈信号。若干年后回望，2020年必将是开启中国第三轮土地管理制度改革的新元年，我国必将迎来一个如农村土地承包制和城市土地批租制改革那样波澜壮阔的伟大时期！

我国改革开放以来，在从计划经济走向市场经济的过程中，我认为最伟大的土地革命有三次。第一次是20世纪80年代初的农村土地家庭联产承包责任制改革，本质上看是农村土地的所有权和使用权两权分离，为中国带来了几十万亿元的财富。1978年，春雷一声震天响，小岗村"18个红手印"催生的"大包干"点燃了整个中国的改革热情，1982年起全国全面实施包产到户。农村生产关系的重大调整极大地释放了农村生产力，不仅农民可以走南闯北打工创业，全国粮食产能也"芝麻开花节节高"，由改革初的3 000亿公斤左右，到1996年首次突破5 000亿公斤大关，现在基本稳定在6 500多亿公斤，相比改革之初，年产能增长了一倍多，我们将粮食安全的"中国碗"牢牢端在了自己的手中。农村生产力特别是粮食产量的大幅增长，以及由此带来的农林牧副渔产能增加、税收增长等，保守估计每年为农村新增1万多亿元的财富增值。改革开放40多年来，累计创造了40多万亿元财富。

第二次是20世纪80年代末的城市"土地批租"，实质是我国城市国有土地所有权和使用权的两权分离。1987年，深圳敲响了土地拍卖"第一槌"，一槌激起千层浪，从此奏响了城市土地市场化改革的恢宏序曲，直接促成1988年我国宪法删除土地不得出租的有关规定，增加了土地使用权可以按照法律规定转让的条文，同年，《土地管理法》也明确国家依法实行国有土地有偿使用制度。城市土地批租制让城市的土地财富价值逐步显化，也创造了几十万亿元的财富，为中国快速城镇化、几百座城市现代化立下了汗马功劳。仅2007—2019年，全国土地出让价款合同累计就达43.6万亿元，若从城市土地批租制度开始实施算起，土地出让金加上土地增值税、土地使用税、契税等相关税费，30多年来创造了60多万亿元财富。

第三次就是我们正在积极推动的城市与集体土地全国市场化流动，以新《土地管理法》出台和要素市场化配置改革政策发布为标志，将进一步打破土地要素配置局限。这次改革的核心是允许农村集体经营性建设用地直接入市和探索增减挂钩指标、耕地占补平衡指标等跨省域交易。我相信，这也将是一次带来几十万亿元财富价值的重大改革。近年来，我国审批土地由每年约800万亩下降到约

500万亩，伴随城镇化、工业化进入中后期，我们的城市规模不会像过去那样快速扩张，加之技术进步、产业升级以及节约集约管理加强，以后每年审批土地可能会降到400万亩。假如其中1/6的建设用地指标进行跨省域交易，按照云南省与上海市跨省域指标交易50万元/亩计算，每年将带来3 000多亿元的区域财富转移。占用耕地按近几年数据约为审批土地的40%，各省市耕地开垦费和市场化交易标准：旱地由每亩几万元到20多万元不等，水田由每亩几万元到60多万元不等，按每亩20万元测算，每年将带来3 000多亿元财富；集体经营性建设用地入市，按政府公益性征地今后下降到审批土地的约50%，33个国家试点区域对不同用途的经营性用地入市价格由20万元/亩到200万元/亩不等，按50万元/亩测算，保守估算每年可创造10 000亿元财富。仅此三项，未来30年所产生的财富就将超过50万亿元。当然，市场的培育、成熟需要一个过程，但总体上随着交易量水涨船高，这次改革的巨大价值会逐渐显化出来。

所以，从这个意义上说，此次土地要素市场化配置改革，是与前两次因土地管理制度调整，"无中生有"变出巨额财富同等重要的改革。当前而言，其重大意义还包括：有利于推动国家治理体系和治理能力现代化，贯彻落实"放管服"改革要求；有利于促进经济高质量发展，更好地在科技变革中抢抓发展先机，保障新产业、新业态等实体经济发展用地；有利于加快全国区域经济协同发展，促进以城带乡、东部带动西部、发达地区带动落后地区；有利于促进资源节约集约利用，促进生态文明建设。而且，土地是财富之母、生产之要，土地要素市场化配置改革势必牵动劳动力、资本、技术和数据资源等其他要素改革协同推进，形成多要素相互激荡、财富叠加的综合改革效应，为新时代中国经济社会发展注入新的强劲动力。

因此，我认为，在当下推进土地要素市场化改革，具有极其特殊而重要的价值，体现了中央高瞻远瞩、总揽全局的战略谋划和坚持问题导向、全面深化改革的务实精神。基于对中央文件精神的理解，我们在具体实践中应重点思考、把握好五方面的改革内容。

一、深化简政放权，激发市场活力

我国的基本国情是人均耕地、优质耕地以及耕地后备资源少。长期以来，随着人口不断增长，城镇化、工业化不断挤压占用耕地，严重威胁国家粮食安全。于是，国家出台了相关政策，以控制建设用地规模，确保耕地红线特别是永久基本农田的规模，这成了保障国家粮食安全的根本出发点及重要战略举措。

为加强建设用地规模控制，我国总体上经历了从项目到区域的转变。1987年，国家开始从项目层面对特定项目所需占用额定土地面积进行控制，此举基于典型的计划经济思维，但随着后来市场化的演进，各地区项目的独特差异越来越明显，在项目层面控制建设用地指标变得难以为继。从2008年开始，国家明确对各地区新增建设用地指标实行"统一分配、层层分解、指令性管理"，不再对具体项目用地进行额度控制，而是每年对各个省要使用的土地指标下达一定额度。比如，重庆一年可以征用20万亩地指标，或者贵州一年可以征用25万亩地指标，各个省市就在这个指标范围内进行项目的管理和分配。当然，涉及农用地征收时，还需报中央审批，如占用基本农田，或者占用基本农田以外耕地超过35公顷、农用地超过70公顷的，就需报国务院审批。这样以各级政府为主体，以不同年份总量控制为核心的建设用地指标控制体系基本形成，即中央每年对各地新增建设用地指标进行总量管控，同时农转用程序需报中央审批。

相较于项目用地指标全部由中央管控，建设用地指标实行国家计划管理、农转用报中央审批，这赋予了地方在一定额度内对项目指标分配的自主权，在充分保障国家粮食安全、合理控制土地开发时序规模、防止圈地与土地寻租等方面起到了十分重要的作用。但客观上来讲，"从用地单位申请，到县、市、省级政府层层审查，再到国务院审批"，整个用地审批周期较长，审批效率低下，也导致中央一级审批范围较大，承担了部分本应由地方政府承担的事权，各级政府责权、事权不相符。例如，法律规定，征收土地补偿安置方案由市、县级政府负责具体制定和实施，理所当然事权应属于市、县级政府，但土地征收要想获得最终批准，却要经过层层形式上的审查后，报国务院决定。

基于这种大的背景和趋势，2020年3月12日，国务院提出两类用地审批权下放：一是将除国务院可以授权的永久基本农田以外的农用地转为建设用地审批事项，授权所有省级政府批准，赋予了省级政府更大的用地自主权；二是将"含金量"更高的永久基本农田转为建设用地和国务院批准土地征收审批事项，委托部分试点省级政府批准。北京、天津、重庆等8个省市作为首批试点，试点效果好的话，将来可能会在全国范围内实施。

从本质上来看，此次用地审批权下放，是贯彻落实国家"放管服"改革要求的重要体现，可以让中央政府从具体用地审查等微观事务中解脱出来，从而将更多精力放在宏观决策的制定和事中事后监管上，同时压实省级政府责任，激发地方政府自主决策活力，特别是让省级政府在促进经济发展和调整年度用地供应计划上拥有更大自主权，这体现了国家治理体系和治理能力现代化建设的有关要求，让各级政府职责分工更加明确，责权一致，行政效能提高。与之相应的是，这一改革减少了用地审批程序，缩短了审批时限，提高了审批效率，可以满足地方最迫切和最有效的用地诉求，有效促进重大基础设施、公共服务设施以及新基建项目投资落地，对于我国在疫情过后的稳投资具有重要意义。

过去，很多产业项目，特别是基建项目占用耕地和基本农田的情况比较多，要走漫长的国务院审批程序，项目迟迟不能落地。此次审批权下放后，试点省市占用基本农田的基建项目不用再报国务院审批，而是由试点省市按原审批标准直接处理，产业项目、基建项目的审批效率必将提高，从而加速试点省市产业项目落地和基础设施建设。

对审批制度改革，常常有人担心"一放就乱、一收就死"。对此次用地审批权下放，我们大可放心，在提高审批效率、优化区域土地资源配置的同时，此项改革并不会导致大规模的建设用地新增。原因在于，前面提到，我国对建设用地指标的控制，包括指标总量控制和农转用程序报中央审批两方面。此次用地审批权下放只是对"农转用程序报中央审批"进行改革，而"指标总量管控"并没有变，审批标准也没有变。所以，从这个意义上来看，审批权下放意在区域内建设用地"布局"优化调整，是在年度新增用地总量不变的前提下提高用地"效率"，并不会导致建设用地大规模增加。而且，国务院将建立工作评价机制，根据各省市年度土地管理水平综合评估结果，对试点省市进行动态调整，对连续排名靠后或考核不合格的，国务院将收回委托权，这也是悬在试点省市头上的一把利剑。

此次用地审批权的下放，必将对我国城镇化，特别是城市群、都市圈发展产生重要、积极的影响。2019年中央财经委员会第五次会议提到，中心城市和城市群正成为承载发展要素的主要空间形式，要增强承载经济和人口的能力。可以看出，我们国家不再追求城市平均化，有意扶持中心城市和城市群的发展。此次审批权下放的8个试点省市，与我国京津冀、长三角、粤港澳、成渝地区双城经济圈等大城市群密切相关。可以预见，此次审批权下放，将改变城市间土地供给格局、转变土地资源配置理念，进一步加速城市分化，促进北上广深这些城市群和中心城市的建设空间扩张，重塑城市发展新格局。

二、构建城乡统一的建设用地市场，打破城乡二元壁垒

一直以来，我国对城乡土地实行"双轨制"管理，采用不同的配置方式。其中，城市土地属于国家所有，新中国成立以来经历了"有偿租用""无偿划拨""有偿出让"等阶段。在新中国成立初期，城市土地实行有偿租用，使用城市土地需向国家缴纳租金。1954年，根据计划经济安排，土地管理进入了无偿划拨阶段，经政府批准占用的土地，不再缴纳租金。改革开放后，土地行政划拨导致效率低、土地浪费严重等弊端逐渐显现，国家开始实行土地有偿使用制度改革，最终形成了现在的城市国有土地有偿使用制度。而我国农村土地先后经历"农民私有""合作社所有""人民公社所有""生产队所有""集体所有"等多个阶段，从"吃大锅饭"到"包产到户""包干到户"，从允许土地适度流转到全面取消农业税，中央与时俱进地调整农村政策，逐步形成了具有中国特色的以家庭承包经营为基础、统分结合的双层经营体制，有效激发了农村生产力、激发了农民致富的动力。特别是党的十八大以来，中央对深化农村土地制度改革做出一系列重大决策部署，如推进农村土地确权颁证、开展宅基地和耕地"三权分置"、统筹"三项改革"、发展多种形式适度规模经营等，初步构建了新时代的农村土地管理制度的"四梁八柱"。

从宏观、整体格局看，虽然我国土地制度历经了多次改革调整，但城乡土地二元结构长期并立的问题并没有根本解决。城乡土地拥有不同的配置方式，特别是农村土地市场化配置程度极低，以及土

地增值收益在城乡间分配不均，这些带来了一系列严重问题。

一是集体建设用地合法市场通道基本关闭。1998年《土地管理法》规定，农地转为建设用地，必须实行征地；建设用地必须是国有土地。这导致集体建设用地的使用陷入了困境：其一，在建设用地指标管制下，大量建设用地指标向城市倾斜，农村建设用地指标非常少，农村集体为了增加农民收入和发展集体经济，不得不在未经征为国有的情况下，就自发将集体土地用于非农建设，这部分用于非农建设的集体土地就处于法外状态；其二，农村集体土地，不管是宅基地还是承包地、农业用地，只要没有被征收为国有，就不能转让，也不能抵押融资，这极大地限制了集体建设用地产出水平和农民财产性收入。

二是土地增值收益城乡分配不合理程度加剧。伴随着城镇化进程，土地价值日益显化，土地增值收益迅速攀升。一方面，围绕土地利益的矛盾不断加剧，如被征地农民与地方政府之间的利益矛盾，土地级差收益的归属和公平分配矛盾，农民之间的土地补偿不公平矛盾，城市和农村在增值收益分配上极不合理的矛盾等。另一方面，在政府垄断土地一级市场的情况下，政府土地出让收入的增长进一步增加了政府征地的热情，低进高出、"以地生财"，土地被过度征收、低效利用，这不利于耕地保护和土地的节约集约利用，也严重损害了农民的土地财产权益。

三是由土地问题引发的社会不稳定增加。近年来，农村土地征收补偿制度的缺陷，以及征地过程中出现的趋利行为、强拆行为、违法程序行为、征地规模过大等问题，导致农村居民与地方政府之间的矛盾加剧，围绕土地的纠纷也越来越多。

鉴于以上问题日益凸显，党的十八届三中全会明确提出，建立城乡统一的建设用地市场，在符合规划和用途管制的前提下，允许农村集体经营性建设用地出让、租赁、入股，实行与国有土地同等入市、同权同价。随后，国家统筹部署，开展了长达五年的农村土地管理制度"三项改革"试点，其中一项改革就是农村集体经营性建设用地不需要征为国有，可以直接入市交易。在试点的基础上，2019年中央一号文件明确提出，全面推开农村集体经营性建设用地入市改革。但目前看来，进展不够理想，主要存在以下几个方面的障碍。

一是宏观法律制度制约。长期以来，我国相关法律规定城市土地是国有制、农村土地是集体所有制。如今要实现城乡之间土地的接轨，建设城乡一体的建设用地市场，必须有新的法律来确定，现行法律对集体土地所具有的权利结构和权能体系界定不清，从而集体经营性建设用地入市后，农民集体和农民的土地处分和收益权能难以实现。

二是地方政府积极性不高。按照原来的做法，"低进高出"的土地征收对地方政府来说是一个既挣钱又省事的方式。农村经营性建设用地入市之后，建设用地供给主体将从国家变为国家和集体并存。一方面，这可能会影响地方政府土地财政收入。另一方面，国家征收土地需要对城市基础设施进行投入，而农村建设用地入市收入并没有这种投入，若两者同等分配的话，也有不公平的地方，所以地方政府往往积极性不高。

三是市场化程度低。在当前城乡统一的建设用地市场建设中，土地资源配置尚没有达到像股票交易那样的市场化程度，更多的是由地方政府的主观操作来推进。

四是相关配套制度未跟上。如价格机制、收益分配机制、供后监管机制等。

所以，建立健全城乡统一的建设用地市场，是落实新《土地管理法》、推动城乡统筹发展、维护农民权益、缓解城市建设用地紧张的必然要求。2020年5月，中央出台的《关于新时代加快完善社会主义市场经济体制的意见》再次要求，加快建设城乡统一的建设用地市场，建立同权同价、流转顺畅、收益共享的农村集体经营性建设用地入市制度。

实现中央提出的"加快建设"要求，我认为重点要深化三个方面的配套政策或改革研究。

一是聚焦"谁来入市"。明确入市对象范围和入市主体。明晰的土地产权关系是保障市场交易安全、发挥市场机制、优化配置土地资源的重要条件。要推进集体经营性建设用地直接入市，必须加强农村地籍调查，加快多规合一的实用性村规划编制，尽快明确入市对象范围。同时，在进一步完善集体土地所有权和使用权登记发证工作、厘清产权关系的基础上，进一步明确入市主体。

二是聚焦"入市成本价格"。完善城乡建设用地价格形成机制。加快探索建立城乡一体的土地级别和基准地价，建立入市交易宗地成本价格的测算机制，实现集体经营性建设用地与国有建设用地同等入市、同权同价。

三是聚焦"钱怎么分"。积极探索入市收益分配制度。要科学研究土地增值收益的分配方式，对参与分配的人员、集体经济组织成员权益进行合理界定。要认真处理好土地增值收益分配调节金问题，科学合理地确定土地增值收益分配调节金的比例设置及计算、使用方式、分配方式、分成比例等，一定要维护和保障好农民权益，使农民公平分享土地增值收益。在这方面，若我们研究世界发达国家的经验和惯例，就会发现一个很重要的配套措施：征收土地增值税。打个比方，征收城市一块地A需要3 000万元/亩的成本，把这块地卖出去可以获得5 000万元/亩的收益，这样A获得的增值收益就是

2 000万元/亩。同样，征收农村一块地B只需要300万元/亩的成本，但按照同权同价交易的思路，若以5 000万元/亩的价格卖出，这块农村土地就产生了4 700万元/亩增值收益。若简单地将这2 000万元/亩和4 700万元/亩的增值收益直接分别分配给政府与集体经济组织，显然不合理。因为城市土地A获得的增值收益源于政府按规划投入的比较完善的基础设施和公共服务设施，而产生的增值收益大部分反过来又要用于城市其他基础设施建设和公共设施建设，这样一来，就形成资金流的正向循环，城市也才得以发展、品质才得以提升。对农村土地B而言，如果没有政府的规划引导以及基础设施、公共服务投入，要实现同权同价的增值是不可能的。同时，如果其增值收益不能反过来投入到公共设施建设中，而全部归农村集体或者农民所有，就会不公平。解决的一种办法，就是按增值幅度征收不同比例的土地增值税。如果农村土地入市增值1倍，政府征收30%的增值收益；增值2倍，政府征收50%；增值3倍以上，政府征收60%以上……以此类推，用数学模型完全可以算清楚这个账。回头看农村土地B，土地增值4 700万元/亩，假如说政府要收60%的增值税，那么农村土地B还有近2 000万元/亩的增值收益归农村集体经济组织，农民也会乐于接受。关于这样的税收征收办法，我们的税法都还没有展开，所以，今后要配套落实这些措施。

三、实施跨省指标交易，打破市场化交易地域限制

诺贝尔经济学奖得主科斯提出过一个著名定理，基本要点就是，凡是政府管理的、有总量管制的公共资源，都可以进行市场化交易，而市场化交易一定会让政府管理实现更好的资源优化配置，产生更好的效果。这个原理的一种应用，就是全球的碳汇交易。

其实，土地本来就具有资源、资本、资产的"三资"属性，只

要制度设计科学合理，一样可以利用科斯定理实现市场化交易。国家如果实施计划指标管理制度，将土地从一种不动产转换为建设用指标，就基本具备了科斯定理的基础和前提。目前的问题是，土地计划指标仍然属于行政性配置，由中央每年统一分配给各地区，而地方由于发展快慢不一导致"饥饱不一"，虽然国家允许在一定范围内进行交易，但最多限于在省域范围内交易，土地市场价值显化并不充分。本次国家明确提出，探索建立全国性的建设用地、补充耕地指标跨区域交易机制，成为各方面高度关注的话题。进一步分析，这项改革其实包含两类核心指标的交易。

第一类，耕地占补平衡指标。《土地管理法》规定，国家实行占用耕地补偿制度，建设占用了多少耕地，各地政府就应补充划入多少数量和质量相当的耕地。简单来说就是，如果一个省市的某地区每年占用1万亩的耕地，该地区就必须在本行政区内其他地方复垦出1万亩耕地，最终使该地区内耕地不减少。占补平衡最初允许在一个县域内平衡，后来拓展到允许在市域内平衡，再后来可以在省域内平衡。但是，由于我国几千年来的农耕文明，我国勤劳的农民早已将可以耕种的地方统统变成了耕地，很多地方25度以上的坡耕地还在被耕种，这说明我国的耕地后备资源不多，区域分布也不均。随着补充耕地持续开展，一些地方，特别是直辖市和东部省份，在本省域内落实耕地占补平衡难以为继，如上海每年征地需求比较大，可能一年征用1万亩耕地，5年就是5万亩，但要在上海这么一个弹丸之地去复垦5万亩耕地非常困难。所以，在这种现实情况下，不少地方破坏生态的耕地占补平衡现象频现，有的地方为了占补平衡，把一条弯弯的河道搞成一条直直的河道，有些地方把山地复垦为耕地，森林也被破坏了，这种做法显然与习近平总书记所说的"要像保护大熊猫一样保护我们的耕地"和生态文明建设要求不符，还出现了先占后补、占优补劣等问题。

基于此，2017年国家提出了跨省域的耕地占补平衡，这样一来，如果上海占用了5万亩耕地，那么可以由内陆地区帮忙把这5万亩耕地复垦出来，从而实现全国的耕地使用占补平衡。当然，内陆地区也可以在耕地占补平衡指标交易中从沿海地区获得一定补偿。但是，出于监管的考虑，目前跨省域补充耕地由国家统一组织实施，市场化程度并不高。

第二类，城乡建设用地增减挂钩。城乡建设用地增减挂钩是指依据土地利用总体规划，将若干拟整理复垦为耕地的农村建设用地地块（即拆旧地块）和拟用于城镇建设的地块（即新建地块）等面积共同组成建新拆旧项目区，通过建新拆旧和土地整理复垦等措施，在保证项目区各类土地面积平衡的基础上，最终实现建设用地增量不增加、耕地面积不减少、质量不降低、城乡用地布局更合理的目标。该项举措于2005年提出，先是严格限定在县域内，此后于2015年拓展至省域内。但随着各地经济发展，也产生了与耕地占补平衡相似的问题，如像上海这样的发达地区，农村土地本来就不多，要让农村土地与城市的建设用地增减挂钩，操作空间不大。而西部地区农村土地多，实施增减挂钩余地很大，但西部地区缺少级差地租的动力，土地价值不高，所以，最终西部地区增减挂钩的效果也未达到预期。

基于此，2018年国家开始推行建设用地增减挂钩指标跨省域调剂，但主要是从促进脱贫攻坚的角度出发，针对"三区三州"和深度贫困县开展，所以，也没有充分发挥市场决定性作用。2018年，上海和云南开展了跨省域的增减挂钩指标交易，云南将3万亩建设用地指标以每亩50万元价格调剂给上海，获得了150亿元的收入。这笔收入极大地促进了云南农村振兴和脱贫攻坚，也增加了上海的可用地能力。

关于耕地占补平衡指标和城乡建设用地增减挂钩指标交易，近些年重庆市做了有益探索。2008年，经国务院同意，重庆市依据科斯定理，提出了设立农村土地交易所、开展地票交易试点的构想，经过10年来的探索完善，已经形成了比较成熟的制度体系。该制度体系共有五大支柱。

一是自愿复垦。农户等土地权利人在住有所居的前提下自愿申请复垦，按规程组织实施并验收，复垦形成的新增耕地仍归农村集体经济组织所有，由原农户优先承包使用。

二是公开交易。地票在重庆农村土地交易所公开组织交易，在全市范围内采取挂牌或拍卖方式确认成交，购买方为新增经营性用地使用者。

三是收益归农。地票价款扣除复垦成本后，净收益全部归农民和集体经济组织所有。其中，复垦宅基地形成的地票，由农户与农村集体经济组织按85∶15的比例分配收益，这有效保障了农村宅基地的用益物权价值和集体经济组织的所有权价值实现。

四是价款直拨。地票价款经重庆农村土地交易所核算后，直接注入农户和农村集体经济组织账户，避免多层级拨款出现资金截留或者"跑冒滴漏"。

五是依规使用。地票的使用要符合国土空间规划，重庆市规定新增经营性建设用地实行"持票准用"，每年重庆房地产用地约3万亩，均必须通过购买地票来解决。按照这种制度安排，农村复垦形成的指标变成了地票，在土地交易所进行"招拍挂"出让，如开发商购买了地票1 000亩，就可以在城乡接合部征用1 000亩的土地，这样就实现了农村减少1 000亩的建设用地、增加1 000亩的耕地，城市相应增加了1 000亩的建设用地、征用了1 000亩耕地，整体上实现了增减挂钩和耕地占补平衡，在保证重庆市房地产开发用地的同时，3 400多万亩的耕地总量不减少。截至2019年12月底，重庆市累计交易地票31.2万亩、610.8亿元，均价基本保持在20万元/亩，地票市场运行总体平稳。农房由原先不值钱或几千元增加到几万元，财产性收益明显增加，深受农民欢迎。

地票制度建立了市场化的"远距离、大范围"城乡区域反哺机制，让远在千里之外的农村土地的价值得以发现和大幅提升，在促进脱贫攻坚、耕地保护、城乡统筹、区域协调、助农增收、生态保护等方面发挥了重要作用。这里略举几个方面。

有利于耕地保护。重庆农村闲置建设用地复垦后，95%以上可转变为耕地，而地票使用所占耕地仅占63%左右，地票落地后平均可"节余"32%的耕地，这使重庆在城镇化推进过程中，耕地数量不降反增。

打通了城乡建设用地市场化配置的渠道。地票制度的设计运用城乡建设用地增减挂钩的原理，但突破了现行挂钩项目"拆旧区"和"建新区"只在县域内点对点的挂钩方式，采用了"跨区县、指标对指标"的市场化交易模式，实现了城乡建设用地指标远距离、大范围的空间置换。

开辟了反哺"三农"的新渠道。通过复垦宅基地生成的地票，扣除必要成本后，10余年来农民已从地票交易中累计获得了近400亿元收益，同时集体经济组织也获得了约150亿元，消除了大量的集体资产"空壳村"，有力地推动了脱贫攻坚、乡村振兴。

稳定重庆市房地价格。相比其他省市，重庆市每年多出了3万多亩地票用于房地产开发，房地产用地供应比较充足，这成为重庆房价比较合理的重要因素。

总体上看，重庆地票制度改革符合习近平总书记"土地公有制性质不变、耕地红线不突破、农民利益不受损"的农村土地改革底线原则,兼具中央关于城乡建设用地增减挂钩和耕地占补平衡市场交易的综合功效,2014年时任国务院副总理汪洋评价地票制度"不碰红线、创造红利",2018年地票制度入选全国"改革开放40年地方改革创新40案例",国家可考虑将重庆农村土地交易所升级成为全国性平台或区域性平台,由相关部委直接管理。

四、深化产业用地市场化配置改革,助推实体经济发展

实体经济是实现"中国梦"、国家繁荣富强的重要基石。习近平总书记一向重视实体经济,做出了"实体经济是一国经济的立身之本、财富之源。先进制造业是实体经济的一个关键,经济发展任何时候都不能脱实向虚"、"我们这个大国是靠实体经济发展起来的,还要依靠实体经济走向未来"等重要论断,体现了对经济发展规律的深刻认识,明确了实体经济的重要基础性地位。

在土地要素市场化改革中,中央专门用一段话强调要深化产业用地市场化配置改革,这是从做大做强我国实体经济的高度做出的重要制度安排。产业用地,主要是指工业用地或者制造业用地。我国对于工业用地管控的政策基础是《土地管理法》,但原来的《土地管理法》并未明确对土地进行分类,工业用地出让总体上按照国有土地出让规定进行。直至2004年国务院首次明确规定:"工业用地必须采用招标拍卖挂牌方式出让,其出让价格不得低于公布的最低价标准。"这对于还原工业用地本来价值,促进土地节约集约利用,增加土地资源对社会经济可持续发展的保障能力具有重要意义。2005年12月,深圳市龙岗区宝龙工业城的两宗工业及工业配套用地,在深圳市土地房产交易中心成功挂牌出让,这是首次在产业用地供应领域引进市场化机制配置土地资源。深圳龙岗落下第一槌后,我国

工业用地"招拍挂"出让制度逐步推进，国家出台了统一制定公布各地工业用地出让最低价标准，配套提出了对低于最低价标准出让土地，或以各种形式给予补贴或返还等行为追究法律责任的一系列规定，但在具体实施中，各地仍存在价格倒挂、市场化配置不充分等问题。

2014年国家确定辽宁阜新市、浙江嘉兴市、安徽芜湖市、广西梧州市4个城市，开展为期3年的工业用地市场化配置改革试点，重点从健全工业用地市场供应体系、市场流转体系、合理价格体系、用地布局体系、准入制度和评价体系、监管体系六方面推进改革。试点取得了一些积极经验，对推动全国工业用地市场化配置起到了一定作用。但从各地工业用地反映出的问题看，我国工业用地市场化配置还存在如下几个问题。

一是工业用地供需矛盾突出，用地配置和产业布局失调。一直以来，工业项目因在促进经济增长方面作用重大，成为各地招商引资的宠儿，一些地方甚至掀起了开发区、产业园区建设"狂潮"，造成园区基础设施重复投入和土地使用指标分散的不利局面，加剧了土地供需矛盾。一些地方在招商引资时秉持"捡到篮里就是菜"的理念，从而导致不好的项目占用了大量土地，而真正好的项目却无法及时落地。

二是用地控制标准执行不严，工业用地价格偏低。按照国家有关要求，在工业用地出让过程中，国家对土地容积率、绿地率、出让底价等都有明确要求，但是在实际操作中，各地政府为招商引来项目，并没有把握好工业用地准入门槛，有些地方的土地价格远低于规定标准，甚至出现了"零地价""价格倒挂"问题。

三是招拍挂出让流于形式，"供地前置"问题突出。在招商引资中，不少地方采取"量体定做"、定向出让等人为限制公平竞争的非市场手段开展所谓的"招拍挂"。而在出让程序上,允许工业用地出让程序前置于项目审核,即土地招拍挂成交后,自然资源部门与摘牌企业直接签订土地出让合同,企业获得土地后再办理相关报建手续。这样一来,一旦企业不能在规定时限内办完项目手续,就可能造成土地闲置或浪费。

四是供地方式单一,流转机制不畅。现行的普遍做法是一律采取"招拍挂"方式出让,除处置国有企业原划拨土地使用权有作价出资入股的外,租赁等供地方式十分鲜见。另外,工业用地一律按照50年出让,但实际企业平均生命周期普遍不足15年,此后工业用地被迫闲置,而且由于缺乏完善的土地流转机制和二级市场,被闲置的工业用地得不到流转、盘活。

基于以上问题,国家在此次深化产业市场化配置改革中,明确提出了两条政策。一是健全长期租赁、先租后让、弹性年期供应、作价出资(入股)等工业用地市场供应体系。二是在符合国土空间规划和用途管制要求的前提下,调整完善产业用地政策,创新使用方式,推动不同产业用地类型合理转换,探索增加混合产业用地供给。

第一条政策主要是增加了企业用地的可选择性,企业既可以土地出让的方式取得用地,也可以通过租赁、入股等方式获得。意见提出的弹性年期供应概念,旨在解决企业生命周期和工业用地出让周期不一致的问题,在工业用地法定最高出让年限50年内,根据企业生产经营需求设定不同的弹性出让年限,并依此确定土地出让价格。在此过程中,工业用地价格管理的配套政策非常关键,特别是随着弹性年期供应工业用地的逐渐增多,还要考虑制定工业用地从当前的"政策定价"过渡到"市场定价"的相关制度。

另外,租赁用地是一个好的制度安排,有利于企业轻装前行,但从近几年不少地方的探索实践看，这一制度安排有点儿"叫好不卖座"，因为在现有政策体系下，企业前期确实可以用较低成本获得土地使用权，但后期在工业用地的产权办证、项目资产增值、贷款融资等方面存在诸多困扰，这降低了企业租赁土地的积极性，所以，需要尽快完善租赁抵押等配套政策。

第二条政策重在促进工业用地由低效变高效，其中一个比较新的概念是"混合用地"。2018年国家出台标准，明确混合用地是土地使用功能超出用地兼容性规定的适建用途或比例，需要采用两种或两种以上用地性质组合表达的用地类别。推行混合用地的好处显而易见，有利于发挥市场对资源要素的主导作用，推进存量空间的精细化提升，促进城市、镇功能的合理复合化发展。推行混合用地的关键是要把握好适建用途或比例，否则就会出现功能不匹配或者开发过度等问题。同时，混合只应是工业用地间的混合，不应是工业用地和房地产用地的混合，否则就可能"醉翁之意不在酒"，出现借工业之名行开发房地产之实的现象。不少地方在招商引资时，一些工业企业常常要求搭配房地产用地，就是典型的浑水摸鱼、挂羊头卖狗肉，不是真正搞工业，而是"洗快钱"。

五、盘活存量建设用地，提高用地整体效率和效益

伴随城镇化进入中后期，城市发展"摊大饼"的方式已不可持续，不少城市进入了减量化发展阶段，盘活存量用地的重要性日益凸显。国家近些年出台了不少文件，旨在支持开展有关改革试点。

2012年，原国土资源部出台了闲置土地处置办法，规定对未动工开发满两年的土地实行无偿收回；2013年，原国土资源部出台了开展城镇低效用地再开发试点指导意见，按照"全面探索、局部试点、封闭运行、结果可控"的要求，在上海、江苏等10个省份开展

了城镇低效用地再开发利用试点，涌现出广东"三旧改造"、上海城市更新等一批再开发模式。自然资源部成立后，强力施行增量必须要和盘活存量挂钩的机制，引导、督促地方政府2018年、2019年消化处置2015年、2016年以前的批而未供以及闲置土地近900万亩，相当于2019年全国新增建设用地量的1.8倍，这取得了积极成效。

然而，目前我国城市低效闲置土地的规模仍然巨大。自然资源部统计，2017年以前全国批而未供土地近1500万亩，相当于全国3年的供地量。近两年新批土地中自然还有一定比例没有供出，通过加强招商引资、鼓励大众创业万众创新、加快完善相关用地手续等可以较快地盘活这类土地。最难盘活的一类土地是已出让的产业用地，有相当比例的产业用地因为规划临时变更、非净地出让、项目不景气等而闲置。难以盘活的主要症结在于以下四个方面。

一是用地政策限制严格，市场主体参与积极性低。《土地管理法》等规定，存量建设用地再开发必须由政府统一拆迁并收回国有土地使用权后，再以出让或划拨的方式确定开发单位，其中工业和经营性用地必须通过"招拍挂"出让。可见，现行用地政策都将"退二进三"严格限制在政府统一拆迁、统一招商建设的单一开发模式内，而此种模式将开发主体严格限定为政府，政府主导下的低效用地再开发难以发挥市场作用，各用地业主也因无法参与后续利用而缺乏改造积极性，这大大降低了低效用地再开发效率。

二是利益主体诉求复杂，拆迁难度大。一方面，复杂的利益主体导致复杂的利益诉求。城镇低效用地再开发拆迁涉及个人、企业、国家机关等多方利益主体，原土地使用权人获取土地的方式包括划拨、招拍挂出让、协议出让、租赁等，多种权利人提出了就地还经营房、自主开发、现金补偿、房屋安置、土地补偿等多种诉求，涵盖了资金、土地、房屋、机器设备等多个方面。另一方面，增值收益量化困难，利益诉求难以协调。低效用地再开发的土地增值收益，包含地块用途改变和土地追加投入形成的级差地租，前者由政府决定，后者投入主体包括全社会和原工业企业，涉及主体都应具有土地发展权、增值收益分配权。由于对构成增值收益的各部分难以量化，各方利益诉求难以协调一致。在政府"统拆统建"的现行模式下，原土地使用权人拿固定补偿，市场增值仅在政府和获得改造后用途的使用者间进行分配，这忽略了原土地使用权人的发展权诉求。面对再开发的高额增值收益，原土地使用权人参与再开发分配的诉求越来越强烈。利益诉求的复杂性与难以协调性，大大增加了拆迁难度。

三是企业搬迁用地落实难，拆迁周期长。一般而言，企业搬迁后应进园区，但由于用地企业的经营管理、规范标准等参差不齐，企业搬迁入园面临用地紧张、可能无法满足入园条件等诸多困境。同时，工业企业搬迁涉及人员多、器材多，有的甚至对企业选址有特殊要求，通常用地规模与位置协商、企业员工安置、机械设备搬迁等将耗费大量时间，这导致拆迁周期延长。

四是资金平衡困难，融资压力大。在现行城镇低效用地再开发模式下，一方面，政府直到土地出让才能回笼资金，前期的拆迁、平整环节均需垫资，资金需求量大，融资压力大；另一方面，城镇用地拆迁成本高，加上基础设施建设投入，资金难以平衡，财政压力大。

基于此，中央在这次土地要素市场化配置改革中再次提出，要充分运用市场机制盘活存量土地和低效用地，研究完善促进盘活存量建设用地的税费制度。我认为，贯彻中央精神，关键要从两方面着力。

一是如何充分市场化。要研究更多运用市场机制来盘活存量土地和低效用地的引导性、鼓励性政策，全面提升市场主体参与存量用地盘活利用的积极性，鼓励自主开发、联合开发，建立多渠道盘活利用机制。

二是完善相关税费制度。进一步研究完善存量用地盘活利用的收益分配机制，实现地方政府、原土地使用权人、开发单位等主体间利益合理分配。此外，还要强化监督管理，避免权力寻租。

除了城镇存量建设用地外，农村也有不少存量建设用地。全世界有个经济现象，在100年的城市化进程中，耕地是越来越多的，因为每个农民在农村要使用250～300平方米，进城后只要100平方米，1亿人进城就可以多出150亿～200亿平方米。所以，城市化过程本应是农村建设用地大量减少、城市建设用地少量增加的过程，最后使整个国家的建设性用地总量减少、耕地增加，无论发达国家还是发展中国家都是如此。

但为什么中国几亿农民进城了，却出现了耕地一直在减少，而城乡建设用地"双增长"的现象呢？根源在于农民进城后，城市刚性扩张要用地，而农民在农村的建设用地没有同步退出，这导致农民两头占地、人均超过了350～400平方米，城乡用地就这么扩张了3倍。所以，优化城乡发展布局、严格耕地保护，很重要的一个方面是要设法引导、支持进城农民自愿有偿退地，进一步研究完善农村闲置低效土地盘活利用政策，采取复垦、经营性建设用地入市、就地旅游开发等多条路径，既增加农民的财产性收入，也增加农民进城更好生活的实力。

这是我对新时代土地管理制度的五方面理解。此次土地要素市场化改革，绝不亚于20世纪80年代初的农村土地家庭联产承包责任制改革，也绝不亚于20世纪90年代的城市土地批租制改革，它必将拉开我国第三次土地管理制度改革帷幕。

推进金融供给侧结构性改革的框架思考

●

中共中央政治局2019年2月22日就完善金融服务、防范金融风险举行第十三次集体学习。中共中央总书记习近平在主持学习时强调，要深化对国际国内金融形势的认识，正确把握金融本质，深化金融供给侧结构性改革，平衡好稳增长和防风险的关系，精准有效处置重点领域风险，深化金融改革开放，增强金融服务实体经济能力，坚决打好防范化解包括金融风险在内的重大风险攻坚战，推动我国金融业健康发展。

金融供给侧结构性改革，包括货币供给、利率供给、融资方式、资本市场、金融市场开放、金融基础设施等方面的改革，是从基本面的角度、从制度的角度、从结构性的角度进行推动和改革。如果这些领域存在问题，就用体制机制性改革的方法进行调整和变革，最终形成对经济有长效作用的基础性制度改革。

金融供给侧结构性改革是我们当下十分重要的事情。抓好金融供给侧结构性改革，有利于我们解决长期以来存在的融资难、融资贵问题，让金融为实体经济服务，避免脱实向虚的问题，减少或避免金融系统性风险。实际上，这些问题的解决不仅要依靠短期货币和金融政策调控，其中存在的基础性、结构性问题，必须通过深化改革才能解决。

一、不同于需求侧的宏观调控

自改革开放以来，一些重大改革举措都和供给侧有关。例如农村家庭联产承包责任制，把亿万农民的积极性调动起来，并且把劳动力释放出来转移到城市，这是农村的生产力、农民的生产方式的一种供给。又如推动个体户、民营企业发展，从割资本主义尾巴变成中国经济不可或缺的重要组成部分，这是一种企业供给。搞经济技术开发区、搞特区是营商环境的变革，这是一种制度供给。

供给侧结构性改革，不同于一般意义上的宏观调控。货币政策和财政政策都属于需求侧的宏观调控，并且侧重于短期。经济热了，需要逆周期政策，让经济冷一点；经济冷了，又需要逆周期政策，让经济热一点。

这些短期的宏观调控政策固然对经济稳定至关重要，但是不管怎么调控，十年后，经济结构和经济体制不会因为需求侧调控而发生大的变化，但供给侧的这一类调控和改革，一定是体制机制性的改革，供给制度的改革一旦奏效，就会带来长期性和结构性的变化。

总之，供给侧结构性改革由三个关键词组成，供给侧、结构性和改革。供给侧是问题导向，分析供给侧有什么问题，然后加以解决；解决的办法就是改革，就是基础性制度的改革，体制机制的调整；结构性平衡合理是目标，即以结构性不合理的情况来发现供给侧供给的问题所在，也以结构性的系统平衡来判断改革的成果。总之，供给侧结构性改革，三个关键词各有用处，共同形成一个体系。

二、货币供给体系改革

金融供给侧结构性改革中很重要的一方面是货币供给方式的改革，也就是基础货币的发行方式。从货币发行的原理来说，古代与实物、珍稀物品有关，后来与黄金、白银等贵金属有关。

现代的货币发行和政府的信用有关，本质上，和 GDP 增长中的政府税收有关。一个政府之所以有权发货币，在经济的本质上，是因为政府在收税。收税收什么货币，货币发行就是什么货币。货币发行的量大还是小，和政府税收的增长能力有关，当然可以透支，但总的来说，需要有个平衡。

那么，哪个部门代表国家来发行货币呢？当然是由各国的中央银行。但是，财税状况是基础后盾。美国财政部发债，美联储买债，买债的过程中基础货币就发出来了。我国由央行代表国家发行基础货币，背后的支撑仍然是国家主权、国家经济和税收增长能力。

截至 2018 年末，中国基础货币余额超过 33 万亿元，其中 M0（流通中的现金）为 7.3 万亿元，其余 25.7 万亿元为银行存款准备金，而其中外汇占款超过 21 万亿元，这是基础货币供给。货币供给的另一个环节是 M0 到 M2（广义货币供应量）之间的扩张，表现为从基础货币到商业银行的信用创造过程，即贷款，这个过程有所谓货币乘数。在基础货币一定的条件下，货币乘数决定了货币供给，而存款准备金率的高低和货币政策的传导效率构成了货币乘数的关键。

除此之外，商业银行对非银行金融机构的资金供给过程，例如小贷公司、保理公司、租赁公司、信托公司等，它们的资金往往来源于商业银行表外的委托贷款业务、理财业务、票据业务、资金拆借业务等。这个过程也有金融杠杆放大，所以也是金融监管部门严格关注监控的方面。

总体上来看，我国通过外汇占款为主要货币发行手段的方式需要变革。通过外汇占款方式发放货币，导致货币的数量调控自主性不足，引发房地产价格暴涨、金融杠杆率叠加等诸多问题，是金融供给侧结构性改革必须处理的问题。

三、利率机制改革

改革开放以来，我国的利率市场化改革取得重要进展，大部分银行已建立较完善的贷款定价模型，自主定价能力显著提升。随着目前经济发展对提高市场配置资源效率的迫切性上升，要进一步疏通货币政策传导机制，更好发挥市场配置资源的作用，利率市场还需要继续深化改革。

一是利率市场化改革还未完全完成，货币市场利率已经完全市场化，但商业银行存贷款基准利率依旧存在，"利率双轨制"造成套利现象。金融系统不可能没有套利，但是如果泛滥成灾，对实体经济是不利的。

二是货币政策传导机制不畅通、不顺畅，造成中小企业和民营企业融资难、融资贵等问题，长期未得到解决。这个问题属于基本面和结构性问题，通过对银行行长的指导和一系列文件，敦促银行对民营企业、中小企业和农村加强放贷，固然会有一定的效果，但本质上，融资难、融资贵问题需要通过一系列的供给侧改革加以解决，如果不从体制机制上下功夫，客观上资金仍然流不到毛细血管，流不到小微企业，流不到农村。

利率机制改革就像"修水渠"，目的是让水流更加畅通，让水更有效率、更精准地流到田间地头。推进利率市场化改革，有利于疏通货币政策传导机制，提高市场配置资源的效率，促进降低企业融资成本，缩小国家调控政策与实体经济感受之间的落差。

四、直接融资供给不足导致高杠杆

2018年12月的中央经济工作会议上，习近平总书记强调，资本市场在金融运行中具有牵一发而动全身的作用，要通过深化改革，打造一个规范、透明、开放、有活力、有韧性的资本市场。

资本市场的供给问题，也是中国金融体系要解决的问题。资本市场将是解决金融为实体经济服务的撒手锏，是金融防风险的关键一招。

2018年，在全社会新增融资中，83%是间接金融，即商业银行贷款和信托等机构提供的资金；17%是直接融资，在直接融资里，又有一部分是企业债券等，约占10%。也就是说，中国2018年新增融资近20万亿元，93%是债务债权，7%是资本股权。这个比例显然是失衡的。反观美国，2018年70%是股权融资，包括私募股权融资和资本市场公募股权融资，而银行债务融资和债券融资占比仅为30%。美国的企业负债率只有GDP的60%多，而中国的企业负债率加总数据是GDP的160%，这就是我们资本市场供给明显不足造成的。所以中央提出要加大直接融资的发展，尤其是股权融资这一环，这抓住了问题的要害，资本市场是金融供给侧改革的关键环节。

由于融资结构不合理，直接融资占比低，中国整体杠杆率水平很高。但全世界比较而言，我们的政府杠杆率和居民杠杆率并不算高，主要是企业部门债务重、杠杆率高，而企业债务这一块，解决方向就是把资本市场发展起来。

五、资本市场三大问题

中国发展了近30年的资本市场，一方面从少到多，从小到大，从无到有，确实取得了巨大成绩；另一方面还存在不少问题。

资本市场存在三个功能不到位的问题。

一是中国的资本市场缺少国民经济晴雨表功能。2000年以来，中国GDP翻了三番，各项事业都有长足的发展，但是资本市场总量指数还是大体不变。同时，近年来我们互联网经济发展迅速，但大量的互联网公司选择去美国、中国香港上市，A股上市公司仍然以传统企业为主，无法反映国民经济中创新的组成部分。总的来说，资本市场缺少国民经济晴雨表这个功能。

二是缺少资源优化配置功能。资本市场对于技术创新、产业结构调整、独角兽企业推动力不足，如果把这些功能都彰显出来，对中国经济、中国金融的变化会有牵一发动全身的效果。同时，市场对于质量低劣、造假泛滥的企业缺乏市场清除淘汰机制，导致大量的僵尸上市公司存在。大量壳公司存在，严重影响了上市公司整体质量，妨碍了投资者理性投资，对股市长远发展不利。

三是投入产出、收益回报不到位。资本市场缺少优胜劣汰机制，导致上市公司群体存在投资回报收益不理想的问题。

总之，未来要通过深化改革，进一步加快多元化、多层次的资本市场形成，将我国资本市场打造成为规范、透明、开放、有活力、有韧性的市场。

六、金融市场开放程度不足

尽管浦东开发的时候已经宣布允许外资设立银行、保险公司、证券公司和各种金融机构，加入WTO（世界贸易组织）以后，整个中国对于外资金融机构总体上都是开放的。但事实上，我国金融业对外开放程度与我国的大国地位和国际影响力严重不匹配。作为全世界第二大经济体和第一大出口国，我国金融业开放程度的国际排名不仅远落后于主要发达经济体，甚至近年来被诸多发展中国家超越。在中国 300 余万亿元的金融资产中,外资金融机构的比重只占 1.8%,这个占比是非常低的。

即便是不同行业之间的横向比较,金融业开放程度也相对较低。中国近 200 万亿元的工业、商贸业、工商产业的资产中,外资企业的资产占 30%。这个数据表明,金融业的开放度是有限度的。

一是资本市场对外开放程度依然不高。作为股票市场主体的上市公司也大多是境内企业。虽然当前 3 700 余家 A 股上市公司中约有 100 多家为外资公司,但其业务开展仍以中国市场为主,注册地更是无一例外都是国内省市。当然造成这种情况的根本原因还在于外资公司尤其是外商控股公司在适应国内资本市场和监管环境方面存在一些问题,如改制和上市申请需要商务部的审批,解决享受税收优惠的同业竞争和关联交易。

反观美国,纽交所上市的市值超千亿美元的大型企业有不少注册地就在美国以外,如壳牌石油、百威英博、台积电、中石油、丰田、诺华制药等,甚至美国重要股指标普 500 中也有近 30 家注册地在境外的公司。

与发达国家市场相比,中国股市的多样化程度仍有很大的发展空间。美国股票市场中,约 75% 以上的成交量来自外国投资者的股票买卖。而根据日本交易所公布的数据,2018 年外国人占日本所有股权投资者的比例达到 30.2%,超过金融机构(28.6%)和商业公司(21.8%)。从交易量上来看,外国人购买和出售的比重都超过了 70%,而 20 世纪 90 年代初这一比重仅 15%。

二是外资金融机构开展业务仍有阻力。虽然在加入 WTO 之后,我国金融业对外开放进程逐步推进,但外资金融机构在华开展业务掣肘较多,持股比例、设立形式、股东资质、业务范围、牌照数量等方面有限制。

首先，一些准入的领域外资可以设立银行、证券、保险，但是股权的比例存在限制：有的不能超过25%，有的不能超过49%，不能控股、不能独资等。股权限制的门槛使外资股东无法真正发挥其优势，尤其是随着时间的推移，中方股东的话语权越来越大，外资股东和中方股东并没有形成合力，反而由于缺乏共识，战略上的可变性加大，导致经营效率不高。

其次，在某些领域，外资金融机构始终无法享受同等国民待遇。例如，在允许登记的法人执照、营业范围，只允许外资金融机构开展其中的一部分。这样外资的金融机构在营业范围上，和国内的金融机构无法享受同等的国民待遇，进而限制外资金融机构的业务开展。

总之，金融市场总体上开放，但具体又有很多束缚使外资金融机构目前在我国的发展受到限制。

七、金融基础设施仍然较为薄弱

长期以来，我国一直重视金融基础设施的建设和发展，金融基础设施不断完善，为金融市场稳健高效运行提供了重要支撑。

在硬件方面，我国建设了以中国人民银行现代化支付系统为核心的现代化支付清算网络。在中央对手方建设方面，我国场内、场外市场均已引入中央对手方清算机制；在交易报告库建设方面，中国外汇交易中心和中证机构间报价系统股份有限公司分别被作为记录利率类、外汇类场外衍生品交易数据与股权类场外衍生品交易数据的报告库。此外，参考相关机构在金融风险防范中的系统重要性，证券交易所、"新三板"等均被纳入金融市场基础设施范围。

在相关制度建设方面，配套的法律法规与会计准则等为营造良好的金融生态打下了坚实的基础。国家法律、行政法规、部门规章、规范性文件及有关司法解释等共同构成我国金融法律体系,引导金融市场硬件基础设施规范运行。

但与此同时,金融基础设施的有效供给依然存在短板,监管环境有待改善。

一是在金融监管方面,金融监管部门的协调配合水平还有待提高,监管标准不够一致,监管层次不够明确,不利于金融基础设施向集中统一、安全有效、先进开放的方向发展;金融监管职能与行政管理职能的界限尚不清晰;跨境监管尚需完善,随着跨境资本业务的相继开通,配套监管框架建设亦需提上日程。二是在法律法规方面,还缺乏具有统领性、基础性作用的专门法律。我国有关金融基础设施的法律条款相对分散、模糊,并且以行政规范为主,缺少清晰、可执行的专门性法律基础,同时,金融法律的执行机制尚不健全,金融法规的效力有待提高。三是在机构运行方面,金融基础设施供给数量及质量与日新月异的金融创新进程不相适应等。

总而言之,金融供给侧结构性改革,就是要提高金融基础要素水平、改善金融运作机制、促进金融良性竞争与发展,以提高金融供给质量,更好地满足实体经济的需求。本文是学习中央有关金融供给侧结构性改革精神的思考提纲,是对金融供给侧结构性改革的目标体系、框架结构、问题分析的概述。由于金融供给侧结构性改革本身是一套宏大的理论体系,此文只是抛砖引玉,以引发大家的思考和重视,能够围绕问题,从解决问题的角度,进行更多的系统性、结构性分析研究、归纳总结,阐释金融供给侧结构性改革的内在逻辑和现实路径。

要素市场化配置是全面深化改革新突破

●

2020年4月初，中共中央、国务院发布《关于构建更加完善的要素市场化配置体制机制的意见》，在当前抗击新冠肺炎疫情的关键时刻，这份文件的发布体现了以习近平同志为核心的党中央在如此复杂的国际国内形势面前，坚定不移深化改革开放的战略定力。中国经济社会在"疫"后实现高质量发展的前景值得期待。

一、深刻理解推进要素市场化改革的重大意义

推进要素市场化改革具有三方面重大意义。

一是建设高标准市场体系的关键步骤。党的十九届四中全会提出要建设高标准市场体系。这个高标准不仅体现在商品市场上供求机制、价格机制和竞争机制等市场机制充分发挥作用，更为基础和重要的则是在要素市场上体现出市场配置各类要素资源的决定性作用。

改革开放以来，我们不仅建立了极为丰富的消费品市场和生产资料市场，像土地、劳动力、资本、技术等生产要素市场也得以发育并

苗壮成长。但由于种种原因，这些生产要素市场在运行过程中不同程度地存在行政干预过多、市场化运作不畅、资源配置效率不高等问题。尽管中央文件屡有提及，但受思想观念的障碍和利益固化的藩篱的羁绊，这些年来改革进展缓慢。该文件的出台，不仅再次明确了要素市场化改革的方向，而且针对不同的要素提出了具体的市场化改革举措，具有很强的可操作性，有利于加快高标准市场体系的建立。

二是深化供给侧结构性改革的重大举措。近年来，针对经济运行中的结构性矛盾，中央提出了以"三去一降一补"为主要内容的供给侧结构性改革思路。经过几年努力，经济运行中的短期结构性矛盾得到了缓解，取得了积极成效。但"三去一降一补"治的是急症，解的是表，逻辑是从产品端的结构性矛盾出发，在企业端发力，通过淘汰过剩产能、出清"僵尸企业"、降低过高杠杆等措施纠正结构性失衡。但从企业端深挖下去，除了微观主体的治理机制和创新活力有待进一步激发外，作为投入的要素端的扭曲也是一大病症所在。

推进要素市场化改革，有利于提升要素流动性，有利于引导各类要素协同向先进生产力集聚，进而为产业链水平的提高创造条件。可以说，要素市场化改革是继"三去一降一补"之后，又一大供给侧结构性改革的杰作，是供给侧结构性改革进一步深化的重要标志。

三是要素市场发育程度是一国经济竞争力的重要体现。与商品市场中有各种品种、规格、性能的商品不同，要素市场一般品种相对单一（比如文件中重点谈到五类：土地、劳动力、资本、技术和数据），场所或平台相对集中（如各地的建设用地招拍挂中心），一般具有资源优化配置功能、维护市场秩序功能、集中竞价功能、资金枢纽功能和大数据汇集功能。不论是国家级要素市场，还是区域性要素市场，成功的前提是能够在业态上做到三个集聚。

一是交易量的集聚能力，成功的要素市场往往能集聚区域性或全国性 80% 以上的相关要素交易资源。

二是交易会员单位、中介机构等各类企业和品牌的归集和集聚。

三是物流通信的枢纽集聚功能。作为一个成功的要素市场，理应有完善的通信基础设施以支撑这个要素市场的大数据、云计算和人工智能的枢纽条件。

基于此，要素市场的效率往往决定了一个经济体的运行效率，成为国家和国家之间、地区和地区之间竞争的核心能力的体现。相较于普通经济体，那些拥有全球要素市场影响力的经济体竞争优势更为突出。

二、体现了问题导向、全面深化改革的务实精神

按照分类施策、循序渐进的原则，文件从土地、劳动力、资本、技术和数据五大要素的各自特点出发，对每一类要素配置市场化改革的具体举措、推进方向、政策重点做了清晰的规划和安排。这里分别从五大要素涉及的市场化改革中各选一项具体举措来解读分析其蕴含的改革红利。

土地要素。"探索建立全国性的建设用地、补充耕地指标跨区域交易机制。"经过多年的实践探索，城乡建设用地增减挂钩和结余指标跨省域调剂政策在优化土地资源配置、加快城镇化进程、促进扶贫攻坚等方面发挥了重要作用。但这些政策操作起来行政手段过多，市场化配置不足。

文件明确提出"探索建立全国性的建设用地、补充耕地指标跨区域交易机制"，这是促进建设用地资源的市场化配置的重大举措。过去四十年我国每年征地平均为 800 万亩，最近几年已降低到每年 500 万亩。伴随城市化、工业化进入中后期，我们的城市规模不会像过去那样快速扩张，加之技术进步、产业升级以及集约管理加强，以后每

年审批土地可能会降到400万亩。假如其中1/6建设性用地指标通过跨省交易，按每亩50万元计算，每年将带来3 300亿元的区域财富转移。占用耕地按近几年约为审批土地的40%计算，即每年160万亩左右。耕地复垦费和市场化交易标准，按每亩20万元测算，每年将带来3 000多亿元财富。还有就是集体经营性建设用地每年入市约200万亩，33个国家试点区域对不同用途的经营性用地入市价格由20万元一亩到200万元一亩不等，按50万元一亩测算，保守估算每年可创造10 000亿元财富。仅此三项，未来30年所产生的财富就将超过50万亿元。当然，市场的培育、成熟有一个过程，但随着交易量水涨船高，这项改革的巨大价值会逐渐显现出来。这是城市反哺农村、东部转移支付中西部的战略措施，起到了既促进城市发展，又支持中西部农村财产性致富的作用，还有保护耕地永远守住18亿亩耕地红线不能突破的作用，是一个实实在在、一举三得的资源优化配置的改革措施。

劳动力要素。"放开放宽除个别超大城市外的城市落户限制，试行以经常居住地登记户口制度。"目前中国还有近3亿农民工，农民工因为户籍问题，往往到了45岁就会因不被企业招聘而返回农村，这就损失了人生1/3左右的工作时间，加之农民工每年候鸟式迁徙，春节前后回家探亲需要两个月，两者加起来，1/3+1/6 = 1/2，农民工一半的工作时间就耗费了。如果我们按中央要求，通过农民工的户籍制度改革，把近3亿农民工转化为城镇居民，相当于增加了1亿的城市职工。作为城市职工的收入，每年至少比农民的收入多1万多元，这1亿人整体上就会增收1万亿元以上。因此，户籍制度改革不仅是改善农民工待遇的问题，同样也是生产力问题，是人口红利的问题。

这次文件中明确提出，"放开放宽除个别超大城市外的城市落户限制，试行以经常居住地登记户口制度。建立城镇教育、就业创业、医疗卫生等基本公共服务与常住人口挂钩机制，推动公共资源按常住人口规模配置"。这是延长和释放潜在人口红利的重大举措。

资本要素。"制定出台完善股票市场基础制度的意见。"我国的资本市场由于种种原因存在三个弱化：一是国民经济晴雨表功能弱化，二是投入产出功能弱化，三是资源配置优化功能弱化。解决这三个弱化，关键是要从开放的角度把一些有效运行的基础性制度，比如退市制度、投资者保护制度等引入市场中。

为此，文件明确提出要"制定出台完善股票市场基础制度的意见"，要"改革完善股票市场发行、交易、退市等制度"，"完善投资者保护制度，推动完善具有中国特色的证券民事诉讼制度"，等等。要通过这些基础性、制度性改革扭转股票市场长期存在的劣币驱逐良币、上市公司将股市当成提款机的现象，让为实体经济服务的资本市场成为金融发展的主导力量。

技术要素。"培育发展技术转移机构和技术经理人。"近年来，全社会研发投入年均增长11%，规模跃居世界第二位，2018年接近2万亿元，占GDP的比重达2.19%，涌现了一大批重大科技成果。但科技成果产业化方面仍然不尽如人意，科技成果转化率低、科学研究与产业发展之间两张皮的现象较为突出，从科学研究到技术开发再到市场推广的创新链条没有完全打通。其中，缺乏训练有素的技术转移机构和技术经理人是一大痛点。

作为科技与产业的桥梁，技术转移机构和技术经理人的使命就是面向企业和产业需求，组织和整合科技力量进行深度研发，通过将科学转化为技术，以中试验证和改进技术来为企业界提供先进的技术解决方案。著名的德国弗劳恩霍夫研究所就是专注于此的。类似这样的机构在德国有很多，这也是德国科技创新如此先进的关键所在。学习借鉴国际经验，从创新规律出发，"培育发展技术转移机构和技术经理人"正是建设创新型国家的关键一环，值得期待。

数据要素。数据作为一种资源，最大的特点就是可以重复使用，叠加增值，作为资源不是越用越少，而是越用越多。建设数据市场最重要的前提就是数据资产的权益保护和数据的开放共享。个人数据的隐私权保护，不仅是资产权益界定问题，而且是个人权利不可侵犯问题，而数据的开放共享又是数字市场发展的关键所在。中央意见深刻指出，"一方面强调要制定数据隐私保护制度和安全审查制度；另一方面要推动适用于大数据环境下的数据分类分级安全保护制度，以便在数据隐私保护与数据开放共享之间保持必要的平衡"。文件进一步提出将有关领域数据采集标准化，"推动人工智能、可穿戴设备、车联网、物联网等领域数据采集标准化"。作为加快培育数据要素市场的重要举措，这是数据要素可交易、可流通的一个关键基础。众所周知，以大数据、云计算、人工智能、区块链为核心驱动的数字经济正在改变我们的生活，数据的互联互通、共享共用是其典型特征。但若在数据运行各个环节采集标准不一致，其共享共用就很难实现。这就好比火车行驶的铁轨，如果一段路程有的是宽轨，有的是窄轨，火车行驶的速度就快不起来，更别说跑高铁了。推进数据采集标准化正是数据要素市场的关键性、基础性举措。

三、当下推进要素市场化改革具有特殊价值

在党中央坚强领导下，当前我国新冠肺炎疫情防控阶段性成效进一步巩固，复工复产取得重要进展。但随着疫情在全世界蔓延暴发，我国经济增长的外部环境在急剧恶化，经济运行面临严峻挑战。在这个特殊时期，出台这份文件，体现了以习近平同志为核心的党中央以全面深化改革开放的新举措释放中国经济发展红利、努力战胜疫情挑战的智慧，至少具有如下双重特殊价值。

一方面，文件既具有针对性和前瞻性，又具有极强的战略意义。

疫情下的发展，除了需要需求侧的逆周期调控之外，更重要的是要在供给侧方面下功夫。土地、劳动力、资本、技术、数据等要素的市场化配置都是供给侧方面的重大改革。但凡要素供给侧结构性改革，一定是基础性制度的改革，一定是体制机制性的改革，一定是会产生每年万亿元级生产力发展红利的改革。

比如，"深入推进建设用地整理""鼓励和引导上市公司现金分红""探索推动在长三角、珠三角等城市群率先实现户籍准入年限同城化累计互认""主动有序扩大金融业对外开放""深化产业用地市场化配置改革""完善科技创新资源配置方式"等都具有生财型、聚财型和资源优化配置型改革的特征。在当下经济增长和财政收入因疫情而大幅受挫的背景下，这种不花钱或少花钱却能带来巨量红利的改革显得尤为珍贵，不仅符合经济社会实际，也有利于复工复产，激发企业活力，重启经济循环。

另一方面，与商品市场不同，要素市场的建设基本不需要人流的密集接触，符合疫情之下的工作实际和社会运行新特点。受疫情影响，国内外贸易活动水平大幅下降，远程办公、无接触交流成为常态。过去需要"飞来飞去""面对面"交流的场景将部分转化为更加经济便捷的在线交流。而以电子化集中交易为特征的要素市场，如资本市场、数据存储和交易中心等恰好符合这种要求。从这个角度也许可以窥见中央在此时此刻推进要素市场化的智慧和深意。

推动公共卫生防疫领域供给侧全面改革

●

2020年初，突如其来的新冠肺炎疫情给中国社会与经济带来了巨大冲击。国家高度重视此次防疫工作，成立了由李克强总理任组长的专门领导小组，习近平总书记亲自指挥，多次对防控疫情做出重要指示。自2020年1月20日起，党中央及各级政府本着对人民健康高度负责的态度，采取了最全面、最严格的防控举措，体现了中国在如此巨大的公共卫生灾难面前的应对能力、大国担当。

但是，面对如此巨大的公共卫生事件我们不得不反思，我们有没有可能把疫情消灭于萌芽状态呢？这是不是说明我们现有的公共卫生体系、传染病防治工作有很多系统性的问题呢？有很多专家学者对湖北武汉的疫情应对提出了大量的意见和建议，都有一定的道理，但从宏观角度来看，武汉的防疫应对问题不是湖北独有的，公共卫生与传染病防治领域是中国经济供给侧结构性改革的落后领域，甚至是盲点，从2003年"非典"到2020年的新冠肺炎，中国公共卫生体系的短板始终没有很好地补上，整个公共卫生系统在人员、技术、设备各方面都远远落后,这才是我们缺乏防控大疫能力的根本性的原因。

大疫当然是坏事,但也倒逼我们深刻反思,国家应该大力加强公共卫生、传染病防治领域供给侧的全面改革,解决该领域的方向性问题、系统性问题、基础性问题,让该领域成为推动中国社会与经济发展的重要引擎。

一、政府要扩大对公共设施的投资,提高公共卫生领域的供给质量

中国经济经过 40 多年改革开放已经进入一个发展的关键时期,1978 年中国 GDP 总量为 3 679 亿元,2018 年达到 90 万亿元。40 多年来,中国经济发展的一个重要引擎就是不断释放各种消费,高度重视消费拉动经济的发展。2010 年,消费拉动、出口拉动、投资拉动差不多各占 1/3 的贡献率。最近 5~10 年,中国经济通过供给侧结构性调整,消费拉动快速增长,截至 2019 年消费拉动已经占 GDP 的 60% 左右,出口和投资占了另外 40%。如果要进一步保持国家经济的长久增长,形成新的增长动能,就必须要继续保持或扩大消费对 GDP 的拉动作用。消费拉动经济发展包括个人消费和政府公共消费两部分,个人消费虽然还有一定的上升空间,但增长空间不大,有巨大潜力的是政府的公共消费。以往的政府投资在基础设施领域占比较大,公共设施投资和消费比重不足。公共消费包含教育、卫生和文化等方面,政府在这方面的投资比重往往比较低。以医院为例,1978 年全国医院数量为 9 293 个,2018 年为 33 009 个,增长了 2.55 倍。在这 40 年 GDP 增长约 240 倍的背景下,我们看到卫生方面的投资就显得不够了,2018 年中国卫生领域政府财政支出 16 000 亿元,占 GDP 比重不到 1.7%。

所以，疫情之后，国家要加大对教育、卫生、文化等公共设施的投资，尤其是加大对公共卫生服务设施的投资。这里有个概念，如果政府财政拿出1 000亿元投资在高速公路、铁路这些基础设施项目上面，这1 000亿元转化为当年的GDP一般最多只有30%左右；但是如果这1 000亿元投资在教育、卫生等公共服务及其设施上面，其转化出来的GDP可以达到60%~70%。就这个意义而言，同样的财政投入，如果投入公共卫生领域，对GDP的拉动反而更好。同时，它还能满足人民群众的需要，确保社会服务的平衡。

为此，政府财政应该把原有投向基础设施的钱，转移一部分到公共卫生等公共设施领域里面来，提高公共卫生领域的供给质量，用这一政府消费促进中国经济的可持续、高质量发展。

二、中国医疗及公共卫生系统整体质量提升的投资空间巨大

这次的新冠肺炎疫情表现出，除了北上广深杭等医疗设施比较发达的大城市以外，我国大多数地区现在的医疗与公共卫生系统普遍存在医疗设施还不够健全的情况。许多大城市的三甲医院数量配置都不到位，中等城市、小城市各级医疗机构的配置也很不充足、不合理、不平衡。为什么大城市的大医院忙得不得了呢？实际原因是整个城市的医疗资源设立不齐全、不合理，已有的各级医疗机构设施差别太大，小医院的设施太差，所以老百姓就都往大医院跑。实际上，我们对比发达国家的医疗体系可以看到，在美国、日本，即使是小医院，其配备的设施也和大医院是一样的。所以对各个城市医疗防疫系统的补全建立以及高质量设备的投资，就是公共设施消费的具体内容，政府投入的每一台设备也就变成了方便民众的公共服务设施。国家要像修铁路、高速公路一样，修建中国公共卫生领域的基础设施，中国3.3

万多家医疗机构可能会变成5万家、6万家,而政府主导的医疗机构的高质量设备投入就是一个巨大的增量市场,能够极大地带动经济的发展。

另外,除了硬件配置不到位以外,医护人员的配置也远远不够。现在很多医院,医生和护士普遍缺员,一般医院里的编外医生和护士占编内的50%,也就是说一座医院里面医护人员2/3是编内的,1/3是编外的。那我们为什么不增加10万、20万个编制,让这些编外的医生和护士进入编内呢?进入编内,表面上看起来是要增加政府的财政支出的,但事实上,一方面,是扩大政府公共卫生消费投资;另一方面,政府给予的编制补贴,是有杠杆效应的,当前医护人员并不是完全"吃皇粮"的,医生在医院里给病人看病,政府在编制上的投入往往只占医院实际收入的1/5,所以从总体上看,政府的编制投入是理所应当的公共投入,更何况它还带来了巨大的社会效益。

全国2 000多个县与400个地市州大都存在着各级医院等医疗体系不健全、人员也不到位的现象,如果我们健全体系、扩大编制,通过财政对公共卫生服务的支出,不仅可以大大缓解14亿中国人医护配置不足的现象,而且可以拉动政府消费,能够比基础设施投资更高效率地带动GDP增长。截至2018年末,我国卫生人员总数有1 230万人,按照欧美发达国家卫生人员占人口总数5%左右的比例来看,我们国家还有较大的增长空间,如果通过政府投入让卫生人员总数达到6 000万~7 000万,将会极大地推动我国公共卫生服务能力的提升。

三、预防型的公共卫生防疫体系建立是百年大计,具有长远投资效益

虽然国家现在也有传染病防治的相关机构,但从社会系统治理的角度来看,中国各个城市目前还都缺少一套完善的公共卫生体系、

传染病防范体系、ICU（重症加强护理病房）重症隔离资源管理体系。这三个概念可以说每个常规医院里都可以有，但是常规医院毕竟是常规医院，往往不具备控制传染的基础设施。为什么2003年的"非典"、2020年的新冠肺炎，大量感染人员在常规医院无法得到收治？就是因为常规医院的基础设施，比如空调、排污等，没有办法控制传染，也就没办法收治传染病人。

所以一个国家、一座城市需要一个独立的公共卫生防疫体系，包括按照收治传染病标准来设置的具有足够床位数的各种医院，也包括与控制传染相关的其他基础设施。这些投资在很多人看来可能是一种浪费，因为可能有一些设施我们十年都不会用到，但对一个国家、一座城市来说，有了这些设施就能够避免百年一遇的公共卫生事件对城市带来的毁灭性打击。就像是上海黄浦江的防洪大堤，我们必须要按300年一遇、500年一遇的洪水标准来建，否则一旦真有了大洪水，是数以千万计的老百姓的生死问题。所以建立这样一个公共卫生防疫体系，就是要做到防患于未然，就得把百年一遇的事情当作现实的事情，把这套系统高质量建设好，建好以后宁可有部分闲置浪费，比如花掉了1 000亿元，它的折旧利息都很高，但这是社会整体运营质量的提高，是社会公共保障能力的提升。这个概念就和我们花了几千亿元去做环保、绿化、保护生态是一个道理，不能急功近利去看当前的投入产出比，也不是说有了这个系统就希望每年来一次瘟疫让它发挥作用，而是要长远看到这个体系的投资效益，它是一个国家面对巨大公共卫生事件时的强有力的保障。这样的系统作为公共服务的重要一环，当然不能完全靠市场、靠民间、靠企业来建设，而是要依靠国家、城市的公共投资来建设。因为公共消费是政府特别是中央政府该做的，关键时刻更是如此。

在公共卫生系统突发事件的汇报、处置方面，中国需要建立一套完善的社会应急组织体系，一旦发生应急防疫问题，从一个县到一个地市、一个省，直到整个国家的紧急防疫应对系统就启动了，就像是国家的灾害委员会，一旦出事的话，几个层次就可以上报到国务院的应急办。总之，国家的公共卫生防疫系统应该直接上升到国家层面，由国家和各级政府主导投资建立。整套公共卫生防疫系统具有一套独立的治理体系，这个治理体系包含三个层面。第一个层面是应急响应体系，就是层层拉警报、层层预警的报告制度和紧急行动的预案与落实措施。第二个层面是用于防疫的物理设施的管理与使用方式，比如隔离病房，可以配置1万张床位集中放在几家定点医院，也可以各家医院都分散配置一些。一旦有疫情发生，病人可以马上得到集中隔离，避免扩散传染。第三个层面是疫情时期的紧急征用机制，一座城市一旦出现疫情，就相当于进入战时状态，一些民用设施可以被政府按照预案征用，包括宾馆、体育场馆、展览馆、房地产开发商闲置的房产等，用于隔离大量疑似、密切接触的人群，通过广泛隔离人群来控制传染源。这三个层面都不能是临时决策的，而应该是有预案、有准备的。

这个公共卫生与防疫系统，不是每个城市的卫生局或者哪一家三甲医院兼顾着就可以建设起来的。这个系统是社会公共卫生事件的"战备"职能，跟医院本身的基本诉求是不一样的，所以必须由中央统筹规划，各级政府投资建设。通过前文的分析，可以看到这笔投资对政府来说在各方面都是值得的，具有长远的投资回报。

四、国家要大力加强公共卫生与防疫的人才培养和基础科研工作

从湖北省的疫情中不难看到，公共卫生防疫人才是多么短缺。黄冈市一个外行的卫健委主任因一问三不知，被火线撤职。这也说

明我们必须要尽快解决公共卫生与防疫人才不足的问题,而解决问题最长远有效的方法就是办教育。

在我国的高等教育3 000多家大专院校中设立公共卫生学院的大学比重很低,仅有80余家。比较多的是在医学院下设立公共卫生与预防医学专业。这些公共卫生学院往往重预防、轻应急。一旦涉及应急防疫,就涉及文、理、医、工、经的融合,涉及政治、经济、公共管理等多个学科的交叉,所以现有公共卫生学院的课程设置应该做大调整,重视应急防疫方面的教育。

公共卫生与防疫人才的培养一定要扩大规模、提高质量,要鼓励高校设立公共卫生学院,尤其是传统的理工科强校,要加强公共卫生学院的建设,目前即使是清华大学也没有公共卫生学院,只是在清华大学医学院下设有清华大学公共健康研究中心,很多双一流大学也没有公共卫生学院。所以,第一个建议是教育部要鼓励双一流大学(985、211大学)设立高质量的公共卫生学院,而不是只有医学院校来设置这一专业。财政部要有专门的投资来建设这种类型的公共卫生学院,这样才能快速培养一批既懂得公共卫生,又懂得系统防疫、应急响应的人才队伍。

第二个建议是国家应该建设一所国家重点的单体公共卫生与防疫大学,比如叫作"中国公共卫生大学",类似于美国的"卫生与公众服务大学"和"国立卫生研究院"。该所大学要教学与科研并重,为国家培养高端的公共卫生与防疫人才,同时集中力量建立公共卫生与防疫的研究体系、实验室体系,汇集全球高端科技人才,承担中国乃至全球的公共卫生领域的前沿研究工作。

建设公共卫生学院与公共卫生大学,要打开大门,加强国际合作,可以跟国际知名机构合资、合作建设整个学院或大学,也可以是一个公共卫生学院里的某个实验室跟国外公共卫生学院或研究机构合作。也就是说在这个问题上要开放，一切瘟疫是人类共同的敌人，必须站在全人类的角度来研究和解决这一问题。这方面不能格局太小，而应该从人类命运共同体的角度，破除阴谋论，真正发挥中国在全球公共卫生与防疫领域的引领作用。

此外，对其他现有的公共卫生与防疫研究机构要进行梳理，加强公共卫生、防疫研究的体系性、针对性，政府要加大这方面的投入。现有的很多研究机构，比如一些病毒研究所，还没能真正发挥作用，研究水平比较低。政府建立的新型研究机构不仅要研究中国的病毒，也要研究世界其他国家的病毒，让中国在病毒研究和防疫研究方面走在世界前列。

五、各级政府制定"十四五"规划时，建议加大公共卫生与防疫的比重

这次新冠肺炎疫情给我们各级政府上了很重要的一课，我们一定要痛定思痛、引以为戒，加大公共卫生与防疫基础设施、运营体系、专业人才培养等方面的工作力度，在"十四五"的五年时间里，从中央到地方投资2 000亿~3 000亿元，就可以把全中国的公共卫生系统的短板补上，善莫大焉。

所以，建议各级政府在制定"十四五"规划时，一定要充分重视公共卫生与防疫基础设施、运营体系、人才培养等方面的投资与管理运营规划。要意识到补上公共卫生这个短板，无论从短期还是从长期来看都是不亏的，前文已经专门讨论了投资公共卫生类基础设施对GDP的高效率拉动作用，也就是说，只要我们规划合理、落实有力，这个投资将会是中国经济全面进入高质量发展的标志。

新冠肺炎疫情牵动万民之心，牵动全球经济，这次疫情给中国经济带来的巨大损失是不可避免的，我们现在重中之重还是要在党

中央领导下，打赢这场防疫保卫战，通过一系列宏观、微观政策的迅速调整尽量避免对经济（尤其是民营经济）造成太大的冲击。

不管怎样，我们已经看到一个公共卫生事件可能带来的数以万亿元计的经济损失。所以我们用5~10年时间投入几千亿元来建立和完善一个国家级公共卫生与防疫体系是非常值得的！通过该体系做到防患于未然，尽量避免今后再在中国出现"非典"、新冠肺炎这样破坏力巨大的传染病的流行。

一个社会的文明程度就体现在公共基础设施的水平上，过去一段时间中国在住、行方面的政府投资巨大，现在到了必须要在卫生、防疫这类的基础设施上加大投资的时候了。中国有制度的先进性，有强有力的组织保障体系，我们有充足的理由相信，在党中央的领导下，通过"十四五"乃至更长时间的建设，我们一定能够建立一套完善的国家公共卫生与防疫基础设施，从容应对各种疫情，让疫情对社会经济的影响降到最小！

第二章

去杠杆与金融风险防范

如何打赢去杠杆攻坚战

●

　　2017年以来，习近平总书记对中国经济去杠杆多次做出重要指示，要求把去杠杆、防风险工作作为2018年重点任务之一。2018年4月，中央财经委员会第一次会议进一步提出，以结构性去杠杆为基本思路，分部门、分债务类型提出不同要求，地方政府和企业特别是国有企业要尽快把杠杆降下来。

　　目前，我国的宏观杠杆率确实比较高。我们可以通过M2与GDP倍率、金融业增加值占GDP比重、宏观经济杠杆率、全社会新增融资中的债务占比等指标，来评估我国的宏观杠杆率情况。

一、我国宏观高杠杆的现状

（一）M2与GDP倍率

　　2017年底，我国M2余额达到170万亿元，当年GDP为82万亿元，M2与GDP之比已经达到2.1∶1。而美国在2008年金融危机后的十年间经历了三轮QE（货币量化宽松），2017年底美国的M2

大约是18万亿美元，与GDP之比是0.9∶1。我国M2与GDP倍率偏高，体现出我国的资金周转率低、资金利用效率低，这是我国国民经济的一个重大问题。

中国人民银行在《2017年第二季度中国货币政策执行报告》中指出，"过去M2增速高于名义GDP增速较多与住房等货币化密切相关"，"近些年M2增长较快还与金融深化有关"。这个判断基本确切。近些年我国较大规模的M2没有全部进入实体经济，而是比较多地进入了房地产行业和表外金融机构。资金在这两个部门的过度循环尽管会带来问题，但是也把多余的M2消化吸收了。

（二）金融业增加值占GDP比重

2005年，我国金融业增加值占GDP比重只有4%，之后迅速上升，至2015年底达到高点8.4%。很多文章认为这是中国金融业十年来发展的重大成果。其实，这恰恰是经济脱实就虚、虚火上升的结果，是经济风险积聚的标志，是实体经济效益下降的象征。2017年下半年开始，监管部门努力约束金融业超高速发展，2018年这一比重降到了7.68%。

从全球来看，美国、日本、欧洲等主要发达国家和地区，从1980年到21世纪以来，金融业增加值占GDP比重大部分时间在5%左右。美国有两次超过8%：第一次是2001年，爆发了互联网金融危机；第二次是在2007年，出现了"次贷危机"。日本在1994年出现过金融业增加值占GDP比重达9.6%的状态，随即经历了长达20年的经济衰退。当然，这并不意味着这一比重到了8%、9%就一定会出现危机，只是出现危机的概率变大。

具体看，一个国家、一个地区和一个城市不同。一个城市特别是金融中心城市，金融业增加值往往占城市GDP的15%甚至20%

以上。比如纽约的金融业增加值占整个纽约市GDP的25%。因为纽约市的金融业代表了全美国的金融业，所以这个比重很高。再如，上海的金融业增加值占上海GDP的20%，而北京是22%，因为全国各大银行总部都在北京，而全国包括证券交易所在内的各大要素市场都集聚在上海。所以，对大城市而言，金融业增加值占GDP的比重高一点是正常的，是发展的象征。然而，有很多普通的省份希望在"十三五"期间将金融业增加值占全省GDP的比重进一步提高，甚至将其当作一个重要的奋斗目标写在五年规划里。如果各省市都努力将金融业比重提高到10%以上，那肯定会虚火上升。

2000—2016年，我国GDP翻了两番，在这样的情况下，我国的金融业GDP占比加大了一倍，从2005年的4%增加到2015年的8.4%，那么金融业增加值实际上是翻了三番。

中国的金融业增加值占比为何如此高呢？其实，银行、证券、保险机构自身的金融增加值占比大概在4%~5%，另外3%以上则来自最近十年快速发展的理财、委托贷款、资管业务等。央行把钱给了商业银行，商业银行变成非银行金融机构的"央行"，有30多万亿元资金通过表外业务、理财业务、资管业务，流入十多种非银行金融机构，包括信托、小贷、保理或者其他的担保公司、财务公司、互联网金融公司以及私募基金等，通过层层周转流动，重复形成的资金流达上百万亿元。其中，每个周转过程都产生一定的收入、成本、利润，这些都累计成为非银行金融系统的增加值。最后这些资金流入实体，那么实体经济就要承担非银行金融系统自我循环所产生的成本——主要体现为高额的利息。现在银行的贷款利息一般在7%，信托等非银行系统的资金利息一般在12%以上，而小贷公司的利息可能会到18%甚至20%，那么这对实体经济的发展无异于雪上加霜。2018年以来，金融监管部门对资管业务进行了严格管制，预计这部分 GDP 占比会有所下降。

（三）宏观经济杠杆率

2017年，我国宏观杠杆率超过了250%，在世界100多个国家中处于前五位。其他较高的国家包括美国、日本、英国、意大利等。其中，2017年，日本的总体杠杆率为440%，日本政府的债务是世界上最高的。按照IMF（国际货币基金组织）的分类，日本2018年底私人部门（包括企业与家庭）负债与GDP的比值是207.57%；一般政府公共负债与GDP的比值是237.13%，其中日本中央政府负债与GDP的比值是198.44%。乍一看，日本政府负债率高得令人咂舌。为什么国际社会对此波澜不惊呢？这里有三个原因。一是日本企业有很多海外投资，相应的GDP计入了被投资国，而利润资金、企业实力、技术含量等计入了日本的GNP（国民生产总值）。日本海外的GNP几乎等于日本国内的GDP，如果算在一起，2017年日本真正的国民收入就变成了10万亿美元左右，440%的杠杆率也将变成220%。二是日本国民的高储备率也支持了日本政府的高负债行为。日本的国债是本币债而不是外债，95%都被日本人消化掉了。三是日本政府负债的利息很低，几乎长期稳于零，负担并不重，即使遭遇偿付危机，日本央行通过印钞也能解燃眉之急。所以，日本的负债是有其特殊性的。

我国总的经济杠杆率主要涉及以下三个部分。

第一，居民债务，如每个家庭买房、买汽车的贷款，以及信用卡和其他投资等。居民债务规模过去几年增长比较快，2017年占GDP比重接近50%，而2013年只有20%。

中国人勤俭节约，喜欢储蓄，这是天性，是民族文化，不会在短时间内发生改变。这几年，居民债务快速增长的主要原因是城市居民贷款买房，抵押贷款规模增加较快。如果今后几年我国房地产形势稳了，炒房子的势头过去了，老百姓高举债买房的势头也会稳住，增长率就不会那么高了。所以，目前居民债务占比50%问题不大，但如果今后五年继续过去的增长势头，就可能会变成大问题。

第二，政府债务，包括31个省（自治区、直辖市），400多个地/市，2 000多个县。2017年，我国政府负债共40多万亿元，也占GDP的50%左右。其中包括中央政府负债约13万亿元，地方政府总债务约18万亿元，以及地方政府隐性债务（比如PPP项目，表面是股权投资，实际上可能是政府债务）约10万亿元。

中国地方政府债务要重点防范三个方面的问题：一是增长率很快；二是利息很高，中央政府的债券利息一般是3%~4%，商业银行贷款利息一般是6%~7%，而很多地方政府借信托搞基础设施建设，信托资金利息至少是12%；三是短期债（如2年、3年）居多，而不是5年、10年及以上的长期债。

中央政府高度重视我国政府债务存在的问题。在供给侧结构性改革推出以后，在中央的支持和推动下，财政部做了很好的尝试，发行了置换债，目前累计已达12万亿元。通过置换债，地方政府平均7%~8%的债务利率降到了3%~4%，每年少还约4 000亿元利息；同时，置换以后变成中央政府的国债性质，期限往往是5年甚至8年、10年，利息低、期限长，还账比较轻松。同时，中央政府采取强监管措施，责令省级财政管住地、市、区，地、市、区管好区县政府，各级人大进行执法监督。各级政府的债务由此受到了极大的管控和约束。因此，从战略上看，我国的政府债不是太大的问题。

从国际比较来看，截至2018年底，美国的政府债务是22.5万亿美元，占GDP的110%。但这只是联邦政府债务，并没有统计美国50个州政府及几百个市共6万多亿美元的债务。两者加在一起，全美国的政府债务接近30万亿美元左右，约占GDP的140%。美国地方政府债务是联邦政府的1/3左右，而中国地方政府债务是中央政府债务的3倍多，这样看来我们地方政府好像负担比较重，责任比较大。但是，我国整体的政府债务占比相较于美国、日本轻得多。所以，我认为我国对政府债务并不需要过于担心。

此外，我国地方政府还有一项美国地方政府没有的资源——土地。1990年4月，党中央、国务院同意上海市加快浦东地区的开发，并发布了十大政策，其中一条便是允许浦东新区土地批租50~70年。此后，这项政策在上海、其他沿海地区和城市逐步推开，成为一个惯例，并且土地批租的收入归地方政府。统计局和国土资源部、财政部统计，从1990年到2017年底的28年里，我国地方政府的土地批租收入共35万亿元。以此为基础，中国波澜壮阔的城市化运动开始了，城市基础设施建设快速推进，建设地铁、高速公路、隧道和桥梁，中国400多个城市20多年发生了翻天覆地的变化。从这个意义上讲，如果没有土地批租这一政策，地方政府可能会多出30多万亿元负债。外国政府土地是私有的，没有土地批租，所以这可能是中国的一个撒手锏。今后若干年，地方政府还会有土地批租的收入，地方债务的偿还压力总体上是可控的。

所以，政府债务只要管控好、透明度高，应该不会有大的风险。政府政务方面主要是管理问题，而不是内在的结构性困局。

第三，非银行的工商企业债务。2017年，这部分债务规模是130多万亿元，相当于GDP的160%，这个比例是很高的。同期，美国的企业债务占比是60%。

我国企业债务高企的根本原因是缺乏资本金的市场化补充机制，要解决这个问题，很重要的一块是通过深化改革，建立企业的资本金市场化补充机制。如果资本金的补充机制到位，我国企业的负债率就会明显降低，否则一家企业除了起步时有资本金，以后几乎是没有资本金来源的。如果靠赚来的利润补充资本金，股东对于不分红就会有意见；而如果分了红，就没法补充资本金。那么，企业资本金的市场化补充机制关键在哪里？在资本市场的发展。这是中国企业（不管是国企还是民企）改革的一个重要命题。如果这个问题不解决，即便宏观上想帮企业减债，也无法在实质上减下来。

20世纪90年代，国有企业的负债率达到80%甚至90%。国家实施了债转股1.4万亿元，再加上破产关闭核销了坏账5 000亿元，总体相当于把10多万亿元的银行贷款余额转股或核销了2万亿元，接近20%。现在我们的银行贷款余额是140多万亿元，如果核掉20%，那就要坏掉20多万亿元，简直不可想象。可见当时是多么大的一次调整。调整之后，2000年中国的企业负债率平均降到了50%左右，但十多年后又到了60%、70%，许多困难企业负债率几乎到了90%。中国几万家房地产开发商平均负债率为85%，是工商企业中最高的；资产规模在1万亿元左右的房地产开发商，包括万达、恒大、万科等，负债率也达到80%以上。

高负债风险极大。我国的企业既缺少高负债的市场约束淘汰机制，又缺少资本金的市场化补充机制，这是要害。

（四）全社会新增融资中的债务占比

每年社会融资规模增量随着GDP增加、经济规模扩大而增加，2016年为17.8万亿元，2017年和2018年都超过了19万亿元。但是，我们每年新增的融资中约90%是债券融资，只有不到10%是股权融资，股权融资包括股票市场的股权融资，也包括非股票市场各种企业的股权直接投资。这意味着，我们每年要增加很多债务和很少的股权，那么负债率会越来越高。美国每年新增融资中，约70%是股权，30%

是债务，在这样的结构下，每年新增的融资只会使负债率越来越低。

从以上四个指标来看，我国宏观经济脱实就虚、高杠杆的特征还是比较明显的。中央提出宏观经济去杠杆、防风险，不是无的放矢，而是抓住了中国国民经济发展的要害。去杠杆是供给侧结构性改革中非常具体的、看得见摸得着的、定性又定量的一项刚性任务。"三去一降一补"其实最终就是为了防风险，消除可能存在的系统性风险，避免重大金融危机在中国发生，同时也是我们应对中美贸易摩擦和外部冲击的重要保证。高杠杆就像一个水库悬在天上，如果外部冲击把悬河刺一下、把水卸下来，地上就成灾了。所以我们自己先把杠杆降下来，防患于未然，这是非常重要的。

二、去杠杆的国际经验

美国自20世纪初到现在的这一百年里有两次去杠杆，都是在高杠杆引发了严重的金融危机后的去杠杆措施。第一次是1929—1937年，或者扩展到第二次世界大战结束（1945年）。在这个时期实行糟糕的通缩型去杠杆，造成雪上加霜，导致整个国民经济停滞，后来采用适当的财政加杠杆和金融政策投放货币才摆脱危机。但这个过程不是预先计划好的系统决策，而是碰鼻子转弯的结果。第二次去杠杆是2008年，是在遇上了极其严重的金融危机（次贷危机）之后采取的措施。这一次美国做得比较好，属于良性的去杠杆。金融危机爆发后，一方面把崩盘的金融企业的坏账核销一部分，另一方面通过QEI、QEII、QEIII等量化宽松过程释放的资金大量进入并刺激美国资本市场，企业股权融资大幅增长，从而使股市从6 000点涨到28 000点，股权投资市值从10万亿美元增加到30万亿美元，企业债务率因此大幅度下降。美国现在的企业负债只占GDP的60%左右。总体来看，经济是比较健康、良性地发展的。

资本主义社会解决高杠杆问题一般有四种方案。

一是完全依靠成熟的市场，政府基本不作为，只是市场经济的守夜人。市场出现高杠杆时，先是听之任之，后来高杠杆崩盘了，出现金融海啸、经济危机，那么原来的高杠杆就降下来了。比如在三个月或半年之内，股票市场的市值蒸发30%~40%，房地产市场的总价值减少1/3，许多企业倒闭破产，各行业重新洗牌。债务总量大幅减少的同时，形成的赖账或坏账使一些银行也倒闭了。危机过后可能五年、十年又慢慢复苏，再积累新的杠杆，又出现新的危机。这样周而复始，由市场自己调节。美国、日本和欧洲一些国家是这样的情况，让市场发挥作用，但发挥作用最终是以崩盘的方式来出清和解决问题的。

二是政府通过通货膨胀稀释债务，把现在的问题推向未来，同时相当于把坏账转嫁给了居民。如果通胀过于严重，就会带来剧烈的经济危机、社会震荡。如果每年物价涨10%，5~6年就等于把所有的债务赖掉70%以上。通胀积累到一定阶段，量变会引起质变。如果连续10%的比率通胀三年，老百姓和市场（特别是国际市场）就形成了严重的贬值预期，贬值速度将无法控制，可能一年之内贬值20%甚至30%。这时就会出现颠覆性危机，就像委内瑞拉货币开始贬值以后，货币面值越来越大，甚至买一个面包需要用三亿货币单位，去商店里买一点东西要用一麻袋钱去换。

三是政府强行挤破泡沫，过度紧缩型去杠杆。在泡沫不大的时候，政府强行挤泡沫，快节奏动手术，或者像外科医生一样"一刀切"，可能造成金融过度紧缩，引起极其严重的经济萧条、企业倒闭、金融坏账、经济崩盘等局面。

四是资本市场加杠杆，商业银行去杠杆，对大到不能倒的企业点对点地注资、放贷，使普遍性的结构性危机有所改善。这样既降低了宏观经济的高杠杆，又遏制了大企业倒闭的连锁反应，避免了经济萧条，保持了经济平稳发展，产业结构、企业结构调整趋好，走向良性。

三、我国应如何去杠杆

去杠杆涉及诸多具体问题，操作上既不能一刀切，力求短时间内解决问题，也不能用一种办法孤注一掷，应该多元化、有条理、稳妥地推动去杠杆。我国实行供给侧结构性改革，就是要通过多元化的渠道，精准施策、多方案并举、分类指导，既不回避矛盾，又稳妥地解决问题，实现良性去杠杆。具体包括五个层面的工作。

（一）国家层面

在去杠杆的总量目标上，坚定地、稳妥地去杠杆。应重点把控去杠杆的三个宏观指标：M2增长率、物价指数和财政赤字。

首先，要平稳调控M2增长率。2005—2016年，我国M2增长率几乎每年都在15%以上，高的时候达到20%以上。由于M2增长率偏高，国民经济杠杆率也就会水涨船高。合理的调控应当做到每年M2增长率约等于当年GDP增长率加通货膨胀率，再加平减系数（在通胀时期减1~2个百分点，通缩时期加1~2个百分点）。坚定不移地平稳调控M2增长率，既不能骤然把增长率大幅下调，甚至变成负增长，使资金链断裂，企业出现危机；也不能任意放水，比如一般情况下，每年基础货币发行量应尽力避免10%以上的增长率。

其次，控制物价指数。通货膨胀是客观存在的，即便每年保持2%~3%的增长，五年也有约10个百分点的债务会被稀释掉。刺激经济的时候，一边是财政刺激，另一边是金融宽松，必须做到宽松有度。在这个过程中，整个经济包括物价、股市、房地产市场都要平稳。其中，物价的平稳是基础性的、前提性的，这也是一种很重要的办法。

最后，合理控制财政赤字。20 年来，我国每年财政赤字的上限控制在 3% 以内，近十年在 2%~2.3%，留有余地，这是十分明智合理的。从五年、十年的长周期看，财政赤字的平均增长率应该控制在 GDP 的 3% 以内。当然，在发生自然灾害、经济危机、社会危机等突发性灾难的情况下，财政赤字突破 3%、5% 在所难免。为了帮助地方政府化解难题，需要多发低利息的置换债，特殊情况下，发一些特别国债，以解决逆周期调控的特殊需求，也是理所当然的。

（二）企业层面

去杠杆要从宏观上形成目标体系和结构。假如我国国民经济宏观杠杆的目标是下降 50 个百分点，杠杆率维持在 200% 左右比较合理，那么，今后 5~10 年，居民和政府的负债控制在 50% 左右就很好，要害是把企业 160% 的负债率降低 40~60 个百分点到 100%~120%。这是一个定量定性的宏观目标，应该用 5~10 年坚定不移地努力实现。

企业债务的化解方式主要有三种。

第一种是核销破产。对于"僵尸"、亏损、坏账较多的企业，或者是产能过剩且完全没有价值的企业，通过破产关闭，坚决出清。如果现在 130 万亿元企业债务中有 5% 是必须破产关闭的企业造成的，那么就有 6 万多亿元的坏账核销。

第二种是收购重组。通过资产重组、债务重组实现资源优化配置，形成不伤筋动骨的良性去杠杆。

例如，对于一部分"有救"的企业，通过债转股解决其较重的债务负担。债转股与破产的区别在哪里？一家企业破产的时候，债务也许只能清偿5%~10%，其余90%~95%就成为银行的坏账；如果这家企业的生产链还是好的，通过债转股，可以把债权转成股权，债权方变成股东，分享利润，不需要企业还本付息。并且真正有效的债转股一般对债务要打个折扣，比如5折、7折。如果一个城市的企业坏账有100亿元，那么通过债转股核销50亿元，剩下的50亿元变成股权，企业的资本金能够得到有效充实。如果企业的资质、技术、产品链尚可，那么这个企业可能就被救活了。

2000年前后的国有企业改革，实施了1.3万亿元的债转股、债务剥离，对活下来的企业减免了约5 000多亿元的债务。对银行来说，1.3万亿元并没有完全坏账，会核销一部分，但资产管理公司得到了全部债权，一般能从经营条件转好的债转股企业中回收60%~70%的债权，真正核销的坏账在40%左右。这项改革在后来的十年形成了四大万亿元级的资产管理公司，取得了巨大成功。如果现在我国130万亿元企业债务有10%需要通过债转股、收购兼并等资产管理手段重组，实现结构调整、经营改善、恢复生机，那么银行方面即使打个对折，核销6万多亿元，还能回收6万多亿元本金。

在资产重组方面，分享一个案例。我曾经调研一家企业，主要做空调压缩机、冰箱压缩机里的铜管，总经理是全国劳动模范、全国人大代表。这家企业一年生产铜管50万吨，国内市场占有率60%，每年产值500亿元，位列中国500强、世界500强。然而，在顺周期的时候，很多省市领导请他去投资，他面子磨不开，不得不到处布点，产能达到了80万吨，负债100多亿元，净资产只剩下5亿元。后来，市场情况大变，80万吨产能都停产了，债务也无法偿还，这位阳刚气十足的总经理甚至还流下了眼泪。其实，这家企业的资质能力、技术工艺水平还是好的，产生的坏账并不是因为炒股票或者炒房地产，而是都投在了机器设备里，属于产能过剩领域盲目决策的失误，是可以进行资产重组的。

当时的市场还可以消化30万吨的产能，但是因为银行抽回资金，他的企业全线停产了。我请重庆的一家企业以委托加工的方式采购原材料，然后请这家铜管企业加工、生产销售，通过银行不能抽取委托加工资金的封闭运行的办法保护了这家企业的生产力、300亿元产值和几千名工人的饭碗。同时，我请这位总经理把沿海的一些停产的铜加工厂搬到重庆，由于重庆的税收、要素成本都比较低，利润就会比较高。另外，我还组织相关企业增资入股这个企业，组织企业与银行等债权人协商，通过多种方式核销一些企业债务，这家企业最终通过增资减债，负债率从95%下降到60%以内。经过几年的发展，这家企业又变成了很好的企业。

债务重组最重要的是，要针对坏账欠债的困难企业拿出整改的具体方案，如果只是把债务包层层转包，那是务虚、套利。比如，某银行有100亿元坏账，该银行把这100亿元打包按20亿元卖给资产管理公司，资产管理公司把大包拆成小包，最后按30亿元又转出去。如果是这样的层层转包，最后接盘的人有什么能力帮助企业完成债转股或债务重组呢？倒霉的还是实体经济。

第三种是提高股权融资比重。在接下来的3~5年，如果每年全社会新增融资中的股权融资比例能从9%、10%增长到20%、30%，甚至50%，债权融资比例降到50%，那么每年可以增加8万亿~10万亿元股权，3~5年里企业债务会减少30万亿~40万亿元。这里的股权融资涉及股市、私募基金以及其他各种直接投资。

上述三种方式，第一种是坚定不移地把没有前途的、过剩的企业破产关闭，伤筋动骨、壮士断腕，该割的肿瘤就要割掉；第二种是通过收购兼并、资产重组柔性地去掉一部分坏账和债务，同时又保护了生产力；第三种是新增融资中的股权融资从10%增加到30%~50%。我相信，通过这三种方式降低企业杠杆，结合国家层面调控M2增长率和物价指数，那么三到五年我们去杠杆的宏观目标就会实现。

（三）金融机构层面

过去十年，我国产生了几十万个各种各样的非银行金融机构，搅动着100万亿元资金。这些资金在不同的机构里转来转去，每转一个地方都要加一点利息，最终流入实体经济的资金利息一般都在15%~20%。非银体系原本是商业银行的必要补充，既能化解一些信用不足的中小企业融资难问题，也能覆盖民间无牌照的非法集资、高利贷等活动范围。但是近几年，非银体系乱象丛生，亟须脱虚向实。

所以说，中国金融的乱象，不是银行、保险单个金融机构的风险，而是从银行到保险、保险到证券跨界叠加产生的系统性风险。由于监管部门是垂直监管，跨界的不监管，导致整个几十倍的杠杆，在每个垂直系统孤立地看，往往表现为不违规的三、五倍杠杆，但一旦跨界来看就变成了很大的风险。因此金融系统去杠杆、防风险，要围绕金融为实体经济服务，严格监管业务的脱实就虚，对于套利杠杆行为尤其要加强跨界监管、穿透式监管。

（四）资本市场层面

近年来，中央政府加大了对资本市场基础制度的改革力度。事实上，资本市场是去杠杆的撒手锏。如果中国股市涨1 000点，从2 500变成3 500，市值增加20万亿元，那就等于上市企业股权资本分母做大了，负债率就能有所降低。如果股权资本不增多，一味通过拼命抽债务，来降低债务率，分母总资产也可能随之减少。企业很可能因股权质押的资产被债务穿透，现金流断裂而崩盘。美国的资本市场，十年里指数翻了两番，从 6 000 多点到 28 000 点，市场的市值翻了一番多，从 14 万亿美元上升到 30 多万亿美元，企业负债率大幅下降的状况值得我们借鉴。

所以，把股市搞好是很重要的并且是良性的去杠杆手段，同时也是供给侧结构性改革一个重要的立足点和支柱。资本市场是国民经济晴雨表，同时也是资源优化配置非常重要的渠道，然而我国资本市场的这两个功能似乎都失灵了。最近中央政治局强调要健全和加强资本市场的基础性制度的发展和改革，这一表态分量很重，我对中国股市成为供给侧结构性改革的撒手锏充满信心。

（五）房地产层面

房地产的高杠杆既包含房地产企业开发过程中的高杠杆融资，也包括老百姓大比例的抵押贷款。控制好这两个环节，至少能削减 20% 的中国宏观经济杠杆率。

房地产开发商方面，欧美国家的房地产开发商负债率一般都低于 50%，我国则在 85% 左右。为解决这个问题，一是应要求房地产开发商在买地时必须使用自有资金，不能靠融资借款来买地。政府只要控制住土地出让这一关，房地产开发商的债务就能下降到 60% 左右。二是规范和管控好房产商的开发贷，尤其是多账户多头举债、高杠杆举债。三是控制好房屋预售环节。一般来说，房屋封顶以后，进入装修期间，提前半年、一年预售有其合理性，但很多房产商刚打地基，就开始卖楼盘、搞预售，两三年交不了房，这种无息欠债、隐形加杠杆行为必须严格管理。只要这三项融资措施规范到位，房地产开发商的负债率就有可能降到 50% 以下。另一方面是老百姓购房按揭贷款的规范。要坚决杜绝零首付全按揭贷款，杜绝首付贷业务，遵循首套房 20%~30% 首付，二套房 40%~60% 首付，第三套房零按揭的按揭规则。总之，只要把土地出让、开发贷、房屋预售和首付比例这四个环节管控好，房地产行业的高杠杆问题就能得以缓解、化解。

从宏观上看，以上五个方面五管齐下，辩证、系统、协调，一起加力，就可以实现良性的去杠杆。

金融的本质

●

金融的本质，就是三句话：一是为有钱人理财，为缺钱人融资；二是金融企业的核心要义就在于信用、杠杆、风险三个环节，要把握好三个环节和度；三是一切金融活动的目的是要为实体经济服务。这三个本质特征，不管是哪个层面的金融从业者，都应时刻谨记于心。

第一，为有钱人理财，为缺钱人融资。比如银行，老百姓可以存钱，企业发展可以贷款，银行在其中起着桥梁、中介和服务作用。比如保险，实际上是人在健康、安全的时候，用余钱来保障疾病、死亡等意外事件突发时的救急需求，是一个自我平衡的过程，同时也能为企业融资提供资金来源。证券市场更是如此，老百姓冒一定风险投资购买股票，取得的回报可能是企业利润分配，也可能是股价差价，总归是将余钱用于理财的桥梁。租赁也一样，企业通过租赁，把一次性的巨额投资转化为长期的租赁费用和日常的运行资金，将产生更多的效益，起到融资的作用。总之，不管是直接金融系统的资本市场发行债券等，还是间接金融系统的商业银行或非银行金融机构，都是各种理财方式、中介方式，本质上是为有钱人理财，为缺钱人融资。

第二，信用、信用、信用，杠杆、杠杆、杠杆，风险、风险、风险。之所以用这种重复的方式进行强调，是因为"信用""杠杆""风险"实在是太重要了。

首先，信用是金融的立身之本，是金融的生命线。体现在三个方面：金融企业本身要有信用，与金融机构发生借贷关系的企业要有信用，各种金融中介服务类企业也要有信用。

衡量企业的信用，要把握好五个维度。一是现金流。现金流比利润更重要。如果资金链断了，企业崩盘破产，预期利润再高也没有用。所以，资本市场上考核企业信用的第一件事，就是分析企业财务报表的现金流。二是回报率。看重企业的成长预期，通过分析未来几年的利润、市盈率予以全面衡量。三是抵押担保。如果现金流、回报率无法衡量，但有担保公司或第三方企业愿意提供担保，银行也可放心贷款。四是企业高管。一个地方乃至国内外知名的优秀企业家，具备相当高含金量的个人信用，亦可为企业信用加分。五是企业品牌等无形资产。这些无形资产也应纳入信用评价体系。这些都是金融规律，必须严格遵循。现在常讲大数据分析，但如果分析的结果是不需要有现金流，不需要资本回报，不需要担保物，这种脱离金融本源的分析都是"假大空"的。金融衍生工具也一样，即便种类繁多，也都应该具备信用的基本特征，否则就会导致金融泡沫。

2008年国际金融危机，就是典型的不按规律办事。以商品房为代表的次贷产品出了问题，银行不是想办法在抵押物上做文章，把次贷变成正常贷款，而是把次贷卖到股票市场，变成了CDS（信用违约互换）债券，杠杆比高达1∶40。雷曼兄弟公司40亿美元购买了1 600亿美元CDS债券，如果涨10%，就赚160亿美元，但如果跌10%，就立即崩盘。总之，一切没有信用的金融都是假金融、伪金融。

其次，杠杆。信用是杠杆的基础，有信用才有透支，透支就会带来杠杆比。银行的存贷比，实质是一种杠杆比。如果一家银行有10亿元资本，可放贷100亿元，就是1∶10的杠杆。租赁公司有50亿元资本，可以搞500亿元租赁，就同样是1∶10的杠杆。搞期货一般是1∶20的杠杆，远期交易是1∶5的杠杆。股票市场搞融资融券，实质也是证券公司给予投资人一定比例的透支。总之，没有杠杆比，大家一手交钱、一手交货，就不需要信用，也不存在金融。

最后，风险。没有杠杆比谈不上金融，但杠杆比过高则会产生金融风险，这是辩证的关系。一切金融创新，都是想方设法把杠杆比一级一级地放大。过高的杠杆比是一切坏账、一切风险、一切金融危机的来源，在企业层面表现为坏账，在行业系统层面是风险，延伸到国家乃至世界就成了金融危机。唯一的解决办法，就是"去杠杆"。真正的智慧，应是设计一个信用基础较好、风险较小的杠杆体系，这是金融的精髓。

信用、杠杆和风险这三个方面也是互动的。信用好，杠杆比不高，风险自然就会低。杠杆比高，信用则会降低，风险也就较高。所有的金融创新，都是围绕这三个方面在运转，关键要把握好其中的度。尽管这些基本原理是金融课堂的常识，但必须当真经来念，不管是行长还是办事员，都要天天念、月月念、年年念，因为一切金融风险都是背离了这些基本原理而产生的。

所以，把现有信用用足用好，有信用不好好发挥就是死心眼，但是有信用就把杠杆用得过了头造成风险，那也是疯子或者是愚蠢的人。金融管理的要义就是把自己这个企业的信用用足，但是用足就表现为杠杆的放大，在放大杠杆的时候又要把风险控制在底线里面，这就是一个高明的金融领导人员、管理人员、工作人员、财会人员必须担负的基本责任。

第三，为实体经济服务，这是金融的要义。离开实体经济，金融就是无源之水。邓小平同志1991年视察浦东时谈道："金融很重要，金融是现代经济的核心。搞好了，一着棋活，全盘皆活。上海过去是金融中心，是货币自由兑换的地方，今后也要这样搞。中国在金融方面取得国际地位，首先要靠上海。"王岐山同志任国务院副总理时曾强调，"百业兴，则金融兴；百业稳，则金融稳"，这是金融行业的金科玉律。金融是现代经济的核心，必须要为实体经济服务，否则就会异化为"卡拉OK"、自弹自唱。

这三句话表现在宏观上面，即宏观经济中的货币信用、负债信用、杠杆信用从哪里来？一个国家GDP的增长率、财政税收的增长率、实体经济的利润率，是一切货币信用、负债信用、杠杆信用的来源。反过来杠杆过大又会带来宏观经济的风险。这三句话表现在微观上，即每个企业对自己的债务杠杆、效益改善都应日日关注、月月关注、年年关注，把企业经营好。

在具体的金融工作中，我们可以观察到，已经进入正轨的金融机构都有着管理杠杆的基本制度，有多大的资本才能有多大的杠杆。例如银行有五个信用指标，分别是资本充足率、贷款利润率、坏账准备金、存款准备金和存贷比，这些都是银行信用的基础。

证券公司也好，小贷公司也好，保险公司也好，凡是"一行两会"批准的、有牌照的金融机构，其信用基础、杠杆比例、风险防范都必须有制度安排，有明确的法律管制或者制度管制。在这方面，一个金融工作人员只要学习了这些业务并循规蹈矩，把工作做好就可以了，除非金融监管失控才会使乱象丛生。应该说，不管是20世纪80年代、90年代，还是21世纪以后，特别是2008年世界金融危机以来的这十年，银行、证券、保险等传统的、常规的金融机构其实还是基本规范的。

加强金融企业和金融活动全生命周期风险防范

●

金融防风险，持牌经营是前提，严格监管是关键，负面清单是基石，三者是有机整体，不可割裂，要在理念上、行动上贯穿到金融机构和金融活动生命周期的全过程。持牌经营就是企业出生时就既要有工商登记，更要有金融业务许可；严格监管就是对金融企业在事中事后经营中的行为做到心中有数；心中有数的基础就是要有负面清单，做到负面清单之内的绝不准做，负面清单之外的即使在持牌经营条件下行为也要受到严格监管，并且还要适应金融创新和监管形势的需要，及时更新、深化负面清单。具体工作中，应该抓好以下几个方面。

一、对持牌金融机构要有负面清单"约法三章"

这些年，负面清单管理一般是在放宽准入的语境中使用的，它的内在含义是除了负面清单规定的不许可事项外，什么都可以干。工商企业在负面清单管理下，法无禁止即许可、放开搞活、放开准入、先照后证。但是，由于金融企业存在专业性、杠杆性、信用性、风险性，必须有专业监管机构予以持牌许可，才能持牌经营，无牌经营就是非法经营，就可能产生信用风险、流动性风险、交叉金融业务风险、理财和代销业务风险、互联网金融与信息科技风险等诸多风险。

目前，我国有银行、证券、保险、第三方理财、信托、保理、小贷、消费金融公司等牌照。有了这些牌照，就确定了这些持牌经营机构的正面清单，它的功能、市场定位、业务领域，就都清楚了。在具体运行过程中，还要对这些持牌金融机构设立负面清单，让金融机构的经营活动按正面清单发挥功能，按负面清单约束自己。

在发展各类金融机构过程中，按照防风险的底线要求，设定必要的边界条件，规范各种业务要求，有的放矢发挥牌照功能，各类金融机构发展才能总体比较健康。

比如，对小贷公司发展，至少有"六个不准"：一是不准非法集资和吸收公众存款，主要是用自己的资本金最多在1∶2的杠杆比范围内去放贷；二是不准发放利率超过司法部门规定上限的贷款；三是不准抽逃注册资金；四是不准违规跨经营区域发放贷款；五是不准超范围超比例投资；六是不准突破单户贷款比例。

再如，对融资担保机构要求，至少也有"五个不得"：一是不得为产能过剩和国家调控行业的企业提供担保；二是不得为资质较差，不具备相应资金实力或有不良经营记录的房地产企业提供担保；三是不得为非合规从事互联网金融业务的企业提供担保；四是不得为高利息贷款提供担保；五是为单个被担保人及其关联方提供的融资担保责任余额不得超过监管规定上限。

又如，发展私募基金，应该要求其资金来源遵循不搞高息揽储、不搞乱集资、不搞明股实债、不搞信托融资等通道业务"四个不搞"，在资金投向上遵循不炒二手房、不炒外汇、不炒股票、不放高利贷"四个不投"。

二、金融创新中严密防范多种金融产品和工具叠加产生风险

一般来说，金融创新可以分为三类。

一是因经济发展需要、围绕实体经济的问题导向而出现的业务模式创新，比如近几年因互联网发展而出现并纳入监管部门牌照管理的第三方支付、网信银行、消费金融等业务模式。这些创新在中国被称为创新，但在世界上仍是传统常规业务。

二是因技术进步、金融科技发展而形成的服务方式创新，比如手机上大量使用的支付宝、微信支付等支付方式创新。这类创新会提高效率，基本上与杠杆无关，是可以管住的。

三是为追求利润、提高杠杆而进行的金融产品创新。在金融监管中，最需要防范的就是金融产品创新这一方面，因为金融产品创新往往是通过多种金融产品和工具叠加，抬高杠杆，以获取丰厚利润的代名词。金融创新中真正要防范的是信用失真风险，防范杠杆率过高。

什么叫金融产品创新呢？与中国古代有刀枪剑戟、斧钺勾叉等十八般兵器类似，我国形成了银行、债券、保险、小贷、保理、担保，以及私募股权基金、货币市场基金、债券保险基金等十七八个金融品种、业务、牌照。这一类有国家正规牌照、常规性业务牌照的公司，包括银、证、保主流金融系统和非银行金融系统的共有十七八种，都有常规的信用、杠杆、风险管控的制度安排。但是金融创新并不仅是常规运用金融企业、金融通道业务，而是要把信托的资金、保险的资金跟银行的资金、私募基金的资金、资本市场的

资金等各种通道连接组合起来。这种组合的载体是银行理财业务、表外业务或者说是资管业务。资管业务通过各种各样的金融工具形成了各种各样的组合，有的是两三种金融牌照的业务组合在一起，有的是五六种组合在一起。

大体上有六种工具能够将这些组合连接起来。

第一种是高息揽存，即提供较高的利息、回报来吸收各种短期资金。没有高息揽存，没有较高回报，金融机构之间互相拆借资金等各方面的融资都不会存在，P2P也是利用高息手段来吸纳社会资金。

第二种是刚性兑付。较高的利息加上虚拟的刚性信用，就可以让散户和中小企业放宽心地拿出资金，资金就会源源不断地注入。刚性兑付也可能通过协议实现，比如承诺将获得的利润首先分给投资者等优先劣后的概念。

第三种是资金池。资金池的好处是可以让长长短短、前前后后各种路数的钱都流入池中，但其实际上就像一个庞氏骗局，通过混同运作、募短投长、借新还旧来不断滚动。

第四种是资金错配。因为资金可能都是半年、一年、两年的短期理财资金，而资金的出口可能是三年、五年甚至十年期限的长期化投资，即使这些投资都有收回也有利润，时间一长也必然导致资金流错配。

第五种是多通道叠加。银行、证券、保险、信托、租赁、小贷等拥有金融牌照的金融机构可作为通道。所谓"金融创新"，是把银、证、保等金融资金通过信托作为一个通道，转到了某个企业，这个企业得到的资金来自某家金融机构，但资金的真正来源可能是其他金融机构，这种通道能够多个叠加，导致资金的来源性质完全改变。通道可能把债权变成股权，就可能产生底数不清的资金流。这种资金往外走的时候，每过一个通道就可以叠加一部分杠杆。

第六种是嵌套。一般而言嵌套也是合理的，也是一种智慧，但是如果把三五个金融产品嵌套在一起导致底数不清，将会产生巨大的金融风险。此外，通道叠加以后还可以嵌套。各种类型的资金混在一起嵌套使用时会形成抽屉协议，表述为优先级和劣后级两种资金。如果三四个抽屉相互叠加导致底数不清，必将导致金融乱象的出现。但这个乱象是千千万万的金融机构里面的一些人昏头昏脑做起来的，哪个单位里的人都可能通过这样的业务形成杠杆和业务。这些人"雁过拔毛"，获得了利润、税收、收入，但金融乱象也就此产生。

为了取得高额效益，"金融产品创新"往往采用上述六种工具加大杠杆。比如把各种各样通过高息揽储、刚性兑付过来的钱，通过私募基金的通道加杠杆。以 20 亿元资金为例进行计算，给私募基金 1% 的过道费之后，私募基金就会用这 20 亿元跟银行进行组合，银行一看私募基金拿了 20 亿元，往往会再贷出 40 亿元，这就变成了 1∶3 的杠杆；如果原来的 20 亿资金本身就有 90% 的杠杆，这就形成了 27 倍的杠杆，在此基础上如果再用银行贷款投资股市或融资融券，60 亿元就可能变成 90 亿元。最终形成的 90 亿元规模与原始资金的 2 亿元相比，放大了数十倍。

归纳近年来中国金融乱象中所谓金融创新中的工具可知，上述六种工具可以组合成万花筒。也就是说，将十八种兵器视为横坐标，上述六种工具视为纵坐标，可以形成中国金融乱象中各种可测的或不可测的、被大家发现的和没被发现的风险。

总之，孤立地看金融产品创新，每个环节都在考虑一种信用底数，没有信用底数则无法实现合作。包括抽屉协议，也是由于某一环节信用不足而制造了一个强制信用，优先级的钱先还，劣后级的钱后还，这都是为了保底信用而进行的防风险措施。每个环节一定又会把风险、信用和杠杆扯在一起，但是一旦三五个环节中都涉及三五种信用、三五种杠杆和三五种风险相互拉扯，就一定会造成信用底数不清、杠杆级数猛增、风险系数几何放大的严重后果，进而形成金融乱象。

三、两个典型案例：万能险与阿里小贷

第一个案例，宝能收购万科25%股权这件事吸引了大家的眼球，也是中国资本市场这几年最大的事件之一。如果分析宝能整个案子，可以看到几个现象。

宝能举牌万科，其中大部分资金来源于"万能险"，而不是通过宝能自身保险公司提供的正常保费。万能险提供的理财资金，是半年、一年或者一年半的保险资金，其实就是高息揽储，并且通过银行柜台销售给各种各样到银行储蓄的人。通俗地说，老百姓到银行办储蓄，银行服务人员就会向他们推销这一保险产品，声称这个保险的利息比银行利息要高2~3个百分点，万一遇到风险还有保费托底。老百姓往往会选择购买，因为他们很信任银行，并且认为这种产品都是刚性兑付的。

万能险有三个问题。第一，高息揽储。第二，通过银行发放，让老百姓把保险公司信用和商业银行信用混在一起，产生刚性兑付错觉。第三，资金池高比例错配。

万能险不是中国人发明的，在美国、欧洲早就出现了，但是国外保险公司有一个规定：一个保险公司一年的保费余额中，万能险的保费余额不能超过公司总保费余额的15%。相当于保费是资金池，短期资金作为保费出去就是长期投资，如果其占比不超过15%，那么即使错配，风险也不至于很大。但我国此前并未控制万能险保费比例，至少在过去几年，我国六七家民营保险公司的万能险保费余

额占整个保险公司保费余额的 70%~80%。

在宝能收购万科股权的事件中，收购资金的最底层原始资产有 70 亿元万能险，宝能只能买几亿股万科股票，杠杆不够。于是，它们就和两个私募基金合作，通过几个通道形成嵌套，将 70 亿元放入银行，利用银行"存一贷二"业务从银行获得贷款 200 多亿元，再加上万能险的 70 亿元，就得到了约 280 亿元资金。宝能购买了万科十七八亿股，占 18%，变成万科第一大股东，然后通过股权抵押、融资融券等融资杠杆工具将收购资金增至 450 多亿元，占万科 2 000 多亿元的 25%。随后，宝能登堂入室，向万科提出董事会改组。

逻辑上讲，这件事把刚才说的六种杠杆工具——高息揽储、刚性兑付、资金池、资金错配、多通道叠加、多抽屉协议嵌套，统统都用上了。法理上讲，该事件违反了几个法规：一是保险公司万能险占比 70% 以上是有问题的；二是多通道叠加嵌套形成高杠杆融资是穿透式违规行为；三是短期资金可以购买股票进行理财，但将万能险作为股权资本购买长期法人股权试图改组董事会，违反了国际资本市场规则。

总之，这个案例从更深层次警示我们：要加强监管，特别是跨领域的综合性监管；要加强法制建设，特别是金融产品创新中负面清单、法律制度的建设要加快、加大、加强。

第二个例子是阿里小贷。一方面，我从 2013 年以后对互联网贷款 P2P 是十分警觉、坚决制止的。所以在 2013 年就有过批示，在重庆市绝不允许注册一家 P2P 公司，也绝不允许外地批准的 P2P 机构跑到重庆来开公司。当时各地都把 P2P 作为新生事物，予以支持甚至站台，而我当时就禁止。2014 年 6 月我向时任银监会主席尚福林汇报，建议银监会要把这件事管起来，之后银监会就开始布置这方面的管控措施。总的来说，这方面重庆管得是可以的，没有出现体制性的问题。2015 年全国 2 000 多个 P2P 机构有几千亿元的坏账，重庆没有进入这个名单，但是重庆当地网民有损失，因为重庆居民在网上投了外地的 P2P。

另一方面，我认为符合国家规章的互联网小贷应该得到支持。2013 年的时候，我遇到马云，他在我办公室跟我说，他想成立一个网上小贷公司，但是由于当时浙江省小贷公司在民间贷款中坏账很多，全省正在清理整顿小贷公司，他的网络贷款商牌照批不下来。我跟他说，互联网贷款公司只要不做 P2P 业务，而是利用互联网产业链的场景，获取企业信用信息，以自有资本金和规范的融资资金对客户提供小额贷款，重庆市就能批准。

具体来讲，要符合四条要求。第一，互联网小贷公司穿透力强，往往辐射全国，必须有较大规模的资本金，资本金的来源必须是母公司集团注入网贷公司的资本金，不跟网民发生关系。第二，任何融资机构、贷款公司都会放大杠杆，放大杠杆不能通过高息揽储向网民借款，必须从合法机构获得，包括银行贷款，到银行间市场发中票、证券市场发 ABS（资产证券化）债券。第三，这个钱是贷给客户链，贷给淘宝、支付宝业务链上有场景使用的客户，而不是向毫无关联的网民放贷款。第四，充分利用互联网公司大数据智能挖掘分析的基础条件，控制贷款风险。在整个发展过程中业务可以辐射到全国去，但是总部注册在重庆，在其他城市不再设立子公司。

后来，马云就按照这个要求注册了。阿里小贷在重庆注册以后，腾讯、百度等中国前十家互联网公司的小贷公司也相继在重庆注册。目前中国互联网小贷（不包括 P2P）贷款余额有 1 万多亿元，重庆注册的这一批公司形成的余额近 5 000 亿元，约占全国互联网小贷余额总量的 50%。

2017 年 9 月、10 月，由于业务发展过快，资本金没有及时跟上，阿里小贷遇到了金融资管整顿。花呗、借呗资本金贷款的杠杆比达到了近百倍，被叫停运行。我了解到，它们遵守了上述四条要求，与重庆的金融监管要求、国家银监会的监管要求基本吻合。问题出在ABS发行上，证监会没有规定ABS的贷款资产可以循环多少次，蚂蚁金服把30多亿元资本金通过2.3倍的拆借融资形成了90多亿元网上小额贷款，又利用一个金融工具ABS，凡是一个贷款余额拿到证券市场交易所发的ABS债券，就可以循环发放贷款，往往几年里这样循环了40次，造成了30多亿元资本金发放3 000多亿元网上小贷，形成上百倍的高杠杆。这件事如果因其高杠杆一刀切停摆了，对于企业发展是严重冲击，而且证交所在此之前并没有设定ABS循环的次数，企业也没有违规。

  基于此，我提了三个建议。一是网贷公司的ABS不应无限循环，可以约定周转次数不超过四次。因为在传统金融公司的放贷过程中，ABS两到三次循环可能已是两三年，早已经把底层资产收回了，不会发生两三年时间几十次循环的问题。而在互联网贷款的运行中，因其运行速度快、效率高，一年可以循环10次、20次。两三年时间，可能ABS已经循环30次以上了。这是原来合理的老规矩遇上了互联网金融的新问题。二是贷款资本金放大2.3倍不变，两个环节叠加杠杆比在10倍左右，30亿元资本金也就能放300多亿元贷款。三是蚂蚁金服在重庆的贷款公司资本金分三年从30多亿元增加到300亿元。2018年底，蚂蚁金服的花呗、借呗两个小贷公司的资本金已注入充实到了300多亿元。贷款余额也达到了1 600多亿元，年利润达到40多亿元。这件事的结局是皆大欢喜的，监管部门健全了体制机制，解决了高杠杆风险，重庆地区增加了几百亿元金融企业的资本金，蚂蚁金服贷款公司得以恢复运转。

  这个例子说明，即使有些事情在发展过程中出了岔子，也不要用一刀切的方式去处理，不要"泼脏水的时候把小孩也泼掉"。

四、要素市场也要防高杠杆、防无照经营

要素市场具有特殊的金融属性和风险属性，直接关系到经济金融安全和社会稳定。一段时期以来，国内要素市场过多过滥，往往一个城市的交易所就超过整个美国。交易所不是杂货铺，泛滥发展就会自掉身价。必须把好入口关，严格市场准入。

对要素交易市场的金融风险防范，也必须明确"负面清单"，划定底线和红线，概括起来至少应该包括"5个严格、16个不得"。

一是严格展业规范管理，不得未经批准擅自设立分支机构或违规设立经营网点；不得违规发展会员、经纪商、代理商、居间商等展业机构；不得违反投资者适当性管理要求，违规发展投资者（客户）。

二是严格资本金审慎管理，不得未经批准擅自转让或变更股权，不得抽逃挪用资本金或违规从事高风险投资，不得以交易所名义违规对外（包括股东）提供担保、股权质押等。

三是严格业务范围管理，不得未经批准擅自新增或变更交易品种和业务种类，不得开设网络借贷中介公司（P2P）或开展相关业务，不得高息揽储、无固定对象乱集资或违规建立资金池，不得开展期货交易等高杠杆业务。

四是严格交易秩序管理，不得代客交易、代客理财或违规使用他人账户进行交易；不得进行虚假宣传或诱骗投资者（客户）参与交易；不得操纵市场价格，妨碍市场公正；不得虚设交易账户或虚拟资金进行虚假交易；不得侵占、挪用投资者和客户资金或其他资产。

五是严格信息报送管理，不得向监管部门报送虚假报表、资料或故意隐瞒重大风险事件。这些规定，也是全国众多交易场所清理

整顿的基本要求。

五、坚决遏制社会性非法集资

目前，隐匿于民间的各种非法金融活动猖獗，既有传统的、原始的庞氏骗局那一套，也有结合互联网搞违规乱集资活动。这些无牌无照、小杂散的非法金融组织，其活动方式隐蔽性强、传染性高、突发性猛、危害性大，事后的处置过程往往又极其复杂。尽管政府部门采取严格管制、露头就打、打早打小的措施，但潜在风险和隐患仍在积累，主要包括：一是高息揽储、乱集资，二是民间"老鼠会"、传销组织，三是民间典当行、地下钱庄、高利贷公司。2015年，全国非法集资案件风险加速暴露，新发案数量、涉案金额、参与集资人数同比分别上升71%、57%、120%，为历年最高峰值。民间投融资中介机构、P2P网络借贷、农民合作社、房地产、私募基金等仍是非法集资重灾区，民办教育、地方交易所、保险等领域涉嫌非法集资问题逐步显现。据不完全统计，投资理财类非法集资案件占全部新发案件总数的30%以上。

非法金融活动，上当受骗的是广大人民群众，打击的关键依靠力量也应该是人民群众。要实现打早、打小、打苗头，关键是建立非法集资举报奖励制度，发动群众力量，强化正面激励，加大奖励力度，鼓励广大群众自动自发、广泛参与，只要是举报查实的，要一次性地给予合适奖励，"花小钱办难事"，能避免事后治乱动辄几千万元甚至几亿元的损失。

P2P 与互联网金融的风险防范

●

P2P 在 20 世纪 90 年代发源于英国,其宗旨是让投资人和借贷人通过网络这样一个中介平台,建立起点对点的直接借贷关系。截至目前,20 多年过去了,整个英国仅有 20 多家 P2P 公司。在美国,P2P 只能在限定条件下发展,它既不是贷款公司,也不是投资公司,而被当作对储蓄账户、货币市场账户和存款证明等低息传统存款工具的补充,市场规模仅有几十亿美元。

总体看,P2P 网贷在英美等国家因受到严格监管,市场空间有限,基本不存在系统性风险。从其生存发展的土壤看,有三个重要的基础:一是信用体系完备,二是利率完全市场化,三是监管非常严格。

P2P 网贷的爆发,出现在我国。2006 年 P2P 首次引入中国,2015 年 P2P 持牌的机构总量达到 3 800 家,融资规模增长 2.8 倍,达到 9 800 亿元。由于开始没有资金第三方存管,没有抵押物,没有投资项目与投资者一一对应这些负面清单,P2P 的无节制发展导致金融风险不断暴露。

为什么会出现这些问题？一是许多人没有认识到互联网技术运用于金融业并没有改变金融的本质，对各类金融产品的本质属性缺乏准确的了解，对金融的法律红线缺乏敬畏之心。二是现有的金融产品设计不能满足不同风险承受能力投资人的需求，因而出现了一些有市场但不合规的产品，运作不当给市场带来风险。三是创新的度没有把握好。互联网金融是新生事物和新兴业态，创新余地和空间很大。

互联网金融有互联网基因和金融基因，互联网发展有无限的穿透性，一旦与金融结合，就不能违背金融的基本特征，必须持牌经营，必须有监管单位的日常监管，必须有运营模式要求和风险处置办法，不能"无照驾驶"，不能以30%、50%的利息高息揽储、乱集资，不能无约束、无场景地放款融资，对借款人和公司的钱用到哪里都不清楚，不能搞暴力催收，不应有堵校门和朋友圈乱发信息等恶劣行为。

一、P2P金融的五大问题

一说到P2P，就有一些似是而非的观点：P2P是金融科技；金融科技本身是好的，只是没有管好，一些坏人利用P2P做了坏事。持这些看法的人，往往是前些年P2P的狂热吹捧者甚至是推动者。P2P问题的要害在哪里？不能把它跟数字金融、互联网金融相提并论，否定P2P并不是否定互联网金融，这是两码事。

P2P金融实际上是中国传统的农村里以高息揽储的"老鼠会"、乡里乡亲间的高利贷，在互联网基础上的死灰复燃，而"老鼠会"这类东西本来是熟人经济、乡村经济中的一个陋习，即便要闯祸，也就是几十万元、几百万元，了不得到几亿元，辐射面积不会太大，而P2P通过互联网，不仅可以覆盖一个城市，覆盖几十个城市，甚至可以覆盖到全国，最后造成了网民们彼此之间连面都没见过，就形成几十亿元、上百亿元金额坏账的局面。

P2P的问题要害是什么？其与现代金融风险管理原则背道而驰的如下五个机制，在互联网平台光芒下，竟然被放行了。

第一，这种P2P公司的资本金是所谓众筹而来的。这种众筹是网络众筹，即通过互联网向网民刚性承诺高回报投资拉来的资本金。

第二，P2P的融资杠杆从网民身上来。假设有3亿元资本金，如果想放30亿元贷款、100亿元贷款，资本金和贷款之间有一个杠杆，这个杠杆性资金从哪里来？银行的资本金是通过吸收老百姓的储蓄获得的，资本充足率达10倍，10亿元资本金一般可以吸收100亿元储蓄，这个资金是从老百姓的储蓄来的，是有规范机制的，这种储蓄转化为贷款来源、杠杆来源，有资本充足率、存款准备金、存贷比、坏账拨备等一套制度监管组合在一起的信用系统。然而，P2P没有这些系统，P2P单单通过对网民的高息揽储，给予储户高利息回报承诺，进而将网民的钱募集过来。

第三，放贷对象通过互联网面向所有的不相干网民。P2P企业向网民乱放高利贷，向网民高息揽储，向网民众筹资本金。本来互联网最大的特点就是它的产业链会雁过留声，是有场景的，而P2P的服务对象是互联网上的网民，并没有具体的产业链，也没有具体场景，互联网的信息起不了信用补充作用，但是互联网穿透辐射贷款放出去的速度又异常快，只要有人想借高利贷，钱就会被立刻借出去，从而造成了P2P平台向网民乱放高利贷、向网民高息揽储、向网民众筹资本金的混乱现象。

第四，借贷资金短长不一。由此造成靠借新还旧，形成了庞氏骗局式的资金池，而这个资金池不受任何其他方面监管，仅由P2P公司平台负责。

第五，一旦出事，要么 P2P 企业卷款而走，要么瘫痪无法运转。

究其原因，在于既没有在总体层面上对 P2P 运行中明显存在的五大严重问题有清醒的认识，对有可能出现的严重后果也缺少预判，没有在监管层面上形成"资金要第三方存管，放贷要有抵押物，投资项目与投资者要一一对应"等负面清单，P2P 脱离了纯粹的"peer-to-peer"（点对点）的原意，异化为互联网上的民间集资和高息揽储。

针对 P2P 金融，只要稍有金融常识，就应该判断出这是新瓶装旧酒——新瓶指的是互联网，旧酒指的是封建余孽式的"老鼠会"、高息揽储式的高利贷。无论是 P2P 也好，互联网金融也好，不管打着什么旗号，只要向网民高息揽储，只要向网民搞乱集资、众筹资本金，只要在网上乱放高利贷，最后这个企业必将借新还旧，不断循环，俨然成为庞氏骗局。所以，基于互联网的辐射性、穿透性，应禁止 P2P，因为对这个过程是无法有序控制的。

二、网贷公司应遵循五个运行原则

不搞 P2P 并不等于不可以搞网络贷款公司。合理的网贷公司是金融科技、科技金融发展的重要内容，是帮助金融脱虚就实、为实体经济服务、为中小企业服务的重要途径，是普惠金融得以实现的技术基础。

这类网络贷款公司规范运行的关键在于实施五大基本原则。

一是资本信用原则，有较大的自有资本金。不同于传统的小贷公司，互联网金融有很强的辐射性、很快的发放贷款能力，业务范围往往覆盖全国，应当具有较高的资本金门槛。

二是信用规范原则。贷款资金的主要来源是银行贷款、银行间市场发的中票和证交所发行的 ABS 债券。

三是信用杠杆原则。网贷公司的资本金和贷款余额总量的杠杆比，任何时候都应控制在1∶10左右，绝不能超过1∶20甚至1∶30。在常规的ABS、ABN（资产支持票据）的发债机制中，并没有约定一笔贷款资产的发债循环的次数，基于网贷业务的快速周转能力，一笔底层资产一年就可能循环5次、10次，几年下来，杠杆比有可能达到30次、40次，形成巨大的泡沫风险。鉴于网络贷款公司往往以资本金1∶2或1∶2.5向银行融资，网络贷款形成的底层资产在ABS、ABN中的循环次数不宜超过5~6次，只有这样，网络贷款公司的总债务杠杆比才能控制在10倍左右。

四是放贷征信原则。有互联网产业的产业链信用、全场景信用，不能无约束、无场景地放贷，甚至到校园里搞校园贷，为买房者搞首付贷。

五是大数据处理原则。平台拥有强大的技术基础，能形成大数据、云计算、人工智能的处理技术，这样就可以把控风险，形成较低的不良贷款率，并由此有条件为客户提供相对低的贷款利率，形成网络贷款良好的普惠金融能力。

总之，在发展网络贷款公司的过程中，只要合乎以上五条原则，一般都能实现小贷业务发展得快、中小企业融资难融资贵得以缓解且不良贷款率低的效果。比如阿里小贷（花呗、借呗），与P2P有本质上的不同。阿里小贷资本金是阿里巴巴公司的自有资金，杠杆贷款资金是合规的，从银行贷款和ABS融资而来，合乎监管层对小贷公司监督的原则要求，贷款客户则是淘宝网络平台上的电子商务公司或者是使用支付宝的手机用户，有确切的产业链、供应链上的信用征信，有确切的信用场景。总的来看，阿里小贷本质上属于互联网公司的产业链金融范畴，苏宁、小米、神州数码、马上消费金融等全国知名的网络公司设立的网络小贷公司也大体如此。

去杠杆尤需提高股权融资比例

●

党的十九大和2017年中央经济工作会议对当前中国经济提出了一个重要的任务：在走富国之路、强国之路的时候，一定要抓好去杠杆、防风险的工作，并且把它作为2018年三大关键性的重点任务，包括扶贫、环保在内，首位的、最重要的任务就是去杠杆、防风险。

一、需要着力解决非金融企业债务

对我国来说，去杠杆，除了实体经济的各类企业去产能、去库存、去杠杆和各类金融机构去杠杆、防风险之外，还有一个整体上的国民经济的去杠杆。目前，我国的宏观杠杆率是比较高的，2017年的统计数据表明，政府的债务、居民的债务和非金融企业的债务加在一起差不多是GDP的250%，在世界上处在较高的水平。

在这三大部分的债务杠杆之中，政府的债务大家说得比较多，中国政府2017年底包括地方政府和中央政府的总债务是29.95万亿元，GDP是80多万亿元，占比约36%。而美国政府债务是21万亿美元，美国的 GDP 总量是 20 万亿美元，政府的债务是 GDP 的 105%。美国政府债务中，有一个情况值得注意，谈美国政府的债务只是谈美国联邦政府的债务，美国 50 个州的债务没有统计在 21 万亿美元里面，比如像加州或者像底特律这样的更低一个层级的政府债务并没有包括在内。

而我国的政府债务，是包含地方政府的，加在一起不到 GDP 的 50%。所以，从总体上说，我国的政府债务不是最危险的事，只要能够将今后的增量包括地方政府潜在的债务防控好、管制好，就不是最大的问题。居民的债务包括老百姓买房子的抵押贷款，过去几年增长得比较快，目前加在一起是 47% 左右。今后，我们不要像过去三五年那样高速增长，而要把这个增长势头往下压，在今后相当长时期内保持居民部门负债率在 GDP 的 50% 以内是比较安全的、合理的。

我们国家现在的宏观经济、国民经济的整体杠杆水平跟美国差不多。2018 年我拜访美国财政部、IMF、美联储，以及美国国会的金融委员会、预算委员会的负责人，进行了几次讨论，总的结论是，现在社会杠杆率最高的是日本，中国跟美国差不多。

我国政府的杠杆比应该是 GDP 的 46%，居民部门的杠杆比是 44%，加在一起是 90%。而我国企业的杠杆率有 160%。相比之下，美国企业的债务是 GDP 的 70%。所以，我国企业杠杆率特别高，而美国的政府债务比我们要高得多，两国的杠杆率水平一样，但是结构不同。

我国的企业债务高，一方面有我们企业产能过剩、库存过剩、"僵尸企业"比较多的原因，这样就会积累坏账，导致一些债务转不过来，这是微观上的原因。另一方面从宏观上看，全社会企业存量资产的 70% 是债务，只有 30% 是股权。从增量来看，2016 年企业新增社会融资中90%是负债，10%是股权融资，按照这样一个增量结构，企业债务只会越来越多。

所以，中国经济真正有问题、需要着力去解决的是非金融企业的债务。非金融企业债务占GDP的160%左右，这个量是非常大的。2017年，我国的GDP是80多万亿元，企业债务有130多万亿元，160%的企业债务率和政府的、居民的债务率加起来，总的宏观杠杆率接近250%，处于世界上较高的水平。如果我们能把企业的债务率降一部分，比如降50个百分点，那么中国的宏观杠杆率就能降到200%以内，就会好得多。所以，宏观经济去杠杆的要害，在于去企业的债务。同样拿美国来比较，美国的企业债务占美国GDP不到70%，而我国的企业债务比重比美国的企业债务比重高一倍，从这个概念上来说，大家一看就知道问题的焦点、要害在什么地方。

二、企业去杠杆更要靠提高股权融资比例

那么，怎么解决这件事呢？一方面，在微观上、在结构上，我们对各类工商企业要按照党中央供给侧结构性改革的要求，狠抓"三去一降一补"，帮企业去过剩产能、去库存、去杠杆，促使企业增加利润、降低成本，有效地降低具体企业的债务。另一方面，在企业管理上要更多地从财务上考核和要求企业家，做好每个企业的现金流管理，不能弄得资金链断了；强化每个企业的资产负债率管理，不能总是80%、90%地负债，不能盲目地为了扩张、为了收购兼并，甚至到了8 000亿元、9 000亿元债务，还敢举债上千亿元，在世界各地疯狂地收购兼并，最后把自己搞到资金链断掉，这类高杠杆冒险应该受到严格的约束和管控。不仅是金融机构要约束管控企业的这类杠杆贷款，企业家、董事会也应该留有余地，在这方面应有充分的意识，管控好现金流，管控好资产负债率，管控好企业的亏损或者效益。

另外，千做万做，赔本的生意别做，产能过剩的生意别做。企业家千万不能认为自己聪明能干、企业的竞争能力强，过剩的恶果都会由别的企业承担，而自己的企业在过剩的领域里照样能够跑马圈地，拔得头筹，取得良好效益，这都是过分自信的表现。在市场经济里，一个行业有10%~20%的过剩是正常的，这个10%~20%正好是优胜劣汰的动力所在，促使一些劣势企业、劣势产品被淘汰出局。但是如果这个行业有30%以上的过剩，比如有40%、50%的产能过剩，就会出现全行业亏损的局面。覆巢之下，安有完卵。对企业家来说，千万不要在产能过剩行业再去增资扩产。总之，要在财务指标上，在发展的前景上，控制好自己的业务方向、业务范围，使自己处于不败之地。这是讲微观，是讲具体的产业行业结构中企业去杠杆、防风险的一些问题。

从宏观上说，我们企业部门高杠杆有一个根本性的原因，就是中国的资本市场目前还处在不成熟状态，尽管从20世纪90年代开始已经发展了30年，但目前还处在不健康、不健全、不理想的状态。2017年7月的金融工作会议非常深刻地指出，中国的资本市场是中国金融的一块短板，金融市场一方面在银行理财业务、非银行金融企业资管业务等方面发展过度，另一方面资本市场发展不足，目前还是短板，是瓶颈。

由于资本市场发展的短板、瓶颈，我们国民经济的宏观融资比例出现了问题，比如2017年全社会新增的融资，债权融资占90%多一点，股权融资占10%不到，这是什么意思呢？企业的银行贷款是债务，信托融资也是债权，各类小额贷款更是小高利贷性质的债权，即使是在资本市场上发的债券，或者在银行间市场上发的中票，也都是债务。中国总的新增融资90%以上是债权，只有10%不到是股权，这样的市场融资结构如果长期存在，我国的国民经济的高杠杆、非金融企业的杠杆还会越来越高。如果现行非金融企业的负债率是70%，而这些企业每年新增的融资量总是90%的债务、10%的股权，由此类推，这些企业若干年后的资产负债率就不是70%，而是80%甚至90%。

综上所述，我国国民经济的融资结构在体制机制上缺少股权融资，抓好资本市场发展，提高直接融资特别是股权融资比例，是国民经济去杠杆、防风险的关键措施。

我们的企业缺少一个股本市场化的补充机构。美国的企业每年的融资里有70%是股权融资，不管是私募基金投资、公募市场，还是在资本市场发股票，都是股权融资，全部的债权融资只占融资总额的30%，整个美国的存量是"七三"开，每年的增量差不多也是"七三"开，如此美国企业资本的负债比我们低得多就很正常。

如果我们能够把资本市场、股权融资市场、多层次资本市场，以及私募、公募体系搞好，工商企业、非银行企业机构的债务降下来，国民经济宏观杠杆就降下来了，政府部门债务再增加几个百分点也没有关系，居民部门再增加几个百分点也没关系，只要企业部门能下降60个百分点。那这60个百分点着重在哪儿呢？其中，去库存、去"僵尸企业"，企业增加利润、优化产业结构都很重要，这样或许能降6个百分点、10个百分点，但不会降几十个百分点。所以，要害是要补短板、优化结构，把资本市场，特别是股权融资市场，包括私募基金、公募市场发展好。

中国工商企业在生产经营和资产运营中，最大的短板就是缺少企业股本的市场化补充机制，不论是国有企业还是民营企业都存在这个问题。解决好企业股本的市场化补充机制是解决国民经济高杠杆率，特别是企业高杠杆率的关键所在。这是我们的"心病"，是要害之处、瓶颈之处，必须着力去解决。解决这个问题既要靠工商企业自身的利润积累，滚成资本，从微观结构上去解决一些问题，更要靠资本市场、股权融资市场的发展，从国民经济融资的整个体制机制上解决问题。整体上讲，如果每年全社会新增融资中股本融资能占50%以上，形成债务融资、股本融资各占50%的格局，企业融资高杠杆问题就能有一个根本性的好转趋势。

所以，解决这一问题的根本办法是发展健全的资本市场，不光是A股市场，还包括场外的、场内的多层次资本市场，总之是股本融资市场。这个市场的龙头是什么呢？当然是A股这个主板市场，包括私募基金、OTC（场外交易市场）在内的各类股权投资，投资的目标最终还是要上市。所以，如果主板市场不健全，其他多层次的场外市场也不会发展顺利。总之，提高股权融资比例的关键在于资本市场必须健康地发展。

第三章

新时代资本市场高质量发展之路

中国资本市场的发展历程、功能及不足

●

2018年是我国改革开放40周年，40年前的十一届三中全会我们党摒弃了教条主义，恢复了实事求是的思想路线，摒弃了阶级斗争为纲的政治路线，确定了以经济建设为中心、坚持四项基本原则、坚持改革开放的基本路线，国家建设由封闭转为开放，由人治转为法治，由计划经济转为社会主义市场经济。经过40年的改革开放，中国社会和经济发生了翻天覆地的变化。在这些变化中，一个重中之重的变化就是中国资本市场从无到有、从小到大，到今天已然成为世界第二大规模的资本市场。

一、中国资本市场发展回顾

20世纪90年代初，在中国改革开放总设计师邓小平同志的倡导和推动下，中国的资本市场于1990年12月成立上交所、1991年5月成立深交所时起步。

回想一下中国资本市场起步的原始场景，就可以知道我国的资本市场发展是多么不容易。

起步的时候,哪些公司可以上市,最初是有额度限制的,像发粮票一样,每年上海有几个、浙江有几个、江苏有几个,地方政府往往不是让好企业上市,而是把最困难的企业放在前面,提供一个指标来解决其融资困难。

最初发行上市时,还向老百姓发行了股票认购证。1990年上海发了100万张股票认购证,老百姓每人凭身份证可以买十张。深圳在1991年七八月也发了这样的认购证。

当时,尽管有证券交易所,但是证券公司在各个城市还没有门市部,那怎么交易?上海市政府就把上海文化广场拿出来作为交易场所。文化广场是一个万人大会场,当时把会场中的长条椅子全部拿掉,放上100台电视机,形成100个摊位,老百姓围在那里买股票,人山人海,像在菜市场一样。

另外,上市股票的交易,是采用存量不动、增量交易的方式。假如一个企业本来有10亿股,发行2亿股,存量的10亿股不能交易,只有2亿新发行的股可以交易。直到2006年,国家实行了股权分置改革,让上市公司股票全流通,才解决了这个问题。

可见,中国资本市场起步的时候,和200多年前美国人梧桐树下摊贩式的市场交易是差不多的。我们不能因为现在资本市场的"高大上",就忘记了原本,忘记当初是怎么走过来的。

20多年来,中国资本市场总体遵循"摸着石头过河"的方式,先探索试点,再规范发展;先重点突破,再整体推进;企业流通股权实行先增量后存量,先股权分置再实施全流通;IPO(首次公开募股)上市先实行审核制,等条件成熟后再实施注册制;管理上先出台政府规章,再完善法治化覆盖的道路。

然而,面对一个新生的初级市场,一个新兴加转轨的市场,面对着各种客观存在的体制性问题不可能一下子消除的局面，面对着法律的制定和健全完善需要一个过程，不可能一蹴而就的现实，我国政府坚持实事求是的思想方针，既不搞洋教条，把西方成熟市场规则照搬照套，也不搞摊贩市场式的误打误撞，既有问题导向、切实解决问题的政策措施，又有目标导向的顶层设计、系统配套。比如，近10年来，IPO发行闸门多次开开关关，经常为人诟病，但这其中包含着管理层多少兼顾改革、发展、稳定的理性判断，以及尊重现实的无奈。当然，我国资本市场也遇上过经验不足的失误，比如2015年因高杠杆配资管控不到位引发的股市泡沫的教训和2016年初熔断机制实施带来断闸停摆的教训。

中国资本市场尽管有这些坎坷，但还是克服了各种困难，获得了长足发展。其实，西方发达国家的成熟市场已经有了200多年的历史，但其中也有总计70多年大起大落、制度混乱、作奸犯科盛行的情况。比较而言，中国资本市场发展20多年遇上的这些问题和困难，真不算什么大问题，都是发展中的问题、成长中的困难，都得到了稳妥的化解。如今，中国资本市场规模逐步壮大了，法制建设逐步到位了，信息披露逐步规范了，监管体系逐步健全了，国际化合作体系逐步突破了。

总之，20多年来，中国资本市场坚持了社会主义市场化方向、法制化需求、公开化制度和国际化导向；20多年来，在党中央的领导下，我国资本市场在探索中前进，在改革中创新，在总结教训中积累经验、改进管理方法，走出了一条符合市场规律和中国国情的发展道路。每想到此，我们这些改革开放的过来人，都不由得心潮起伏、备感振奋。

二、资本市场的六个重要功能

20多年来,中国资本市场对国民经济发展起到了非常重要的作用,对社会主义市场经济而言构成了其核心的组成部分。它的伟大作用跟承包制解放了农村的作用是一样的,跟对外开放使中国和世界融合的作用是一样的,资本市场是企业制度改革的重要一环,是社会资源优化配置的重要一环。

具体来说,中国的资本市场对中国的经济有六方面的重要功能。

一是极大地推动了国民经济健康发展。2017年末,中国资本市场总市值超过50万亿元,上市公司总营业额超过百万亿元,利润3万多亿元,包括上市公司债务在内的总资产约100万亿元,在中国经济总量中占有半壁江山的分量。资本市场的发展不仅推动了经济持续发展,并且大大提升了经济总量和企业规模。可以毫不夸张地说,资本市场既是中国经济的前进动力,也是企业腾飞的翅膀。

二是实现资源优化配置,推动经济结构和产业结构高质量、有效益的发展。资本市场的独角兽制度、风险资本投资机制能极大地促进企业科技创新。以资本市场的逐利特性、"用脚投票"的资源配置机制,极大地促进了供给侧结构性改革,使整个社会的生产力结构不断改善,不断与时俱进。

三是完善法人治理结构,推动企业实施现代企业制度。现有的国企、民企,一旦成了上市公司,都转化成为公众企业,发生了股权结构、产权性质的转变。上市公司既受到证券公司、会计师事务所、律师事务所的训导,又受到证券交易所、证券监管部门的监管,还会受到全社会和股民的监督,理念上、行为上会发生根本性变化,成为有激励、有约束的理性的行为法人,不仅会增强股东意识、公司治理概念,而且通过强制性信息透明度原则倒逼上市公司管理层成为讲真话的行为人。

四是健全现代金融体系。传统金融体系是指以商业银行为基础的金融体系，现代金融体系是指以资本市场为基础的金融体系，不仅具有媒介资金供求关系的机制，还具有能够实现资源优化配置、分散风险和分享财富成长三大功能的机制。资本市场发展好了，能改善国民经济的宏观杠杆率过高的问题，降低全社会融资中过高的债务比重，把储蓄转化为投资、债权转化为股权，还能有效地消除中小企业融资难、民间融资不规范、非法集资、金融欺诈等问题。

五是让老百姓增加投资理财的途径，将改革开放、经济发展的成果惠及老百姓。资本市场加快了社会财富特别是金融资产的增长，以前中国人主要靠增量来增加家庭财富，现在可以用存量来增加财富。国际资本市场的经验表明，如果从 50~100 年的时间跨度来看，股票、房地产、国债、黄金四类投资收益中，最高的是股票，第二是房产，第三是债券，最后是黄金。总之，资本市场提供了与经济增长相匹配的财富成长机制，建立了一种人人可以参与的财富分享机制。

六是资本市场为社会主义公有制探索了高质量、有效益的实现形式。经济界的专家们对于资本市场的一般认识是，认为它是资本主义的核心系统、心脏，社会主义之所以发展资本市场是因为社会主义初级阶段可以利用它。这个概念似乎是常识。但是，马克思和恩格斯在 100 多年前就深刻地分析认为，股份制和股份合作制是一种社会主义公有制的实现形式。党的十八届三中全会提出国企改革方向是混合所有制，也是要求国企转制为股份制、股份有限公司。而上市公司恰恰是最规范、最典型的股份公司。资本市场是孕育股份有限公司的温床，是培育股份有限公司发展的基地，通过资本市场发展的各类公司都是股份有限公司，都是公众公司，是比一般公有制还更广泛的公有制——公众公司。公有制可以使两百人、三百人的集体组织一个公司，而资本市场可以使几万人、几十万人参与到某一个企业做股东。作为公众公司，上市公司理所当然是社会主义公有制的一种最佳的实现形式。

过去20多年中，中国资本市场这六种功能已经在国民经济中逐步体现出来，今后二三十年必将更深刻地显现出来。

三、中国资本市场尚存不足的九个方面

当然，中国资本市场目前还存在着不少需要进步的地方，概括起来大体有九个方面。一是总量还小，目前国民经济证券化率还有巨大的成长空间。二是交易所竞争力不够，交易品种和数量还不丰富，商品期货和衍生品市场有待发展，债券市场发展滞后。三是市场分割，比如A股、B股、香港红筹、H股，债券分为银行间中票和交易所债券，这些市场分割降低了资本市场的有效性。四是发行机制不健全，注册制还没到位。五是退市制度不健全，目前总体上还只有说法，没有真正到位。六是上市公司整体质量和治理水平有待提高。七是证券公司综合实力、竞争力较弱，主要靠经纪业务支撑，直接投资、并购顾问业务能力不高，证券公司行业集中度太低。在成熟市场，前10位的证券公司一般能占到全行业业务量的60%以上，而这一比例中国目前还不到30%。八是投资者结构不合理，散户投资者多、机构投资者少，保险资金、养老金投资规模小，PE（私募股权投资）发展不规范，运作模式、风险管理、资金来源和托管方式都有问题。九是发展和监管的法律体系和法律制度建设需要加强。

深入分析当下资本市场存在的各种各样的问题，归纳一下，最主要的问题表现在"三个弱化"。

一是国民经济晴雨表功能的弱化。比如，21世纪以来，中国的GDP从2000年的十几万亿元增长到现在的80多万亿元，规模翻了三番，增长了八倍，基本上每五六年翻一番，但是资本市场的上证指数在2000年是2 000多点，现在还是2 000多点，几乎没变化。如果从2008年的时点算起，那一年上证指数从6 000多点跌到2 000多点，现在差不多也是2 000多点，而从2008年以来的中国经济十年差不多翻了两番。中国资本市场晴雨表的功能弱化，显然有体制机制性的毛病。

二是投入产出功能的弱化。分析中国的工业，最近几年的营业额利润率基本上在6%左右。利润占营业收入的6%，净资本回报率平均达到10%左右，如果用市盈率匡算中国工业PE（市盈率）估值是10倍左右。这说明我国经济在供给侧结构性改革的推动下稳中向好，效益在不断提升。但是，我们的资本市场目前的总市盈率是20倍左右，如果去除市盈率只有五六倍的银行等金融机构，我们的资本市场平均市盈率几乎在50倍上下，投资回报效益非常低，这说明资本市场的体制机制有问题。一个长期缺少投资回报的市场，一个只想圈钱、融资的市场，最后的结果是融资也融不成。想想近十年，IPO发行闸门多次开开关关，经常为人诟病，以至于内地资本市场一年的发行量不如香港地区的资本市场，根本原因就在于投资价值低、回报效益差，所以发行一阵，停发，再发行，再停发，周而复始。

三是资源优化配置功能的弱化。不管是科技独角兽企业的成长，还是创新企业的驱动，我们资本市场的成功案例并不多见，资源配置优化功能弱化了。

这三个问题的长期存在对资本市场是不利的。从这个意义上说，中国资本市场再出发，就是要围绕中国资本市场晴雨表功能、投入产出功能、资源优化配置功能"三个弱化"的问题采取措施、深化改革、加以解决，就是要从长期的、经济的、法律的、制度性措施而不是短期的、行政的措施进行深化改革，要从体制机制性的角度进行突破，从基本面特性、基础性制度的角度进行一些纵深的研究，要从开放的角度把国际成熟市场中一些有效运行的基础性制度引进到我们的市场中。

面对这些问题，我们要按十九大报告关于补上资本市场发展短板的精神要求，加快多层次资本市场体系建设，积极发展多样化的投融资工具，大力培育多元化的投资者群体，切实加强资本市场的诚信建设，坚决打击证券期货市场违法违规行为，防范、警惕和化解区域性系统性金融风险，为把资本市场建设成为经济发展发动机，供给侧结构性改革的撒手锏，产业升级和创新驱动的推进器，老百姓致富的财富通道而努力工作。相信到2050年，中国成为社会主义现代化强国时，中国资本市场一定会成为我们现代化强国的重要标志。

调整资本市场基础性制度的十二条建议

●

  习近平总书记一直高度重视资本市场发展，2015年，在接受美国《华尔街日报》采访时，明确指出"发展资本市场是中国的改革方向"。同年，在中央财经领导小组会议上，进一步要求"加快形成融资功能完备、基础制度扎实、市场监管有效、投资者权益得到充分保护的股票市场"。习近平总书记的重要思想论述，明确了资本市场功能地位、制度建设等重要问题，坚定了我们发展资本市场的决心和信心，是我们改善和推进资本市场发展应该基本遵循的。

  在习近平总书记的思想指引下，近期我对当前我国资本市场与实体经济之间联结不畅的问题进行了研究，深感遏制金融脱实就虚、去杠杆、防风险的当务之急是遏制股市、债市的恶性循环。其关键点在于：牢固树立金融高质量发展的基本理念，通过资本市场有关基础性、机制性制度的改革和调整，扭转股票市场长期资金供应不足和市场悲观预期的状况，让股权资本回归应有的金融市场地位，让为实体经济服务的资本金融成为金融发展的主导力量。

一个市场可能有许多制度，有些是树枝、树干类型的制度，而基础性制度是树根、基根性的，这类制度不会很多，可能分为几个大类。这种大类的最终确立不是短期调整的措施，而是几十年、上百年一直稳定地发挥作用。中国市场20世纪90年代起步从无到有是一个新生的、"转轨＋转型"的一种市场，许多成熟的基础性制度可能现在还没有完全确立或者只是刚刚起步。在这个意义上，证监会和有关方面加强基础性制度建设极具战略性，对中国资本市场长远发展具有重要的作用。

关于资本市场的基础性制度，提出如下12条措施建议。

一、去除制度障碍，鼓励上市公司回购并注销本公司股票

这是发达国家上市公司激励投资者信心最常规的手段。很多人认为，美国加息、缩表会导致股市暴跌，但这并未发生，其原因就是上市公司大量回购并注销股票。统计显示，2018年以来，仅纳斯达克上市公司回购并注销股票数额就接近6 000亿美元。

当下，我国不少上市公司股价跌破净资产，大量股权质押贷款频频暴雷，股市下跌更加剧股权质押贷款风险，如此恶性循环。这不仅暴露了主权资本价格控制权可能旁落的风险，而且推高了我国以资产价值计算的企业债务率、杠杆率。理论上，股价破净是最适宜上市公司回购并注销股票的时候，它会使股票价值提升，有利于所有股东。但由于我国《公司法》不准股票注销，股价低迷时，我国上市公司一般"有回购、无注销"，其他投资者对上市公司回购也有低买高卖的顾虑，削弱了回购股票的激励作用。正因如此，（我在2018年时）建议取消《公司法》关于不准股票注销的有关规定，破除制度障碍。同时，应允许上市公司以利润回购注销股份的部分税前列支，免缴企业所得税。

因为中国的《公司法》出现在1990年，1990年时担心注册公司偷逃资本金，对公司注册以后资金怎么处理有一整套严格的规定。现在如果上市公司股价跌30%，跌破发行价，跌破正常利润的心理价位，那么上市公司的大股东、高管、监事长自己拿自己的钱买股票有助于稳定市场，这不是内幕交易，是市场公告。大家看企业高管买，不再抛售，这样股价就稳定了，这样的事过去十年经常有。但是涉及资产重组，拿企业的资金对银行贷款，企业把自己的股票在市场上回购，比如回购10%，本来有5亿股，回购5 000万股，这样就只剩下4.5亿股，回购还注销了，股票就只有4.5亿股，这个时候可能股价不是10元，而是变成11元或者12元，股民看到股价上涨还会跟进。回购注销在美国、欧洲的资本市场是常规手段。美国股市2018年开始猛涨了一波，和回购注销也有一定关系。

证监会在2018年启动了回购注销、库存股，2018年11月23日全国人大常委会修改《公司法》，对回购的类型、方法等各方面做了细节的规定。这本身是了不起的大事。

二、遏制大股东高位套现、减持股份的行为

发达国家的股市是以机构投资者为主体的市场，大股东交易股票的交易对手，一般就是大的机构投资者，如果大股东把散户投资者当成交易对手，不仅属于错配，也不公平，甚至存在欺诈之嫌。

在我国，大股东高位套现减持早已被我国股市散户投资者深恶痛绝，尽管证监会、证券交易所也曾多次指责，但因有巨额利益而屡禁不止，很有必要从制度上彻底解决。因为发达国家股市是以机构投资者为主体的市场，所以大股东减持天然地受到机构投资者的制约，但中国不同，散户投资者无法制衡大股东。按照发达国家成熟股市的逻辑：例如，以纽约证交所为代表的股票市场，其大致有

三个交易层次，散户和机构在不同的交易层次上交易，而散户的交易手续较高，所以机构投资者不会进入散户交易系统去交易股票，如果进入，立即就会被发现，而且因其行为不符合经济规律，必被认定为操纵市场。

实际上，现在大股东增持股份一般都会自愿提前披露，但减持基本是在减持之后才披露。权宜之计是：证监会或交易所出台规定，前十大股东减持股份必须提前一周公开披露信息，广而告之用多长时间、减持多少股份、资金用途是什么、未来什么情况下还会继续减持等。同时对大股东减持形成的利润，应严格执行20%利得税的规定。这样，就能有效约束大股东高位减持股份的操作，有利于维护股市稳定和中小投资者的合法权益，给散户提前于大股东减持的权利。

高位减持规模大了，会影响公司法人治理结构的稳定，还会影响股市的稳定。所以证监会2018年对中国董监高持股高位套现出台了一个文件。上市公司在股市高和低不同的波动中，低的时候怎么增持，甚至是回购注销？高的时候怎样规范？这涉及投资者的保护，涉及所有股民的利益，涉及股市的正常稳定，不是行政干预，而是基础法制保障。

三、建立上市公司愿意分红、国内外机构投资者愿意更多更久持有我国股票的税收机制

我国资本市场有一个"铁公鸡"现象，就是上市公司很少分红，有的公司甚至10多年、20年没分过红。只圈钱融资、不分红回报这种现象的长期存在，正是中国资本市场投资功能弱化的根本原因。2008年金融危机之后，几乎所有发达国家都意识到：没有强大的实体经济作为后盾，即使是美国这样拥有绝对货币霸权和最强大金融

实力的国家，一样逃不掉金融危机的命运。

正因如此，近 10 年里，全球实业资本、股权资本争夺日趋激烈。实业资本、股权资本的增强，可以强化我国股市对国际大型股权投资机构的吸引力，重新恢复国内投资者对股市的信心，激励上市公司现金分红，倒逼我国资本市场不断开放，我国没有理由放弃在这个领域的竞争。因此，应明确上市公司每年视不同情况实行 40%、50%、60% 的分红制度，并推出相应措施激励上市公司现金分红。建议对上市公司现金分红这部分利润税前列支并免缴企业所得税，同时对投资者现金分红收益免缴利得税，借此重新恢复国内投资者对股市的信心，增强我国资本市场国际竞争力和投资者的吸引力。

四、取消股票交易印花税

印花税是个古老的税种，当年是因为纸质股票交易过户需要交易所或其他代表国家信用的机构对所交易的纸质股票实施"贴花背书"，即私人交易行为占用了公共资源，所以需要缴纳一定的费用。但随着交易自动化时代到来，印花税存在的必要性受到了严重质疑。市场普遍认为，套差交易者购买或卖空股票后，股票价差必须完全覆盖成本而且产生盈利才会实施反向交易，这无形中放大了股市波动，弱化了股票定价的准确性。在发达国家，所有市场参与者都非常在意股票定价是否准确。他们认为，定价越准确，说明市场越有效，股市波动风险越小，越有利于投融资双方的合理利益。正是基于这样的逻辑，20 世纪 90 年代以来，美国、日本、欧盟先后取消了印花税，目前全世界主要股票交易所中，只有印度和中国内地市场还在征收印花税，这对中国开放市场、参与全球股权投资资本竞争十分不利。建议取消印花税，以降低交易成本，激励资本市场增强活力、健康发展。

五、以企业年金作为资本市场机构投资的源头活水

企业年金（补充养老保险）是"中国版401（K）"社会保障计划，大力推进必将为股市、为经济集聚更多资本实力，为人民生活增加更多幸福感。

以企业年金（补充养老保险）和个人商业保险基金作为资本市场机构投资的源头活水和长期投资。我们经常说中国资本市场缺少长期资金，缺少企业的机构投资者，是短期资金市场，是炒作市场。这个问题光说没有用，它不是一个认识问题，而是一个如何从机制体制上拿出长期资金来，拿出投资机构的体系来的问题。实际上就是两种资金，这两种资金到位了，长期资金有了，长期投资也有了。第一是企业的年金，第二是每个老百姓为自己家庭购买商业保险的资金。这是"中国版401（K）"社会保障计划，大力推进必将在健全全社会养老保障体系的同时，为股市、为经济集聚巨额的长期资本，为私募基金等机构投资者带来巨额的LP（有限合伙人）资金。

美国从20世纪30年代发展至今，已经形成基本社会养老金（通过政府收入安排）、401（K）补充养老计划（企业雇主和雇员共同支付）以及个人在商业保险公司储蓄养老账户（每年最高5 000美元的免税存款）三大养老保障制度，其中401（K）补充养老计划是一个非常重要的支柱。2017年，三项养老制度存续金额分别为4.5万亿美元、8.5万亿美元和4.9万亿元美元，总计17.9万亿美元，几近于美国的GDP，其中401（K）独占近半份额。这么大的规模，主要得益于其投资灵活度远高于社保基金，2009年美国股市最低迷的时候，401（K）投资账户的41%配置到股票基金，9%直接配置到股票，45%配置到股债平衡型或偏债型基金，只有5%配置货币基金。可见，401（K）养老计划天生和股市的命运紧密相连。我国的企业

年金相当于是"中国版401（K）"补充养老金计划，但运行10余年效果不太理想，2016年总规模刚达到1.1万亿元，尚不足GDP的2%，并且90%的企业年金来自大型企业。增加企业年金特别是增加中小企业年金，有着巨大的潜力空间。建议企业年金由企业缴纳的部分税前列支减免企业所得税，个人缴纳的部分免缴个人所得税，以此撬动几十倍于免税额度的企业年金，由企业委托成熟的机构投资者管理，形成相当部分的长期股权资本进入股市。

六、构建老百姓愿意购买个人商业保险的良性机制

2017年，我国保险业资产规模近14万亿元，约为GDP总量的15%。总体上看，规模不大，比重偏低，还有很大的发展潜力。

我国个人商业保险发展不快，投资收益率不高，主要原因是缺乏国际上普遍采用的税前购买一定额度的各类保险，这部分金额可免缴个人所得税。由于缺少激励措施，保险推销成本很高，为收获一笔保费，保险公司一般要支付给业务员20%的费用，再加上房租、水电、业务管理成本和较高的理赔成本，弱化了保险公司的盈利能力。应当构建老百姓愿意购买个人商业保险的良性机制，改变我国商业保险业高成本、低收益的现状，推动商业保险业健康发展。

为提高商业保险吸引力，提高投资收益，建议家庭购买保险可免征个人所得税。现在，国家已允许企事业单位员工每年可有2 400元的健康险税前购买额度，但险种过窄，力度过小，口子可以再大一些。比如，可以包括投资、养老、财产等更多险种，允许高收入人群分级，收入越高，购买险种越多，免税购买金额越高。另外，2018年4月，财政部、税务总局等五部委联合发布通知，"个人税收递延型商业养老保险"从5月起开始在上海、江苏、福建试点，居民购买这一险种钱可以税前抵扣。但总体看，当前的推进力度、试点范围都太小。

七、尽快建立有效的退市制度，打破我国股市 IPO 的"刚性兑付"

从发达国家股市的经验看，每年上市、退市的股票大体持平，上市公司数量总体平衡。这个平衡可以保障支撑具有国家主权特征或系统重要性股票价格所需的资金不至于被大量分流，也是股票市场新陈代谢、保持活力自然而重要的过程，正所谓"流水不腐"。

美国退市公司大致有三类：一是企业老化，营销收入无法满足投资者胃口，股价低于 1 美元而自动依规退市；二是重新私有化；三是财务造假、产品造假，以及企业行为危害公共安全、触犯刑法的，由监管者勒令退市。三者比例大致为 6∶3∶1。可见，除对造假公司实施强行退市制度外，更重要的是建立自然而然的批量退市制度。

由于我国退市制度不完善，每年上市数量远远高于退市数量，所以市场规模不断扩大，造成股市投资重点分散，易跌难涨，增量稍有减弱或新股发行稍有提速时就会"跌跌"不休、恶性循环，加大退市力度势在必行。从技术上看，关键是把股市交易量、交易时间视为股市资源，不断缩减所有 ST（特别处理）股票和违规公司股票的交易时间。一是 ST 股第一年只允许上午半天交易，第二年只有开盘后 1 小时交易，第三年只允许集合竞价时间段交易；二是允许这些公司主动申请转板交易、私有化或主动申请退市并提交退市补偿方案；三是允许准退市公司在这两三年的过程采取兼并重组收购措施；四是造假退市必须依法赔偿。

八、鼓励"独角兽"企业在股市健康发展

一般创新企业成长大致可以分为三个阶段。第一阶段是"0~1"，是原始基础创新，是原始创新、基础创新、无中生有的科技创新，

需要的是国家科研经费、企业科研经费以及种子基金、天使基金的投入。第二阶段是"1~100",是技术转化创新,是技术创新、基础原理转化为生产技术专利的创新,需要建立各类小微企业,在各种科创中心、孵化基地、加速器做好技术转化创新工作。第三阶段是"100~100万",是大规模生产力阶段,金融服务重点是各类股权投资机构跟踪投资、企业IPO上市或者大型上市公司收购投资以及银行贷款发债融资等。前两个阶段存在极大风险,不宜公众投资,通常是VC(风险投资)、PE关注的事情;一般来说,企业进入第三个阶段才开始考虑上市这件事,"独角兽"也应当是处于这个阶段的高科技企业。

从经验看,独角兽企业往往有五个特点:一是独角兽企业通常是产生于"100~100万"阶段发展的高科技企业;二是成长之后市值巨大;三是成长过程不断吃钱,多轮融资,融资规模大;四是技术含量和商业模式代表了先进生产力,发展趋势好,成长潜力巨大;五是产品有时代意义、全球意义和巨大市场。因此,发展独角兽,应当重点在"100~100万"这些大规模产业化成长阶段的高科技企业中,选择有成为独角兽可能的企业予以支持。

投资独角兽企业,最忌的就是"马后炮""事后诸葛亮",以及对那些已经从"独角兽"成长为"恐龙"、市值与股价成长潜力在一定时期内基本丧失的企业追捧投资;最忌对一些缺少真正技术含量、没有前瞻性商业模式却非常善于投机取巧、包装得看似独角兽的企业追捧投资;最忌对那些打着独角兽企业的旗号不断圈钱,又不断出现高管跳槽、大股东股权抵押套现搞庞氏骗局的企业追捧投资。如果一家企业在境外上市多年,处于成熟阶段,甚至是"恐龙"阶段,已接近规模扩张的天花板,这样的企业以CDR(中国存托凭证)方式高价回归A股,基本就是"圈钱",只会给投资者带来高风险,应当排斥这样的回归。事实上，发展独角兽企业的重点是，要瞄准我国新三板上市公司中一些极具潜质的公司，只要VC、PE发展得好，就一定能把它们挖掘出来。

九、赋予证券公司客户保证金管理权，提高其金融地位，使之真正成为资本市场健康发展的中坚力量

证券公司是资本市场的中坚力量，它既是企业上市的中介，也是日常运行的监督力量；既是股民投资上市公司的重要通道，又是资本市场机构投资者的重要代表。应当赋予证券公司客户保证金管理权，提高其金融地位，使之真正成为资本市场健康发展的中坚力量。

英美混业经营的结果基本已使投资银行和商业银行失去界限，投资银行占据了金融主导地位。即使是在德日等以间接融资为主的国家，其顶级银行同样是德意志银行、野村证券等拥有国际地位的投资银行。反观我国，这十几年来，培育出一批在世界500强中名列前茅的银行、保险公司，但却没能培育出一家具有国际竞争力的证券公司，很重要的原因在于早期为防止客户保证金被证券公司营业部挪用，规定客户保证金三方托管，不归证券公司管理，使证券公司只是简单的资金通道，而非真正具有资本中介能力的金融机构。

事实上，这10多年来，各大证券公司早已把分散在证券营业部交易通道的资金管理权全部上收到总公司，进行集中管理和监控，而中国证券登记结算公司也完全有能力对每天发生的所有证券交易动态进行实时监控和记录，这样的市场机制已经排除了再度发生客户保证金被证券营业部挪用的情况，所以现在已经有条件把客户保证金交还给证券公司，这是国际惯例，也是证券公司不断壮大的基础。银行和保险机构之所以可以成为强大的金融机构，很重要的一点就是因为手中掌握并管理存款或投保客户资金。证券公司拥有客

户保证金的管理权，是证券公司资本中介能力的信用基础，在一定的信用规章制度的约束下，表外资产转变为证券公司的表内资产，并由此增加证券公司资本中介的效益。扩大证券公司吸引客户的能力，国内重要机构投资人一般会通过证券投资基金管理公司进行证券投资，而现在证券公司由于无权管理客户资金，对投资客户而言基本就是交易通道的提供者，已经失去为客户提供资本中介的服务能力，服务越来越同质化，大小难辨、优劣难辨，不利于培育我国自己的、具有国际竞争实力的投资银行。特别是在金融扩大开放的背景下，我国的投资客户势必渐渐变成外国投资银行的客户，对中国主权资本定价将构成不利影响，也为资本市场开放带来了巨大的风险。

十、建立中国系统重要性股票监测制度并以其为成分股，重新设立"中国成分股指数"

这种股指类似标普500、道琼斯30种工业股指数，可以取代甚至取消上证综合指数。现在，国际国内评价我国股市一般是以上证综合指数作为依据，这存在很大问题。从发达国家的股票市场看，非常活跃、一般活跃和不活跃股票基本各占1/3，而成分股指数只代表最活跃的部分，美国股市大涨实际指的仅仅是道琼斯30种工业股指数从6 000点涨到24 000点，根本不是全部美国股票加权平均之后的综合指数。

上证综指之所以是全部股票的加权平均指数，是因为20世纪90年代初期中国证券市场全部上市公司数量只有几十个，搞指数自然将其全部包括其中。20多年来，上市公司数量已从几十个增加到4 000个左右，自然没必要也不应该再搞全部在内的综合指数，而应适时推出成分股指数。

通过构建"中国成分股指数",一是可以引导市场资金流向活跃的股票,确保国家主权资本定价的准确;二是成分股指数可以突出国家调整经济结构的意志,有利于引导有限的资本资源流向符合产业政策的上市公司,加快产业结构调整;三是股市只需适度增量资金推动就可以实现指数上涨,对整体股市起到带动作用,节约资本资源;四是整体市场只有一部分股票活跃,而不活跃的那部分股票将使整体市场平均换手率大大降低,并接近国际一般水平,彻底改变国外投资者认为中国股市投机过度的印象。这件事可以一步到位,因为成分股一年调整一次,现在快速推进,未来一步一步走向成熟即可。

十一、针对"中国成分股指数"设立国家平准基金,替换现在具有准平准基金功能的证金公司

除证券公司之外,平准基金也是资本市场平稳运行的重要工具,是市场短时间发生大幅度下跌时防御冲击型危机的撒手锏。

股票市场不只是投融资市场,同时还肩负着"主权资本定价"的核心功能。美国发生金融危机之后,代表美国核心利益的金融机构和实业企业股价暴跌,但美国政府绝对禁止其他国家主权基金购买这些公司的股票。这说明,国家主权资本价值是一个国家的核心价值,不能任由市场随意折腾,更不能因市场失灵而出现失控状态。鉴于我国经济的特点,重要的骨干上市公司的资本定价是否合理,同样是国家经济金融安全的重要组成部分。正因如此,我国股市平准基金要比其他国家更具突出作用。

目前我国已有汇金、证金两家平准基金,总规模不足 2 万亿元,尤其是证金公司担子很重,而且资金来源多为商业借贷,每年偿还的银行贷款利息约达 800 亿元,成本很高,这使公司平准行为扭曲,

不得不从事低吸高抛的操作,这就违反了平准基金"不与民争食"的基本运行规则。为此,建议国家设立"中国成分股指数"平准基金,替代证金公司。平准基金可以直通央行,以央行货币发行权支撑平准基金运营的资金来源,也可以是财政发行特别国债,额度可根据实际需要由中央确定。这样,一方面可以大幅降低资金成本,消除低吸高抛的不合理运行;另一方面可对恶意力量起到最大、最有效的震慑作用。一旦股市出现危机,一是可以鼓励上市公司特别是国有控股公司回购注销股票,二是养老金与企业年金可以入市吸筹,三是平准基金可以托底护盘。平准基金盈利怎么处置呢?一般来说,平准基金在股价严重低估时进入,估值合理时退出,国际上基本没有平准基金赔本的先例。退出后,盈利既可以按年划归社保基金,也可以借鉴香港盈富基金的做法,打折公开发售给民众。

十二、建立金融市场预期管理的长效机制

市场预期管理是金融管理的重要组成部分,舆论决定预期,预期决定价格,价格变化决定资本流向,资本流向决定经济结构。可以说,市场预期管理是否足够纯熟、足够艺术而高超,标志着一个国家金融管理的国际化水准的高低。我国股市周而复始大幅波动的实际说明,预期管理是我国金融管理的重大短板。美国金融市场能够成为国际顶级的金融市场,市场预期管理水平非常艺术而高超是重要原因,其经济数据有初值和终值,可以日后修正,因为修正数据是过去时,而市场变化看未来,所以修正值好坏对市场丝毫没有影响,对政府管理市场预期则有很大帮助。我国预期管理方式更偏向传统宣传式,更多说现在,很少说未来。对投资者来说,无论现在多好都是过去式,只有经济未来的预期好才能增强市场信心。因此,建议深化对市场预期管理的研究,加强针对经济未来说话的科学性。

以上12条建议中，前6条涉及税收减免优惠和管理，能杠杆撬动数十倍于减税规模的资本储备，后6条涉及管理体制和方式改进，体现了新时代金融高质量发展要求，结合了金融市场有效治理原则。不是大水漫灌救市，而是四两拨千斤；不是短期刺激，而是长效机制；不是照抄照搬，而是有益借鉴；不是市场原教旨主义，而是实事求是地发挥市场配置资源的决定性作用和更好地发挥政府作用。

我深信，在以习近平同志为核心的党中央坚强领导下，新时代的资本市场一定会迎来一场质量变革、效率变革、动力变革，金融服务实体经济会更加有效，供给侧结构性改革会取得更大成功。

完善两项根基性制度：注册制与退市制度

●

我国资本市场，不管是20多年来，还是最近几年来，都有一个非常头痛的问题，就是很多的拟上市企业压在那里，曾经有六七百家企业排队要上市，形成"堰塞湖"。IPO一启动，发行了三个月或者半年，发行的量多了，资金抽水抽得多了，股票指数就往下掉，掉得受不了就停下来。停下来以后，过了半年或一年又启动，周而复始。最近十几年，已经有过7次停发整顿、开开关关的情况。

仔细想想，也不是不想让IPO正常运转，谁不希望正常发行呢？但是一旦发行量上去了，过了一阵子，股市跌了百分之二三十，股民也好，公司也好，社会各方面又会感觉受到了发行的压力，不得不倒逼证监会停止发行。这样周而复始的现象不是谁聪明不聪明的问题，也不是管理者能力强和弱的问题，本质是一个体制机制的问题，就是我们的股市发行缺少两个基本制度——一个是注册制，另一个是退市制度。

在资本市场的制度建设中，包括退市制度、注册制、投资者保护制度、信息披露制度、各种违规案件严厉惩戒制度等许多制度。在所有制度中,有的是树根、树干性的,有的是树枝、树叶性的,而注册制和退市制度是资本市场的根基性制度,是对立统一的一个问题的两个方面。企业上市是注册制的概念,上市之后退出市场是退市制度的要求。这两个制度,注册制是方向,退市制度是前提,什么时候退市制度到位了,注册制就能顺理成章地出台。

一、强制退市与主动退市

优胜劣汰、有进有出、有呼有吸是股市健康发展的生命之基。

从国际成熟市场的经验看,往往有两种情况:一是每年上市的企业和退市的企业大体相当,上市公司数量总体平衡;二是每年的退市企业中,主动退市和被动退市企业数量大体相当。这个过程就是资本市场的优胜劣汰。不符合条件的、质量变差的或者违规的企业被剔除了,留在市场中的企业总是比较好的、优质的、新生的。

30年前,美国资本市场就有4 000多个上市公司。30年过去了,每年新上市两三百个,每年也退市两三百个,有些年份退市企业数量多,有些年份上市企业数量多,若干年后累计,退市和上市的企业数量大体相当,现在还是4 000多个上市公司。而且,在美国每年退市的两三百个企业中,差不多一半是强制退市的,另一半是主动退市的。

成熟市场退市既有强制退市,又有主动退市,经常出现的场景是主动退市的企业数量多于强制退市的企业数量。对主动申请退市的,也是注册制管理,只要合法、没有猫腻,退市方便有效,退得光明磊落、干净利落。如果只重视上市方面怎么快速健康有效地发展,在退市方面不下功夫、不啃硬骨头,市场就不会健康发展。

在强制退市方面,有三种情况要无条件地强制退市。第一种,在上市过程中造假。凡在新股 IPO 过程中造假的、违法犯罪的，上市以后一旦发现，采取零容忍措施，无条件退市，关联的证券公司、会计师事务所、律师事务所也要"陪绑"，受到相应的惩罚。第二种，上市公司信息披露造假、欺瞒，犯错性质达到了刑事案件档次，就要强制退市。第三种，企业本身连续若干年经济指标达到退市标准，依法强制退市。这三种强制退市，无条件执行，长此以往，形成惯例，不会有矛盾，不会不稳定。关键是执法的力度和制度规定的明确。

主动退市是降低退市成本、保持退市制度常态化运行的重要手段，也有三类。第一类是董事会根据企业某种特殊情况，比如考虑从这个市场退出到另一个市场上市，只要没有违法，申请之后该退就退。第二类是企业可能意识到自己今后几年随着经营发展，它的行业趋势、企业状况已无法达到上市要求，与其被强制退市，不如主动退市，改弦更张，另起炉灶。第三类是有人愿意收购、借壳上市。就是原来的垃圾企业退市了，没上市的优质企业借壳以后上市，也是原企业的主动退市。

二、退市制度改革势在必行

从成熟资本市场的经验可以看出，上市企业中，效益不好的、经过长期考验指标不达标的，就会退出市场。然后不断有优秀的、新的企业上市，这些新企业有的哪怕现在还没有盈利，但它往往是发展前景很好的独角兽企业。这样的股市年年进行结构调整，越调越好，股市市值也会越做越大，国民经济的最有效的利润都集中在上市的企业中，股市也就成了国民经济的晴雨表。

然而，现在我国 A 股三四千家上市公司退市的很少。对比美国上市公司一年退市的有 8%~10%，中国只有 1% 左右，甚至有些年份几乎没有退市的。自1990年上海证券交易所成立以来，全部退市的股票数量只有100多个，而且是在2018年证监会非常着力的推动下才退了这么多，2009年后有些年份一个都没退。尽管《证券法》有退市的相关要求和规定，但实际操作中没有真正落实到位，缺少具体的规章制度法规、操作的程序。总之，市场化的退市不存在，市场化的上市也无法推进。只进不出、退市制度不建立好，企业上市也无法正常制度化。

由于我国退市制度不健全，每年上市数量远远高于退市数量，所以市场规模不断扩大，垃圾上市公司也越来越多，股市投资重点分散，易跌难涨，增量稍有减弱或新股发行稍有提速时，市场就会"跌跌"不休、恶性循环，这也是晴雨表功能丧失的根本原因。因此，加大退市制度改革势在必行。

有了退市制度以后，哪怕注册制度允许比较宽松地上市，上市公司本身也会很注意自己的质量和各种信息的规范性、公开性。总而言之，有了这个优胜劣汰的制度，上市公司的质量才能保持。没有正常的退市制度，股民就会觉得上市是不断吸收资金，资金被分流，股市资金供应和需求无法达到平衡。注册制管上市，退市制度管退市，这是手心手背的问题。退市制度到位，注册制度自然健全，如果只有注册制没有退市制度，这件事儿会不平衡，最后不是退市制度本身出什么问题搞不下去，而是整个市场的优胜劣汰系统出了问题。

主动退市有各种类型，强制退市也有各种类型，只要把各种类型的企业的退市过程法治化、市场化、公开化、制度化，而且非常严格地推进，每年就会有两三百家企业正常退市，也有两三百家企业正常上市。资本市场优胜劣汰的基础形成了，注册制和退市制度的法治形成了，再加上信息披露制度，对各种违法违规行为的严厉打击制度，对投资人的保护制度，上市公司上市和退市的审查不再由证监会审查，而是由交易所作为市场的管理机构来审核，整套配套制度匹配到位，整个资本市场法规体系中的树根、树干、树枝、树叶性质的制度也就完整丰富了。

总之，资本市场法治最重要的制度就是注册制的法制和退市制度的法制，以及投资者保护制度的法规、违规违法行为打击的法规、信息披露的法规、证交所对上市企业退市审核监管的规章。做好这些，资本市场就能够健康发展。

我们欣喜地看到，这两年，证监会和国家有关部门按照中央的要求，对推行注册制相关联的投资者保护制度、上市公司正常化常态化上市制度、信息披露制度以及交易所怎样加强交易监督管理，都进行了不懈的努力。在上市公司审查方面，最近请了一批交易所的管理人员一起参加证监会的发审和审查，这就为今后最终实施注册制，由证交所承担上市公司注册上市的业务审查管理工作，创造了无缝对接、平滑过渡的条件。可以说，证监会最近两年为注册制最终推出做了许多卓有成效的基础性工作。

特别是在退市制度方面，最近证监会对退市制度的管理也出台了若干基础性规章文件。所以，2020年，我国一系列重要的资本市场制度体系和管理的措施将会系统到位，我国真正的退市制度往后十年会非常好地展开。随着退市制度的完善，注册制也会健康发展。

我相信，今后十年，中国企业股权融资比重会出现大比例的提升，国民经济证券化率将从现在的50%左右提升到100%左右，企业债务杠杆率会大幅下降，中国宏观经济杠杆率也会有较大幅度下降，十八届三中全会提出的建立中国企业股本的市场化的补充机制这个目标也一定会实现，中国的资本市场一定会成为全球资本市场中最重要的市场之一。

三、科创板与注册制

2018年11月，习近平总书记在上海宣布了科创板，正式推出了注册制。

中国股市的一个缺憾就是20多年没有培养出太多高科技创新企业，资源优化配置的能力不强或者说成果不那么多，一些能够成功发展的高科技企业都跑到境外上市了。

我认为，原因在于四个环节。第一个环节是在科研本身。我们的科研成果产生是从0到1，原始发明、知识产权形成了，给这些创新的领头羊、知识产权的拥有者70%的知识产权。

接下来，投资者对这个过程进行投资，不管是国有企业、民营企业、学校、单位，都只占30%。知识产权的70%给了发明人，但是发明人不一定能够把发明成果转化为生产力。

在美国很重要的一个法案是20世纪80年代出台的《拜杜法案》。《拜杜法案》规定，凡是知识产权发明，1/3收益归投资者，这跟我们差不多；1/3归原创发明人；还有1/3收益属于那些把发明成果转化成生产力的人，转化也是一种知识产权。

这样就有原始创新的知识产权和转化的知识产权，如果发明人既创新又转化，70%归发明人。如果发明人做不了转化，那他也就无法享受后续的收益，永远是一个0。只有别人帮助他进行转化，才能产生后续的收益。

在硅谷孵化器里的孵化企业，大部分是自己没有发明知识产权的，是到市场上，到其他大学把知识产权拿过来，签一个合同，帮助发明人把知识产权转化成功，然后把这个知识产权在市场上卖出去获得收益，然后发明人、转化人、投资人各拿1/3。这个制度很重要，有了这个产权制度，转化人的原始股权、知识产权发明人的原始股权都跟股市联系在一起。

第二个环节是要有中长期投资理念的风险投资基金或私募基金。这些基金投资管理者，具有独到的投资眼光，真正进行风险投资和股权投资。

第三个环节是资本市场要做到企业管理权与股东所有权两权分离。有知识产权或者有转化孵化权的经营者可以依靠知识产权和转化孵化权来上市。上市过程是企业资本扩大一万倍、十万倍的过程，资本巨大的投资可以把原始经营者的股权稀释到1%、2%，这个时候经营者如果按照常规的逻辑就搞不下去了。

所以很自然地就提到 VIE（可变利益实体），同股不同权。在高科技和创新科技里，这种股权结构变得合情合理、理所当然，相当于两权分离。这是知识产权换来的，是创业者打拼出来的。一个科技创新企业经过 A 轮、B 轮、C 轮募集资金直到上市，决策层哪怕只占 10% 股权，还是这个公司的掌控者、决策者、经营者。包括战略投资者在内的各类股东，哪怕占了 90% 的资本股权，其可以分红，也可以监督公司财务，但是不干预经营管理。因为 A 股市场没有这样的制度安排，所以诞生不了这一类的创新企业，更产生不了独角兽。

第四个环节，科创类企业上市门槛比较宽松。A 股市场要求企业有若干年经营的历史、有若干年经营的利润，而科创企业刚成立，阅历不够，效益还没有，按常规就不能上市，所以这样的企业要上市就需要有一个科创板。

总之，要从改革的角度把基础制度相关联的机制建设到位。用注册制的方法推进科创板，是非常重大的一件事情。推进以后当然也会有一批企业退市，进得快，退得也快，优胜劣退，这样才能做到流水不腐。

完善年金制度，充实长期资本来源

●

中国改革开放40多年，一个重要的成果是资本市场的发展。20多年来中国资本市场从无到有，现在已经成为世界第二大资本市场。与资本市场发展相关联相匹配的一个重大成果就是中国的股权投资基金的发展。在中国的经济体系中，公募基金和私募基金的发展在资本市场，以及国有企业、民营企业的股权改革中发挥了重要作用。

一、完善企业资本金的市场化补充机制

改革完善企业股本市场化补充机制，是私募基金业和资本市场发展的一个重要功能。中国的企业，无论是国有企业还是民营企业，从注册登记那一天，把国家的钱、家族的钱放进企业后，就靠企业自我循环，并且往往是借债发展，产生利润，滚动积累投入发展，企业普遍缺少市场化的资本补充机制。以至于每过十年负债率就不可避免地高企，或者破产关闭，或者债务重组减记，之后资产负债率降低，周而复始。

股权不足，缺少市场化的长期资本，是中国金融和实体经济关系的核心问题之一。

首先，市场化资本补充机制意指两件事，一件是私募基金投资体系，另一件是股票市场、资本市场、上市公司这个公募市场的体系，这个系统的完善本身就是建立中国企业，包括国有企业、民营企业的市场化资本补充机制。没有私募基金这样的机构投资者发挥作用，没有长期资本支撑私募基金，中国的资本市场就不会健全。

其次，股权投资搞好了，也是培育中国独角兽、中国科技创新的一个市场化推动力。没有私募基金，没有风险投资基金，没有资本市场，独角兽难以产生，资本力量推动的科技进步成为巨大生产力的体系也难以出现。

最后，私募基金发展和资本市场的长期投资资本是中国资本市场发展的必要条件，而非充分条件。只有包括退市制度、注册制、监管制度等一系列基础性制度的系统化配套到位，资本市场才会健康发展。但资本市场的长期资本不到位，机构投资不到位，私募基金或者是各种机构投资者在资本市场中的作用发挥得不够，那么中国资本市场发展就会有短板，无法成长为一个健康的市场。

二、散户化：长期资本和机构投资者不足的结果

中国资本市场这 20 多年来一直被诟病的一个问题，就是缺少长期投资资本，缺少机构投资者的力量，其结果表现为市场投资散户化。

数据显示，中国每年交易额的 80% 来自 1.9 亿户股民，而非机构投资者，散户短期炒作特征明显，1.9 亿户股民持有的股票在 40 多万亿市值里占 25%。这听起来好像不算大，但从市值结构来看，由几千家上市公司的原始股东、战略投资者和主要股东在公司上市后

持有的市值平均占50%（这部分资本是长期持有的，一般不介入炒作，其主要任务是发展自己的企业），此外国家机构持股占15%。也就是说，工商产业原始资本占50%，国家占15%，剩下35%当中的26%是散户，9%是各种各样的其他投资者，包括外资、内资，包括私募基金和公募基金。占比26%股权的散户热衷于交易，形成了80%的全年交易量，这就是中国股市散户短期资金的基本面和基本结构。

再从机构投资者角度来看，机构投资者包括公募基金和私募基金，我国基金投资的能力已经发展了十几年，但是需要进一步完善和加强。中国目前有120多家公募基金，掌管着13万亿元左右的资金；2万多家私募基金，掌管着12万亿元左右的资金。

但是如果从基金的投资方式来看，其管理有如下特点。

一是杂散小，2万多家私募基金公司，平均一家的管理资金规模就是五六亿元，规模大的管理上千亿元，规模小的管理几亿元，门槛太低。

二是从投资结构来看，2017年底，公募资金13万亿元中有7万亿元买了货币基金，等同于存款；有4万亿元买了债券，2万亿元买了股票，这样的投资结构对支撑股市起不了什么作用。可以说公募基金没有物尽其用，很多资金都是闲置在那里，缺少真正的股权性质的投资。

私募基金12万亿元中有7万亿元是作为股权投资基金在未上市的企业里投资，很多投在房地产和金融理财业务甚至是P2P上，真正投入工商企业或科技创新类企业的资金可谓少之又少，搞制造业需要三五年一个周期，大家耐不住。还有5万亿元是证券市场的基金，其中3万亿元买了债券，2万亿元是股票。加总之后，中国资本市场上和股权投资有关的、和公募私募有关的，以及在股市里持有的市值，在2017年底是4万亿元，占比不到10%，其结果必然是散户市场。

三是不管是募集，还是投资或退出，有的是明股实债，有的是作为通道。许多基金找不到 LP 投钱，空有一个牌照。有一些基金看起来有 LP 投资，但是这个 LP 明股而实债，往往有多层次的抽屉协议。有些资金签了协议，但到真有投资对象时，LP 资金又不能履约，钱不到位；或者拿了牌照搞通道业务，形成虚假性募资业绩。以上种种，都需要逐步整顿改善。

VC、PE 等基金在上市前是企业股权融资的重要资金来源，在上市过程中和上市后也是一级、二级市场的重要资金渠道，是推动股权融资和资本市场发展的重要动力。好的 VC、PE 公司有三个业务判断标准：一是应当具有好的业绩回报，其收益风险比、平均收益率、回报率、波动率等主要指标良好；二是有好的投资观念、投资流程、投研人员，有好的风控体系、流程和措施；三是有好的、优化的公司组织架构，有较高的管理效率。就服务科创企业而言，好的 VC、PE 公司，有的善于在"1~100"阶段对前景看好的转化创新类企业投资，有的善于在"100~100 万"阶段跟踪投资、慧眼识珠，正确选择有成为独角兽可能的企业，参与独角兽企业的多轮投资活动，并能提供合理价格支持，促使企业上市时股价合理。

在 VC、PE 的股权投资中，要至少防范五个方面的乱象：一是非法集资，从散户手中高息揽储，甚至是利用互联网技术进行散户集资；二是明股实债，LP 的股东实际上变成银行、信托、小贷等金融或类金融机构的理财通道，以抽屉协议把债权转为形似股权；三是大比例的搞固定收益回报的投资，把股权投资基金变成了保值理财性质的货币基金；四是搞高息放贷，而不是正常的投资活动；五是把投资当投机，急于求成，既不研究"0~1"，也不投资"1~100"，更不跟踪"100~100 万"，只希望在企业上市前夕作为战略投资投进去，上市后赚一把。

有人会问，科技型独角兽的发展，往往要经历A轮、B轮、C轮融资，那不是圈钱、烧钱吗？这的确不能一概而论，要具体分析。一方面，独角兽企业的业务发展很多需要多轮大量的资金不断进入支持；另一方面，独角兽企业的A、B、C各轮融资，一般都包含着对原始股东、高级管理人员以及技术专利权拥有者的股权稀释和溢价激励，每一轮融资往往对前一轮投资的股权既有稀释也有溢价激励。恰恰是这种多轮的股权溢价激励，成了独角兽企业和员工实现梦想、奋发图强的不竭动力。如果没有这种动力，没有核心竞争力，独角兽企业就不会存在和成长。总之，如果企业没有核心竞争力，只融资没业绩，只烧钱不结果，管理层不断变动，大股东抵押股权套现撤资，这些情况一旦发生，最终很可能会沦为庞氏骗局。VC、PE机构最基本的能力就是分得清一个企业是真正的独角兽还是庞氏骗局，不仅保证自己不上当，还能引导散户不受骗。

基金怎么才能有这个能力和眼界？其实需要背后的长期资本到位才会有，所以第二个和第三个特点是关联的，没有强大的私募资金也没有资本市场的健康发展，资本市场本来就是二级市场跟一级市场相关的，基金既是一级市场上市前的企业培育的股权投资力量，也是二级市场资金收购兼并投资运作的关键，所以基金是资本市场发展的撒手锏。

中国资本市场缺少长期投资资本，缺少机构投资者力量，这个问题长期存在，不是认识问题，而是实践问题，是体制机制问题，也是资本市场基础性制度建设的问题。我们需要从基础性制度出发来解决这个问题。

三、他山之石：美国经验

资本市场散户化、短期化炒作问题，并非中国股市独有的现象。1925—1975 年，美国资本市场同样是散户和短期炒作盛行的市场。1925—1929 年，美国资本市场散户狂热，散户交易占总交易量的 90%。1929—1933 年发生了金融危机，其后经历了经济大萧条和第二次世界大战，1945 年美国经济和股市恢复，但一直到 1975 年的 30 年中，美国基本上是以散户为主，散户占资本市场比重高，约在 80%~90%，到 1975 年还高达 70%。然而，到 2017 年，美国股市散户投资只占 6%。为什么 1975 年以后的几十年来，美国资本市场会形成基本上是以长期投资者和机构投资者主导的股市？

出现这个转折的核心是美国养老金体系的全面介入。美国养老金体系已有上百年的历史，其现行的多支柱体系是经过不断积累和调整形成的。以 1935 年《社会保障法》和 1974 年《雇员退休收入保障法案》的制定为界，1935 年前是雇主养老金计划的初步发展期，1935—1974 年为政府强制性社会保障计划和雇主养老金计划的扩张期，1974 年以后为养老金体系成熟期。美国养老金体系从第二次世界大战以后逐年积累，随着积累的资金量越来越大，最终占据主导地位。到 2017 年，美国养老金体系总资金量相当于 GDP 的 100%，高达 18 万亿美元。

美国养老金分三大支柱。第一支柱是政府的社会保险制度的养老金，是强制性、广覆盖、低水平的社会养老保险，覆盖全国 96% 的就业人口，积累的资金量占养老金总量的 25% 左右。第二支柱是企业帮职工买的养老金［在美国是 401（K）计划，亦叫作企业年金，在中国叫作补充养老金］，是由政府政策优惠鼓励、雇主出资、带有福利的养老金计划，主要采取 DC（缴费确定型）模式，即在职工任职期间，雇主和职工按个人工资的一定比例共同向职工个人账户缴费，待职工退休后，账户中的本金及投资收益作为职工的养老积蓄。到 2017 年，美国企业年金的规模高达 6.2 万亿美元，加上政府职工的养老年金 4.1 万亿美元，总量高达 10.3 万亿美元，约占全部养老基金的 55%；第三支柱是家庭个人自愿性的储蓄养老计划，是一个由政府通过税收优惠发起、个人自愿建立的养老金账户，约占 20%。三块加总，形成了跟 GDP 几乎一样大规模的资金量。

美国的年金制度有一个激励制度，就是美国在几十年前开始实施 401（K）年金制度，其核心制度就是任何企业帮职工交年金，给予企业所得税的税前列支抵扣，个人交的年金给予个人所得税的递延抵扣。由于这个激励政策，企业积极，个人也积极，几十年来美国年金积累越滚越大，成了资本市场重要的机构投资资本来源。美国没有 401（K）年金制度的时候，每年股票交易量的 70% 跟我国一样是散户，1975 年美国散户交易量占美国交易量的 70%，到 2018 年下降到 6%，就是因为年金越做越大，成为机构投资的来源。同时，年金高了以后，社会保障制度从政府全面兜底变成企业为主的支撑，政府也一起支撑，老百姓再补充资金买一块，这样社会更稳定，养老体系更完善，对于一个走向老龄化的社会而言更为重要。同时，长期资本出现后，就会委托专业投资机构管理，机构力量也发展起来了。

美国的第二支柱年金用途方式有比较明确的引导性机制。其使用方式是 50% 可以投资于股市，其中 10% 直接投资上市公司股票，40% 投资于股票型基金，由基金管理机构直接投资股市，余下 50% 中的 45% 买资本市场的债券基金，还有 5% 买市场上的货币基金。

政府的社保基金和个人自愿性养老金形成的社会养老保险，采用以安全性为原则的保密投资策略，基本上是 20%~30% 进入股市，其余大部分投资政府债券或特种国债。这样加总来看，三大养老保险金大约有 40% 的比例直接进入股票市场，美国股市总市值约 30 万亿美元，其中 9 万亿~10 万亿美元由养老基金持有；剩下 20 万亿美元中，工商企业股东层长期持有不炒作的比重有一半；剩下10万亿美元则主要是各种私募基金、公募基金或者对冲基金等机构投资者，散户只占6%。

分析这几十年美国股票市场投资主体结构的变化，主要结论就是养老金入市。因此，解决中国资本市场散户性市场问题的关键一招，就是要发展并培育包括政府性养老基金、企业年金和家庭的商业保险体系，并形成养老金进入资本市场的基础性制度。

四、企业年金：撬动养老金投资股市

在各种中长期投资里，国家主权基金、养老基金的投资是中长期的。在中国，养老保险资本从体系上也可以分为三块。

第一块是政府的社会保险制度养老金。目前中国已经建立了"五险一金"的社会保障体系，约占GDP的20%，目前总量是18万亿元左右。这个体系大体健全，逐渐发展，规模越来越大，仍有发展空间。

第二块是老百姓家庭购买的商业保险。中国目前还没有老百姓个人自愿性的储蓄养老计划。作为类似的品种，有家庭投保购买商业性保险公司的人寿保险。这十几年中国的生命人寿等商业保险也发展顺利，目前占GDP的20%。这块制度是健全的，也在发展中。特别是证监会和人社部出台的老百姓买商业保险递延税的做法里，有买保险抵扣个人所得税的内容，这个政策推出来会激励很多老百姓买商业保险。今后随着经济的发展，商业保险的发展速度会更加迅速，商业保险的比重还会进一步提高。

第三块是企业年金。当前我国养老体系三大支柱中，最大的短板是企业年金。

十几年前，我国已经建立了企业补充养老保险的制度，但是迄今为止，很多企业都尚未参与，少量中央企业参与，总量余额只有1.1万亿元，相对于90万亿元GDP占比不足2%，和美国年金占GDP比重的45%相差甚远。

在长期资本里，这三部分的钱都是可以按一定比例投入资本市场的，一般保险公司的钱投入资本市场的比例在30%左右，允许投入30%，实际投了10%还是20%，这是具体的操作行为。但从政策构架上允许30%，社保基金也可以投入20%、30%，而事实上投了10%左右。这是大体上的标准设定，或者结构上的划定。年金这一块按照国际惯例，可以有50%左右投入股市。如果我们国家也有规模较大的年金，哪怕只有GDP的20%、30%，那也会有20万亿元或者30万亿元。如果有1/3或者40%投资股票，股票市场就会多10万亿元的长期资金。

为什么我国的年金制度推出十几年没有完全展开，以至于我们现在的1.1万亿元仅仅是央企中的一部分参与，大部分央企没有，地方国有企业参与的很少，民营企业基本不参与？原因有三个：一是政府给予激励的政策优惠度不足，予以税前列支的比例比较低；二是仅由政府部门的文件引导，没有形成法制条例；三是我国的企业和职工缴纳金为职工工资基数的55%，已是世界最高。我国的养老金企业缴20%，个人缴8%；医疗金企业缴10%，个人缴2%；住房公积金企业缴6%，个人缴6%。三方面总量达到52%，再加上生育保险、工伤保险、失业保险等共3%左右，统统加起来超过了55%。若再加上12个点的年金，缴金率达到67%，企业就无法承受了。

现在讲降税费，对个人、对家庭消费固然有刺激作用，对企业发展也有资金积累的鼓励作用，但是如果能对补充养老的年金系统有更大力度的激励政策出台，会带来一举三得的好处。第一，可以让政府的社会养老保险独立支撑转变为与企业、职工的年金一起支撑，形成三家抬的格局。第二，可以增加老百姓养老基金的本金积累和保值增值能力，增加退休收入。第三，可以促进资本市场发展。年金系统一旦建立健全，经过 10 年、20 年、30 年逐渐发展，逐步形成 10 万亿元、20 万亿元、30 万亿元，资本市场就会增加 5 万亿元、10 万亿元、15 万亿元的长期资本，促进机构投资者发展壮大。由于长期缺少类似年金这样的超级大资本作为 LP，机构投资者资本规模有限；如果年金到位，机构投资者的资金来源就能解决。

如果国家在年金上减 1 万亿元的税，就有可能撬动年金体系增加十几万亿元，如果其中有一半进入股市，那股市就多了七八万亿元，并能刺激市场中的其他投资力量跟投，市值不断增加，直接融资壮大，企业负债率就会下降，宏观经济的杠杆率也会下降，税收则会增加，加之产生的 GDP，产生的经济发展，再加上老百姓养老金本金积累率和收益率提升的好处，其效果可能大大超过减税支出的 1 万亿元。这是一个一举多得、投入产出率很高的减免计划。

因此，养老保险体系从靠国家社保基金养老一家抬转变为三家抬，让企业年金变成最重要的支柱，不仅有利于社会养老保险体系的健康发展，对于中国资本市场更是大有裨益。首先，有助于推动机构投资的发展，大大充实资本市场中的机构投资，丰富公募基金、私募基金的股权资本来源。私募基金最缺的是 LP 中的长期资本，年金一旦介入，就把私募基金投资股票的来源充实了，解决了中国私募基金、公募基金资本投资的能力问题。同时，资本市场也有了长期资本，工商企业的股权资本的市场化补充机制也会真正建立起来。换言之，中国长期资本缺乏的一个重要原因，来自养老金体系培育及投资存在欠缺，而其核心是年金问题。

总之，中国资本市场的散户投资问题和短期资金炒作问题，本质上是长期资本发展不到位的问题。未来随着中国三大养老基金逐步建立完善，特别是年金体系也积累到了一定的体量，各类工商企业积累的年金都应交给公募或私募基金来投资，可以在几千家私募基金里遴选几十家善于运作、投资回报率比较高的基金公司进行投资，这些基金由此可能变成数一数二的巨无霸基金。而散户的资金作为养老金入市，也无须自己再去投资。由此，中国资本市场上的机构投资规模变大，占比提高，资本市场的散户投资、短期资金炒作的特征就会渐渐消失，从这个意义上讲，整个中国资本市场会出现健康向上的发展趋势。

改革现行住房公积金制度，可与年金制度合二为一

◉

公积金是社会公共福利系统的阶段性产物，有它特定的历史环境和国家环境。中国经济现在已经进入高质量发展阶段，金融体系、社会保障体系、房地产市场体系都跟 30 年前不可同日而语。我们如果还拿着原有的公积金账本算账，就没法把账算清楚。我们要站在整个社会的角度，想一想以下问题：怎么把这约 14.6 万亿元（截至 2018 年末，公积金缴存 145 899.77 亿元）用得更好？怎么为员工创造更大价值？怎么为企业减负？怎么让中国资本市场更健康？解决这些问题需要以改革现行公积金制度为突破口，带动年金制度体系的发展与完善，从而做到让员工、企业、国家都受益。

一、最初的公积金政策是新加坡特定环境下的产物，但它并不是单一的住房公积金

全世界 230 多个国家和地区当中，只有新加坡和中国有公积金政策，其他国家和地区都没有，这说明公积金制度本身是个案，没有

普遍意义。这不同于全世界各个国家都在施行的养老保险和医疗保险这样的社会福利制度。

新加坡设立的公积金政策有三个要点。

第一个要点，新加坡是典型的城市型国家，一个国家就是一座城市，只有560多万人口。这个城市型国家有80%以上的人都住在新加坡政府建造的组屋（公屋）里面，只有不到20%的人会住商品房。所以，针对超过80%的人而言，他们使用公积金购买住房的需求还是很小的。

第二个要点，新加坡的住房公积金与养老保险、医疗保险是相通的，包含普通账户（OA, Ordinary Account）、特别账户（SA, Special Account）、保健储蓄账户（MA, Medisave Account）。当雇员满55岁时，公积金局将为公积金会员自动创建一个退休账户（RA, Retirement Account）。这四个账户只有普通账户可以用于购房。四个账户根据不同年龄段缴费的比例也不一样，即使最高的比例也只有37%（员工交20%，雇主交17%），比例还是比较低的。而我国的"五险一金"占员工工资比例大概在55%，其中养老保险占28%，医疗保险占12%，公积金占12%，再加上生育保险、工伤保险等几个小险种一共大概是55%。所以我国的"五险一金"总体占比要比新加坡高18个百分点。

第三个要点，新加坡的公积金、养老金、医疗金并不是分门别类独立存在的，而是一个整体，是可以互相打通的。也就是说，如果一个公民住在公房系统里，没有使用住房抵押贷款的需求，那么买房的公积金也就用不上了。但是当该公民身体出问题时，他的公积金账户的钱是可以用来治病的。如果这位公民的身体很好，住房又不用公积金贷款，那么这笔钱积累下来，到最后可以增加他的养老金总额。我国从新加坡学来公积金理念，落实的只是单一的住房公积金，结果就变成另外一个概念了，收缴的比例跟我们的医保系统收的一样高，变成了刚性的 12%，显然这是一个相当高的社会住房补贴政策。

二、公积金政策设立的初衷是为了解决职工的住房困难，具有一定的时代特性

当初上海在 1990 年仿照新加坡实行公积金政策时，中国的房地产市场还没发展起来，整个中国还在实行公房分配制度，当时每个家庭的人均住房面积只有 7~8 平方米，住得非常拥挤，人民的居住环境亟须得到改善。当时的矛盾是要建造更多的房屋，但是国家拿不出那么多钱来建造，由此才考虑设立公积金的政策，通过个人出一些、企业出一些形成城市公积金，以公积金贷款支持一些企业集资建房，集资公助，来改善职工住房。应该说这个政策对当时的上海来说是合适的，确实激活了上海的房地产市场，并普及了商品房的概念。

到了 1994 年前后，中国的房地产市场开始崛起，土地批租等政策开始成熟，一大批房地产开发商开始涌现，住房开发量激增。1995 年以后，几乎所有的商业银行都开始提供抵押贷款业务。发展到现在，中国的房地产系统已经基本建立，购置商品房的商业贷款体系渐成主流。到 2018 年底，中国个人住房贷款余额达 25.75 万亿元，而公积金个人住房贷款余额为 4.98 万亿元，在整个贷款余额中不到 20%。也就是说，老百姓的债务主要为商品房的商业贷款，如果我们能够针对不同人群制定贷款利率优惠政策，是完全有可能用商业贷款补足公积金贷款取消所带来的 20% 空缺的，同时并不增加老百姓的住房贷款债务。

所以，当商品房市场循环形成的时候，公积金最初的使命已经

基本完成，其为人们购房提供按揭贷款的功能完全可以交由商业银行来解决。当前的公积金体系在运行上至少存在三大方面问题。一是覆盖面不广，缺乏公平性。公积金改革实施了二十多年，只覆盖了1/3的城镇职工。二是保值增值的机制不到位，收益率很低，再扣除公积金中心的运行成本，实际上是负利息资产。三是公积金历年缴存的14.6万亿元丧失了资本市场长期资本的配置功能。这些问题倒逼我们必须找到更有效的路径，为个人、企业、国家建立新的、替代式的"公积金循环"。

三、改革现行的公积金制度，代之以建立新的年金体系并不会降低老百姓的公共福利，而是会带来更大的财产增值

经过30年的发展，我国居民已经把公积金当作一项理所应当的公共福利。一般而言，虽然让大家从每个月的工资中拿出6%放入公积金账户，但大家依然觉得是福利，原因是个人所在的单位也帮大家在公积金中心存入了工资额的6%，这样每个人的公积金账户就变成了工资额的12%。用6%换来了12%，从这个角度来看，每个人都有一个6%的既得利益。同时，与养老金、医疗金不同的是，公积金只有个人账户，没有统筹账户，到了退休那一天，个人账户积累的钱，可以全数由职工取走，成为个人家庭养老的资金来源。所以很多人认为，取消公积金就是取消了大家的福利待遇。

但是我们如果先从整个国家福利系统的角度考虑问题，再回到老百姓自身，就会看到，改革现行的公积金制度体系，并不会降低老百姓的公共福利。取消公积金不是单一的政策，一定要和建立一个新的企业年金体系配套实施。年金制度在资金来源、个人账户管理和退休提取三方面与公积金制度是完全一样的。这样来说，改革

公积金为年金政策对于老百姓而言，是一点都不会吃亏的，因为有以下三个措施。

第一，公积金变年金，公民已缴存的公积金的收益不会减少，只会增加。对公民在工作期间已经缴纳的公积金（目前的积累余额是 14.6 万亿元），如果公积金政策取消，已缴纳的公积金不会被取消，而是可以全部放到公民补充养老的年金中。按照年金制度规定，这笔钱和公积金账户的钱一样，在公民退休时是会全部划归给个人的。

但是年金保值增值的运行不同于公积金的是，它可以进入资本市场，可以产生更高的收益。2013 年人社部出台的《关于扩大企业年金基金投资范围的通知》中规定，年金可以投资股票、偏股型基金等高风险高收益产品，最高比例不超过 30%，所以由专业机构运作的企业年金的收益率可以相对比较高。目前公积金利率是按照国家一年期存款利率给付的，再扣除各地公积金中心运行管理成本，大概在 1.5%，而新加坡公积金要求利率不得低于 2.5%。年金利率大体在 5%~6%，美国年金利率一般在 7% 左右（股票投资平均年收益率在 10%，债券和货币基金收益率在 3%~4%，平均下来在 7% 左右）。所以，居民缴存的公积金变成年金之后，只要运作合理，就会给居民带来更大的财产增值。假如某人有 20 万元公积金且还有 10 年退休，如果在公积金账户，他最终最多能拿到 23 万元左右（1.5% 复利），而如果在年金账户，他一般可以拿到 35 万元左右。

第二，对已经发生的公积金贷款，既可以老人老办法，保持公积金贷款人的现状，按合同贷款年限还清贷款；也可以按照一定利率优惠政策转化为商业贷款。目前国家的公积金贷款与商业贷款之间存在着利率差别，公积金贷款利率在 3.25% 左右，商业贷款利率在 5.5% 左右，有大概 2% 的差异。国家可以通过一定的利率优惠政策，来消化这一部分存量贷款。比如，某位公民可能因买房而欠下 100 万元抵押贷款，这笔抵押贷款中可能有 80 万元是银行的商业贷款，有 20 万元是公积金贷款。公积金贷款利息低，商业银行贷款利息高，公积金改革为年金以后，欠公积金中心的 20 万元贷款既可以保持现状，也可以转移到银行的抵押贷款系统，相当于该公民总共欠银行 100 万元。

这里为什么要予以一个选择权呢？这是因为由商业银行顶替公积金贷款，居民可能获益更多：当 20 万元公积金贷款转化为银行贷款，利率虽然比公积金贷款利率高一个百分点，但是与顶替出来的 20 万元公积金投入年金之中的收益相比（5%~6%），年金收益要高得多，对居民来说整体上依然是划算的。

第三，公积金变年金并不是意味着职工就得不到企业缴存的 6%，而是个人有了更大的资金使用的灵活性。取消公积金后，企业原本帮职工缴纳的 6% 公积金转变为企业给职工缴纳的 6% 企业年金。

年金相较于公积金，其优势在于年金投资理财政策的灵活性，能够投资资本市场和货币基金市场，这对于每一个缴存者而言具有更大的吸引力。基于上述三点，我们可以看到，取消了公积金政策后，职工是根本不会吃亏的，职工通过年金就可以获得比公积金更高的收益，而且还可以获取更加有质量的、公平的社会公共福利。

四、公积金变年金政策有助于进一步增强职工应对养老问题的能力

公积金也好，年金也好，都是一种储蓄机制。前者是为了解决住房问题，后者是为了解决养老问题。取消了公积金，为职工提供购房贷款的职责可以交由商业银行来解决。但城镇职工的养

老问题，却随着老龄化加剧而日益紧张。要保证自己退休后的生活质量不下降，单靠28%的养老保险所形成的养老金是不现实的；靠自身储蓄的话，如何保证储蓄的购买力保持大致不变也是一个难题。这方面，企业年金就是一个非常重要的补充养老保险。中国在2007年就有了补充养老保险制度，但仅是一个部门规章，没有形成真正的法律。由于缺少法律基础，是由企业自觉缴纳，政府并不强制；又由于企业与职工各有6%工资额的住房公积金缴纳比例，企业负担偏重，所以大部分企业都没有缴纳补充养老保险。到目前为止，除了少量国有企业、中央企业设立年金制度以外，其余的国有企业、民营企业大都没有设立。整个中国的补充养老保险总量只有1万多亿元，只占我国近100万亿元GDP的1.1%。如果我们把公积金转为年金，不仅会使年金有十几万亿元的基数，还会让公积金的筹资政策与年金政策合并在一起，进一步加大年金的支持力度。

把公积金跟年金结合是一种资源优化配置，年金和公积金就像一对双胞胎，在运行方式上有三个类似之处：第一，都是由企业和职工按比例共同缴纳；第二，都是到退休那一刻，由职工全数取回，用于退休养老；第三，与养老、医疗保险缴纳的资金分为统筹资金账户和个人账户不同，年金和公积金由企业和职工缴纳的钱不搞分灶统筹，只进个人账户。正是这三个相同的特点，为公积金与年金合并，实现资源优化配置，打下了融合的基础。

年金和公积金除了三个相同的特点外，还有三个不相同的运行状态，改革融合后，完全可以互补短板，相得益彰。

一是在优惠政策上，我国的公积金比年金更优惠，公积金的税收抵扣方法与美国401（K）的年金税法抵扣大体相同。歪打正着，人家年金搞了几十年的那一套，我们20多年前把它嫁接到了公积金上了，公积金和年金合并后，优惠政策就会同样倾斜到年金了。

二是公积金保值增值方面做得太差，缺少基础性的制度安排，体制上、机制上与年金不同。改革融合后，完全可以按年金机制保值增值。

三是企业职工缴金率的天花板问题。企业55%的缴金率，再把年金镶嵌进去，缴金率再加12%变为67%；职工26%的提取率，企业40%的提取率，不论是企业还是职工，谁都无法承受，所以把年金和公积金放在一起是不错的方式。

正是基于公积金与年金在运行机制上的三个相同和三个不同，将现行公积金政策与年金政策合并在一起，实现取长补短、资金优化配置，不仅不会减少职工利益，还会鼓励企业和职工把年金逐步积累起来，有效提升职工应对养老问题的能力。

公积金与年金改革融合的具体方法，有六个要点：第一，现有公积金账户与年金账户合并，形成个人账户；第二，现有公积金贷款的职工，老人老办法，按公积金贷款周期直到结清为止；第三，企业按原来缴公积金的比例，每月每年为职工缴纳年金；第四，把公积金的财务优惠政策转移赋予年金；第五，按照国家年金系统理财的制度规则，以招投标方式引入公募私募基金，形成规范的运行体制；第六，职工退休时，可以把个人账户积累的资金全额提取。

五、公积金转为企业年金有利于我国资本市场的健康发展，是建立高质量金融体系的重要举措

年金出现后，既有利于资本市场长期资本的注入，又有利于机构投资者的发展。为什么美国黑石基金可以有几万亿美元的基金规

模，KKR（产业投资机构）可以有 5 000 亿美元的基金规模，就是因为它们的基金规模里有 60% 来自各种养老金。目前，美国股市总市值中有 63% 左右由机构投资者持有，其中各类共同基金占了 1/3。而这些共同基金的一大来源就是各种退休金。其中 401（K）计划扮演着重要角色。而 401（K）计划形成的资产的投资绝大多数不是由企业自己来操作，政府也不帮企业归集操作，而是通过招投标交给私募基金，由最优质的大型私募基金帮助运作。正是在此类养老基金的参与下（占美国股市市值规模 30 万亿美元的 30%），加上美国上市公司的大股东、战略投资者等的长期投资（占了股票市场的 40%），美国的资本市场才形成了以长期资本投资、机构投资为主，以散户投资、短期基金投资为辅的投资格局。

建议结合中国国情，在取消公积金制度的同时，将现有已累积起来的 14.6 万亿元的公积金直接转化成企业年金，并同时疏通投资资本市场的机制和通道，这将为资本市场提供一个庞大的长期资本来源。同时，还要进一步加大改革力度，健全推广企业年金。建议将原来缴存公积金时使用的税收优惠政策沿用到企业年金上，要求企业缴存 6%，个人按自愿缴存（但最高也不超过 6%）；企业和个人缴费都享受所得税税前抵扣政策；各个企业的年金可以按自愿原则集合成规模更大的投资基金，委托专业的投资机构投资，条件成熟时可以将投资股票的比例放宽至 1/2 甚至 2/3。这样就可以为资本市场引入源源不断的长期资本。

有了这类资金的加入，资本市场就活跃起来了，大型的基金机构投资者也被发动起来，最后资本市场能够向更大规模、更高质量发展。现在我国的资本市场规模只有 60 万亿元，如果中国年金制度和其他保险基金形成 20 万亿元长期资本投入资本市场，市场规模变大，同时长期资本比例变高，资本市场的稳定性变好，这对中国老百姓在股市上的投资也是有好处的，消除了散户市场的不稳定性。

通过上述分析，我们看到单纯地讨论公积金取消不取消是没有意义的。而是要考虑如何通过改革建立一个既支持企业降低运行成本，又使职工有更好的福利回报，同时更加健康完善的社会公共福利系统，建立一个更加宏大、高质量的长期资本市场。我们讨论的疫情时期的企业减负，也并不是一个笼统的取消或延缓公积金企业缴存6%的概念，而是把取消公积金制度和建立完善的年金制度一并提出，形成平滑转移，实现资源优化配置，把百姓、企业创造的财富最大限度地加以利用，并让它为国家、企业、个人创造更大的价值。

总之，将公积金制度转化为年金制度，并不会损害每一个职工的利益，而是让职工福利有了更可靠的保障。与此同时，年金既有对企业的短期价值，更具有对中国资本市场发展的长远价值。为此，取消公积金，建立年金制度，值得国家有关部门深入探讨、大胆创新、全面实施。

香港资本市场再出发

●

党的十八大以来的五年,是香港资本市场锐意改革、创造历史的五年。面对全球经济金融格局变化,香港充分发挥"连接中国与世界"的枢纽作用,推动资本市场创新发展,使香港的国际金融中心地位进一步巩固。总的来看,香港资本市场发生了五大积极变化。

一是市场规模快速增长。上市公司数量,2012年1 547家,2017年2 118家,增长37%;总市值,2012年22万亿港元,2017年34万亿港元,增长55%;日均成交额,2012年538亿港元,2017年883亿港元,增长64%(2017年第四季度日均成交额达1 073亿港元)。

二是投资者结构显著变化。交易所参与者占比大幅提升,从2012年的15.5%,提高到2017年的23.8%。本地投资者占比保持基本稳定,2012年占38.5%,2017年占36%。外地投资者占比有所下降,2012年占46%,2017年占40.2%;其中,内地投资者占比大幅提升,从2012年的3.9%,提高到2017年的8.7%。

三是制度机制改革蹄疾步稳。从沪港通、深港通到债券通,从收购伦敦金属交易所（LME）到实行"同股不同权"上市制度改革，无论对内地还是香港资本市场的对外开放，都具有里程碑意义。

四是交易品种更趋多元。已形成股票市场、债券市场、外汇市场、期货商品市场以及离岸金融市场等有机叠加的市场体系，香港交易所旗下定息及货币产品、大宗商品市场业务能力全面加强，交易、资产配置及风险管理工具更加完备。

五是经营效益全球最好。港交所成为全球市值最高的上市交易所，目前市值已超过3 200亿港元。净利润，2012年40.8亿港元，2017年74亿港元；股价，2012年底130港元，目前260港元，翻了一番。

这五年香港资本市场之所以取得令人瞩目的成就，根本原因在于抢抓发展机遇，深化改革开放，实现了与内地资本市场的互联互通，同时面向国际市场扩大了开放，体现了党的十八大、十九大精神，展示了香港金融界的能力与担当。

从深层次的制度层面看，"一国两制"是香港资本市场超常规发展的动力源泉。观察全球资本市场，股票市值与GDP的关系是有规律可循的：低收入国家的股票市值与GDP之比一般较低，市场经济发达国家则普遍较高，但比值大体在50%~300%。法国、德国、西班牙、韩国等，其股票市值通常占GDP的50%~100%。比如韩国，2017年股票市值1.5万亿美元，GDP 1.6万亿美元，比值92.8%。英国、美国、新加坡等，由于金融国际化程度高，其股票市值通常占GDP的100%~300%。比如新加坡，2017年股票市值7 872亿美元，GDP 3 337亿美元，比值236%。香港资本市场则出现另外一番景象，以2万多亿港元GDP，支撑了30多万亿港元市值，其比值达到15倍左右。这类似于上海3万亿元GDP、上交所总市值32万亿元，深圳2.2万亿元GDP、深交所总市值22万亿元。这在一定程度上表明，香港资本市场已成为中国资本市场的重要组成部分，成为内资企业、中资券商、内地投资者的主场。

过去五年，累计有349家内地企业在香港IPO，占港交所全部IPO的52%。内地上市企业数，从2012年的721家增至2017年的1051家，占全部公司的比重从46.6%提高到49.6%。内地上市企业总市值，从12.6万亿港元增至22.5万亿港元，占全部市值的比重从57%提高到66%。内地上市企业年度成交额，从6.6万亿港元增至12.3万亿港元，占总成交额的比重从49.8%提高到56.8%。伴随内地上市企业的发展，中资券商也快速成长，港交所市值最大的10家上市券商全部为中资券商。在一级市场上，中资投行已成为主导者，占据了约70%的市场份额。

这五年的实践充分表明，"一国两制"给香港资本市场发展带来了独特机遇，给香港国际金融中心建设创造了制度优势。在"一国"的框架下，香港与内地的深度协作形成了其他任何国家和地区所不具备的纵深和腹地，全面开放体系建设也因为有了"防火墙"而更加可控；"两制"又保证了香港拥有高度开放自由的资本流动，具备完善的金融体系和透明的法律制度，完全符合国际金融市场的运行机制，在国际化发展道路上可行稳致远。

面向未来，无论从券商、上市公司还是投资者结构看，香港资本市场进入内资主导时代的趋势已不可避免。随着内资话语权的加强和市场结构的变迁，港股是否会A股化？香港已是国际金融中心，上海也在建设国际金融中心，会不会此消彼长？我的答案是：不会！因为在"一国两制"下，香港资本市场具有五大独特优势：一是货币的自由兑换，二是独立的司法制度，三是国际接轨的市场制度，四是充足的专业人才，五是公平的税务和优惠的政策。我们不能也不可能把香港变成和上海完全一样的市场。未来，香港是"中国的国际金融中心"，上海是"国际的中国金融中心"，这两个金融中心的互联互通会继续加深，形成相互依存和互补的关系，共同服务于现代化金融强国建设。

进入新时代，香港资本市场作为中国内地与境外市场的"超级联系人"，未来巨大的成长空间依然是基于在拥抱内地基础上的国际化。我国经济整体实力和国际地位的不断提高，都成为香港应对全球金融市场各种问题与挑战的强大底气支撑。习近平总书记明确指出，支持香港在推进"一带一路"建设、粤港澳大湾区建设、人民币国际化等重大发展战略中发挥优势和作用。[①] 中央已经明确新一轮推动金融业开放的重大举措，比如2018年5月1日起，把香港和内地股票市场互联互通每日额度扩大四倍，取消银行和金融资产管理公司的外资持股比例限制等，这都会给香港资本市场注入强劲动力。在"一国两制"下，香港资本市场应当继续发挥好五大功能。

一是成为支撑中国资本市场发展的动力源。内地企业在香港的融资占境外融资的90%以上，境外人民币50%以上的存量在香港。随着港股通甚至新股通、期货通的全面推开，会有越来越多的内地企业选择赴港上市，内地投资者在港交所的交易也会持续升温。目前，香港上市企业总市值相当于中国GDP的40%。未来十几年，中国GDP将达200万亿元规模。如果香港资本市场继续保持40%的比例，整个市场容量将达80万亿元。香港资本市场应充分发挥好内地企业来港上市、发债等融资功能。比如，加大吸引内地"同股不同权"类公司在香港上市，既增强香港市场对内地"新经济"发展的支持，也为未来A股市场引入"同股不同权"制度起到探路作用。

二是成为中国内地向境外投资的桥头堡。中国已变身为"资本

[①] 习近平总书记出席"庆祝香港回归祖国20周年大会暨香港特别行政区第五届政府就职典礼"时的致辞。

充裕"的国家,大量的财富纷纷从银行储蓄、房地产市场向股票、债券等金融资产转移,也开始走向境外配置分散投资风险。与此同时,随着中国资本市场的对外开放和人民币国际化的步伐加快,境外投资者对于投资中国内地市场的意愿也日益增强。香港资本市场应当扮演好桥梁和纽带作用,让中国人通过香港投资世界,让世界通过香港投资中国。

三是成为内地企业打造跨国公司的资管中心。凭借开放的国际制度环境,香港可助力新经济企业构建区域总部,为内地企业利用好内地市场和香港市场的各自优势提供更多选择。充分发挥香港资本市场制度灵活的便利,为中国企业收购境外同行与先进技术、寻找境外战略合作伙伴、进行全球化布局搭建平台。

四是成为全球最具影响力的离岸金融中心。当前,人民币国际化进程正不断加速,人民币成为全球通用的贸易、投资和储备货币已不可逆转。作为全球主要离岸人民币中心,香港必须顺应这一大势,充分利用资金进出自由的优势、国际资金港的地位,大力发展人民币汇率、利率产品,配合在岸人民币市场发展,成为未来全球最重要的离岸人民币定价中心。应当建设和营运好人民币清算中心,既有利于国家掌控人民币国际化过程中可能出现的风险,也有利于巩固香港的国际金融中心地位。

五是成为支撑国家重大战略实施的助推器。在国家实施"一带一路"倡议、雄安新区、粤港澳大湾区等重大战略过程中,香港可以充分发挥自身的比较优势,主动参与到各类重大项目建设中去。比如,内地一些省市有资源优势、制造业优势,香港则有融资便利优势、专业服务优势,可以把这两种优势结合起来,共同参与重点项目建设。

总之,在中央政府的全力支持下,搭乘中国逐浪前行的高速航船，香港资本市场的发展潜力无限，香港作为国际金融中心的地位必将越来越巩固。我相信，随着香港和内地资本市场互联互通机制的持续深化，必将进一步拓展香港国际金融中心的深度、广度和厚度，为香港的长期繁荣发展奠定更加坚实的基础。

第四章

"数字化"重塑经济社会生态

"数字化"背景下经济社会发展的新特征、新趋势

●

所谓"数字化",是指大数据、人工智能、移动互联网、云计算、区块链等一系列数字化技术组成的"数字综合体"。结合所学知识和实践经验,我谈谈在"数字化"背景下的人类经济社会发展的新特征、新趋势。

一、云计算、大数据、人工智能和区块链
（一）云计算

云计算可以被理解成一个系统硬件,一个具有巨大的计算能力、网络通信能力和存储能力的数据处理中心（Internet Data Center,简称 IDC）。数据处理中心本质上是大量服务器的集合,数据处理中心的功能、规模是以服务器的数量来衡量的。

比如,2015 年北京市有 2 000 多万部手机、2 000 多万部座机、七八百万台各种各样上网的笔记本电脑和台式电脑,以及七八百万台家庭的电视机机顶盒。中国移动、中国电信等电信公司处理所有

北京市的上述信息的后台服务系统和数据处理中心拥有的服务器共计25万台。上海差不多也是20多万台。谷歌处理全世界的互联网大数据且需要进行智能化处理，它需要多少服务器呢？据悉，谷歌有150万台服务器分布在全世界七八个地方，现在正在建设的服务器还有100万台。

云计算有三个特点。第一，在数据信息的存储能力方面，服务器中能存储大量数据。第二，在计算能力方面，每个服务器实质上是一台计算机。与20世纪60年代、70年代世界最大的计算机相比，当代计算机的运算能力更强、占用空间更小。第三，在通信能力方面，服务器连接着千家万户的手机、笔记本电脑等移动终端，是互联网、物联网的通信枢纽，是网络通信能力的具体体现。

由此可见，数据处理中心、云计算的硬件功能，具有超大规模化的通信能力、计算能力、存储能力，赋予其虚拟化、灵活性、伸缩性的特点。服务商以IDC为硬件，以私有云、公共云作为客户服务的接口，向客户提供数据服务。就像居民通过水龙头管道向自来水厂买水一样，各类客户以按需购买的方式，利用IDC资源购买所需的计算量、存储量、通信量，并按量结算费用。资源闲置时也可供其他客户使用，这样就能够有效、全面、有弹性地利用云计算架构中的资源，既能同时为千家万户服务，又能使大量服务器不发生闲置。

（二）大数据

大数据之大，有静态之大、动态之大和运算之后叠加之大。数据量之大有三个要点。第一是数据量大，例如大英博物馆的藏书能全部以数字化的形式存储。第二是实时动态变量大。每一秒钟、每一分钟、每一小时、每一天，数据都在产生变化。全球70亿人约有六七十亿部手机，这些手机每天都在打电话，每天都在计算，每天都在付款，每天都在搜索。所有的动态数据每天不断叠加、不断丰富、不断增长。"量变会引起质变"，就像累积 60 张静态照片可以形成一秒钟的实时电影，大量静态数据的存放也会不断更新、累积，形成新的信息。第三是数据叠加处理后的变量之大。人们根据自身的主观需求，对动态的、静态的数据进行处理分析、综合挖掘，在挖掘计算的过程中，又会产生复核计算以后的新数据。这种计算数据也是数据库不断累计的数据。

总之，所谓大数据之大，一是静态数据，二是动态数据，三是经过人类大脑和计算机处理、计算后产生的数据，这三者共同构成大数据的数据来源。

大数据若要转化为有用的信息、知识，则需要消除各种随机性和不确定性。数据在计算机中只是一串英语字母、字符或者阿拉伯数字，可能是混乱的、无序的。数据应用一般有三个步骤：数据—信息，信息—知识，知识—智慧。

第一步，数据变信息。任何结构化、半结构化或非结构化的数据本身是无用的、杂乱无章的，但数据经过分析去除随机性干扰以后，就变成了有指向的信息。数据变信息的处理过程用的工具有滤波器、关键词，滤波以后提炼出相关的信息。第二步，信息中包含的规律，需要归纳总结成知识。知识改变命运，但知识不简单地等于信息。如果不能从信息中提取知识，每天在手机、电脑上看再多的信息也没用。第三步，有知识后要运用，善于应用知识解决问题才是智慧。综合信息得出规律是将信息转化为知识的过程。有的人掌握了知识，对已发生的事讲得头头是道，但是一到实干就傻眼，这是没智慧的表现。所谓智能，实际上就是在信息中抓取决策的意图、决策的背景等相关信息，最后在"临门一脚"时能够做出决策。

信息和知识是辅助决策系统，它们帮助人做出决策，人根据机器做出的决策实施，这就是智能化的过程。

所谓大数据蕴含着人工智能，就在于把杂乱无章的数据提取为信息，把信息归纳出知识，通过知识的综合做出判断，这就是大数据智能化所包含的三个环节。

（三）人工智能

第一，人工智能如何让数据产生智慧？大数据之所以能够智能化，能够决策，能够辅助决策，是因为在人工智能或计算机操作过程中有四个步骤：一是采集、抓取、推送，二是传输，三是存储，四是分析、处理、检索和挖掘。第一步，在大数据中不断地过滤出有一定目的意义的信息，也就是采集、抓取、推送。第二步、第三步是传输和存储，内涵不言自明。大数据之大，不是在抽屉里静态的闲置大数据，而是在云里存储、动态传输的大数据。第四步是分析、处理、检索和挖掘，关键技术在于算法。算法是辅助人类在非常繁杂、非常巨大的海量数据空间中，快速找到目标、路径和方法的工具。

第二，人工智能依靠大数据在分析、处理、检索和挖掘中产生智能的关键在于大数据、算法以及高速度的计算处理能力。没有数据和大数据的长期积累、重复验证，有智能管理也没有用；有了算法和大数据，没有高速度的计算能力也没有用。算法是人工智能的灵魂，它变得"有灵气"需要用大数据不断地"喂养"，不断地重复和训练。在这个意义上，大数据如果没有算法，就没有灵魂，就没有大数据处理的真正意义。

但是如果算法没有大数据来"喂养"，即使数学家想出好的算法，智能也未必有效。以柯洁与阿尔法围棋的人机大战为例，阿尔法围棋中的算法是来源于人类各种各样的棋谱、高明棋手的下棋步骤。人工智能工程师将这些数据全部放入谷歌的算法中运行，运行了几万次、几十万次。因为有网络深度学习的模块，每运行一次就聪明一点。这个过程是一个不断反复、不断学习的过程。

总而言之，人工智能、大数据和这些要素有关，转化为真正人工智能的时候，一靠大数据，二靠算法，三还要靠高速度。人类对工具使用的发展，本质上是一个计算能力不断提高的过程。

在农业社会，中国人曾用自己的聪明智慧发明了算盘。算盘一秒钟两三个珠子拨动，每秒计算两三下。到了工业社会初期，电被广泛运用。20世纪20年代，以继电器作为基本器件的计算机问世。继电器计算机震动频率非常高，每秒抖动几十次，比算盘快10~20倍。到了20世纪40年代，第二次世界大战期间，电子管问世。电子管计算机每秒可计算几万次，是继电器计算机的1 000倍，运算速度非常快。到了20世纪60年代，半导体问世，以三极管、二极管为元器件的电脑，一秒钟能运算几十万次到几百万次。到了20世纪80年代，半导体芯片问世，集成电路计算机的运算速度到达每秒几千万次甚至几亿次。中国的超算在10年前达到了亿次，2015年前后到了10亿亿次，最新推出一个超算系统已经超过100亿亿次。但是，超级计算机不是一个芯片、一个电脑的运算速度，而是几千个电脑、几千个服务器组合而成一个矩阵和一个算法。超级计算机能够做到一秒钟10亿亿次、100亿亿次，但单个芯片难以达到每秒运算10亿亿次。

我们为什么非常重视一个芯片每秒能计算10亿亿次呢？在2012年出版的《奇点临近》一书中提到，大概二三十年后，人造机器的计算速度将超过人脑。作者提出，人脑的运算速度是每秒计算10亿亿次。当计算机到了每秒计算10亿亿次以上时，其运算速度将超过人脑，拐点就会到来。大家讨论人工智能最终能不能超过人类智能，人是不是会被人工智能圈养，各有各的说法。从科学的角度讲，人工智能的计算能力不断增强，是人对工具使用的智慧不断发展的结果。强大的计算能力、大数据、算法连在一起，超越了几千小时、几万小时、几十万小时，人无法等待的时间，使得大智慧逐步发展。

第三，云计算、大数据、人工智能的软件植入在云计算厂商提供的数据处理中心硬件中，对客户形成三种在线服务。云计算的云是一个硬件，是一个具有通信能力、计算能力、存储能力的基础设施。云中除了存放大数据之外，同时提供各种各样的算法作为一种服务软件处理。大数据公司往往在搜集、组织管理了大量数据的基础上，使用人工智能算法后为客户提供有效的数据服务，形成一个大数据的服务平台。所谓的人工智能公司，往往是依靠大数据平台支撑提供算法服务，算法软件也是一种服务。它们共同形成了"数字化"的三大功能：第一个是IaaS，是基础设施作为使用的服务；第二个是PaaS，是大数据的平台作为使用的服务；第三个是SaaS，算法软件也是一种服务。这三个词组代表了"数字化"三兄弟，三种功能不同的软件。

当然，"数字化"也离不开互联网、移动互联网和物联网。一句话解释就是，互联网的时代是PC（个人电脑）时代，移动互联网的时代是手机加笔记本电脑的时代，物联网时代就是万物万联的时代。

（四）区块链

区块链本质上是一个去中心化的分布式存储数据库，它打破了中心化机构授信，通过数据协议、加密算法、共识机制，点对点地传输到这个区块中的所有其他节点，从而构建一种去中心化、不可篡改、安全可验证的数据库，建立一种新的信任体系，这种信任体系表现为五个特征。一是开放性。区块链技术基础是开源的，除了交易各方的私有信息被加密外，区块链数据对所有人开放，任何人都可以通过公开接口查询区块链上的数据和开发相关应用，整个系统信息高度透明。二是防篡改性。任何人要改变区块链里面的信息，必须要攻击或篡改51%链上节点的数据库才能把数据更改掉，难度非常大。三是匿名性。由于区块链各节点之间的数据交换必须遵循固定的、预知的算法，因此区块链上节点之间不需要彼此认知，也不需要实名认证，而只基于地址、算法的正确性进行彼此识别和数据交换。四是去中心化。正因为区块链里所有节点都在记账，无须有一个中心再去记账，所以它可以不需要中心。五是可追溯性。区块链是一个分散数据库，每个节点数据（或行为）都被其他人记录，所以区块链上的每个人的数据（或行为）都可以被追踪和还原。

按照目前的应用场景，区块链可以分成三大类。

一是公有链。主要指全世界任何人都可以读取、发送信息（或交易）且信息（或交易）都能获得有效确认的，也可以参与其中的"共识过程的区块链"。

二是私有链，也称专有链。它是一条非公开的链，通常情况，未经授权不得加入（成为节点）。而且，私有链中各个节点的写入权限皆被严格控制，读取权限则可视需求有选择性地对外开放。

三是联盟链。联盟链是指由多个机构共同参与管理的区块链，每个组织或机构管理一个或多个节点，其数据只允许系统内不同的机构进行读写和发送。

就当下而言，区块链涉及四大技术领域。

一是分布式账本技术。人类社会发明的记账技术先后有四种。早在原始社会时，人类发明了"结绳记账"，农业社会时发明了"记流水账"，工业社会时发明了"复式记账"。复式记账的平衡表使账目一目了然，适应了工业社会的企业管理，但它避免不了经理人与会计可能从原始数据源头造假。分布式账本是一种在网络成员之间共享、复制和同步的数据库。分布式账本一起记录参与者间的数据行为（如交易、资产交换行为等），这种技术所内含的防篡改、可追溯特性从源头上杜绝了造假的可能，而共享机制降低了"因调解不同账本"所产生的时间和成本。

二是非对称加密技术。存储在区块链上的交易信息是公开的，但每个账户的身份信息是高度加密的。单个账户只有在拥有者授权的情况下才能访问到，从而保证数据的安全和个人隐私。

三是共识机制技术。开发者必须首先考虑用怎样的技术可以使更多人对一种规则达成共识，同时还要考虑通过多少个特殊节点的确认，才能在很短的时间内实现对数据行为的验证，从而完成一笔交易。一般而言，区块链技术需要若干利益不相干的节点对一笔交易进行确认，如果确认就认为达成共识，认为全网对此也能达成共识，这样才算完成一笔交易。

四是智能合约技术。基于大量可信的、不可篡改的数据，可以自动化地执行一些预先定义好的规则和条款，比如彼此间定期、定息、定额的借贷行为。

区块链技术属于信息技术、记账技术。从应用视角来看，基于区块链能够解决信息不对称问题，实现多个主体之间的协作信任与一致行动，无论是公有链、私有链，还是联盟链，其首要目标是确保信息数据的安全、有效、无法篡改。目前，区块链技术在社会中的应用场景主要有以下几方面。

一是金融。金融已经数字化了，所以这是区块链应用最为得心应手的领域。目前，在国际汇兑、信用证、股权登记和证券交易所等领域已经开始尝试使用区块链技术，区块链在金融领域有着巨大的潜在应用价值。人们的探索是，将区块链技术应用在金融领域是否可以"省去中介环节"，实现点对点对接，在降低交易成本的同时，更加快速地完成交易。例如，利用区块链分布式架构和信任机制，可以简化金融机构电汇流程，尤其是涉及多个金融机构间的复杂交易。

二是供应链和物流。区块链在物联网以及物流单据管理领域也有得天独厚的优势，企业通过区块链可以降低物流单据管理成本，可以监控和追溯物品的生产、仓储、运送、到达等全过程，提高物流链管理的效率。另外，区块链在供应链管理领域也被认为具有丰富的应用场景，比如上下游之间的直接交易可以加大透明度，提高信任和效率，如果区块链中包含供应链金融，那将大大提高金融的效率，同时降低金融机构和企业的信用成本。

三是公共服务。区块链在公共服务、能源、交通等与民众生活息息相关的信息领域也有较为丰富的应用场景。比如，目前由于信任缺失，中心管理者有时无法确定民众反映的需要解决的问题是个性问题还是共性问题，但使用区块链技术之后，这个问题可能瞬间就可以找到正确答案。

四是认证和公证。区块链具有不可篡改的特性，可以为经济社会发展中的"存证"难题提供解决方案，为实现社会征信提供全新思路，存在很大的市场空间。比如，最近，腾讯推出了"区块链电子发票"，成为区块链技术应用的"爆款"。

五是公益和慈善。区块链上分布存储的数据的不可篡改性，天然适合用于社会公益场景。公益流程中的相关信息，如捐赠项目、募集明细、资金流向、受助人反馈等信息，均可以存放在一个特定的区块链上，透明、公开，并通过公示达成社会监督的目的。

六是数字版权开发。通过区块链技术可以对作品进行鉴权，证明文字、视频、音频等作品的存在，保证权属的真实性和唯一性。作品在区块链上被确权后，后续交易都会进行实时的分布式记录，实现数字版权的全生命周期管理，也可为侵权行为的司法取证提供技术保障。

七是保险。在保险方面，保险机构负责资金归集、投资、理赔等过程，往往管理和运营成本较高，但区块链技术有可能提高效率、降低成本；尤其在理赔方面，通过区块链实现"智能合约"，则无须投保人申请，也无须保险公司批准，只要投保人行为触发符合规定的理赔条件，即可实现当即自动赔付。

八是信息和数据共享。目前，全国各级政府公共信息资源平台在大力整合，目的是使各个信息系统之间的信息有效共享，节约存储空间和提升使用效率。在实现技术上，如果能够利用区块链分布式的特点，既可以打通监管部门间的"数据壁垒"，破除"数据孤岛"，实现信息和数据共享，还能提升公众调取政府公开资源的效率，减少资金浪费。

总体而言，区块链通过创造信任来创造价值，使离散程度高、管理链条长、涉及环节多的多方主体能够有效合作，从而提高协同效率、降低沟通成本。

二、"数字化"的"五全基因"及其颠覆性作用

"数字化"主要包含大数据、人工智能、移动互联网、云计算、区块链等技术。关于这几者之间的关系，如果将"数字化"平台用人体来类比，互联网、移动互联网以及物联网就像人类的神经系统，大数据就像人体内的五脏六腑、皮肤以及器官，云计算相当于人体的脊梁。没有网络，五脏六腑与脊梁就无法相互协同；没有云计算，五脏六腑就无法挂架，成了孤魂野鬼；没有大数据，云计算就是行

尸走肉、空心骷髅。有了神经系统、脊梁、五脏六腑、皮肤和器官之后，加上相当于灵魂的人工智能——人的大脑和神经末梢系统，基础的"数字化"平台就成形了。而区块链技术既具有人体中几万年遗传的不可篡改、可追溯的基因特性，又具有人体基因的去中心、分布式特性。就像更先进的"基因改造技术"，从基础层面大幅度提升大脑反应速度、骨骼健壮程度、四肢操控灵活性。"数字化"平台在区块链技术的帮助下，基础功能和应用将得到颠覆性改造，从而对经济社会产生更强大的推动力。

为什么"数字化"基础平台会有如此强大的颠覆性？研究表明，"数字化"基础平台实际存在"五全特征"：全空域、全流程、全场景、全解析和全价值。所谓"全空域"是指：打破区域和空间障碍，从天到地、从地上到水下、从国内到国际可以泛在地连成一体。所谓"全流程"是指：关系到人类所有生产、生活流程中每一个点，每天24小时不停地积累信息。所谓"全场景"是指：跨越行业界别，把人类所有生活、工作中的行为场景全部打通。所谓"全解析"是指：通过人工智能的搜集、分析和判断，预测人类所有行为信息，产生异于传统的全新认知、全新行为和全新价值。所谓"全价值"是指：打破单个价值体系的封闭性，穿透所有价值体系，并整合与创建出前所未有的、巨大的价值链。现代信息化的产业链是通过数据存储、数据计算、数据通信跟全世界发生各种各样的联系，正是这种"五全"特征的基因，当它们跟产业链结合时形成了产业链的信息、全流程的信息、全价值链的信息、全场景的信息，成为十分具有价值的数据资源。可以说，任何一个传统产业链与这五大信息科技结合，就会立即形成新的经济组织方式，从而对传统产业构成颠覆性的冲击。

总之，大数据、云计算、人工智能下的现代互联网体系，具有颠覆性作用。现在的互联网数字平台，下一步在5G（第五代移动通信技术）时代还会进一步形成万物万联体系，其终端连接数比现在人类的手机、平板、笔记本电脑的连接数将超过上百倍、上千倍。人类的互联网产业也因此将从to C（面向用户）型的消费类互联网发展为to B（面向企业）型的产业类互联网。而在产业互联网时代，这种颠覆性功能将更为突出。我们常常说的颠覆性产业，主要就是指具有以上五全信息的网络数据平台产业，这五全的信息在与工业制造相结合时，就形成工业制造4.0；与物流行业相结合，就形成智能物流体系；与城市管理相结合，就形成智慧城市；与金融结合，就形成金融科技或科技金融。在与金融相结合的时候，无论是金融业务展开的价值链也好，产业链也好，把这五全信息掌握在手里再开展金融的服务，金融安全度将比没有五全信息的人工配置的金融服务系统安全信息要高，坏账率要低，各方面的系统性风险的平衡要更好，这是一个基本原理，这也就是我们为什么要非常睿智地、前瞻性地看到科技金融、数据金融平台具有重大的里程碑意义的经济前景。

三、"数字化"对人类社会的五个方面影响

总体上，就人类社会发展而言，"数字化"有五个方面值得重视。

（一）颠覆全球个人支付方式

在数字化浪潮来临之前，我国个人支付主要通过纸币、储蓄卡、信用卡来完成。2002年，在合并了全国银行卡信息交换总中心和18家城市（区域）银行卡网络服务分中心的基础上，我国组建了银联公司。银联创立之后，自主建成银行卡跨行交易清算系统，推广了统一的人民币银行卡标准，在传统支付领域发展迅速，促进了经济

社会不断进步。但在创新支付领域如互联网支付、手机支付、二维码支付等方面进展缓慢。

随着我国移动互联网领域的技术进步与应用普及，基于手机的支付方式走进了生活的每个角落，新的支付方式已经占据主流地位。以支付宝、微信支付为代表的移动支付已经覆盖14亿人。从线上到线下，从家庭日常水电气话费支付到交通、旅游、酒店、餐饮，移动支付凭借其高效便捷的支付体验，打破了传统支付方式在空间、时间上的局限性。2018年中国移动支付规模约39万亿美元，而美国则是1 800亿美元，差距达到数百倍。我国的电子支付系统已经全球领先。如今，有中国人的地方就有移动支付。在欧美、日韩、东南亚等全球数十个国家和地区的线下商户门店，支付宝、微信支付的范围几乎可以涵盖餐饮、超市、便利店、主题乐园、休闲等各类吃喝玩乐消费场景。

移动支付使个人的资金往来信息沉淀下来成为信用数据，使企业在业态层面有了极大的创新——所有权与使用权分离。这就是共享单车、共享办公等共享业态能够出现并蓬勃发展的基础。企业在销售商品或服务时，不再需要卖掉所有权，而只需要卖掉某一个时段的使用权。未来，共享家具、共享工具、共享智力等各类共享业态在移动支付的助推下，将迎来更大的发展机遇。

随着区块链技术在金融领域的逐步渗透，个人跨境转账的底层技术实现方式也开始被改写。过去，个人跨境转账需要跨越支付机构、银行和国际结算网络，整个过程由于串行处理而效率低下。而现在，区块链技术可以作为支付机构与商业银行之间的接口技术。跨境汇款中的多方通过区块链技术将汇款报文传递给各参与方，从而实现多方协同处理信息，将原本机构间的串行处理并行化，提高信息传递及处理效率。

但是，在新的支付方式高速发展的同时，也要尊重人对支付方式的选择性。随着移动支付的普及，部分商家开始热衷于"无现金"，拒收现金的现象也随之增多。根据《中华人民共和国人民币管理条例》，任何单位和个人不得以格式条款、通知、声明、告示等方式拒收人民币。拒收现金的行为不仅损害消费者的合法权益，从长远看还会危及金融安全。同时，由于移动支付的基础是电力设施、数据中心、网络系统，一旦发生意外如地震、断电、人祸导致移动支付无法使用，将会给社会带来严重后果。

（二）重塑贸易清结算体系

在数字化时代，不仅需要改变个人支付方式，企业间、国家间的支付结算方式也需要进行重塑。企业在开展国际贸易外汇结算时，会面临是两国货币直接支付结算，还是以美元为中间价结算的问题。在人民币跨境支付系统（CIPS）上线之前，人民币跨境清算高度依赖美国的SWIFT（环球同业银行金融电讯协会）系统和CHIPS（纽约清算所银行同业支付系统）。SWIFT成立于1973年，为金融机构提供安全报文交换服务与接口软件，覆盖200余个国家和地区，拥有近万家直接与间接会员，目前SWIFT系统每日结算额达到5万亿~6万亿美元，全年结算额约2 000万亿美元。CHIPS是全球最大的私营支付清算系统之一，于1970年建立，由纽约清算所协会经营，主要进行跨国美元交易的清算，处理全球九成以上的国际美元交易。SWIFT系统和CHIPS汇集了全球大部分银行，以其高效、可靠、低廉和完善的服务，在促进世界贸易的发展、加速全球范围内的货币流通和国际金融结算、促进国际金融业务的现代化和规范化方面发挥了积极的作用。

但是高度依赖SWIFT系统和CHIPS存在一定风险。首先，

SWIFT系统和CHIPS正逐渐沦为美国行使全球霸权，进行长臂管辖的金融工具。从历史上看，美国借助SWIFT系统和CHIPS系统发动了数次金融战争。2006年，美国财政部通过对SWIFT系统和CHIPS的数据库进行分析，发现欧洲商业银行与伊朗存在资金往来，美国随即以资助恐怖主义为借口，要求欧洲100多家银行冻结伊朗客户的资金，并威胁将为伊朗提供金融服务的银行列入黑名单。随后全球绝大多数银行断绝了和伊朗金融机构的所有业务往来，伊朗的对外金融渠道几乎被彻底切断。2014年乌克兰危机中，美国除了联合沙特将石油价格腰斩外，更威胁将俄罗斯排除在SWIFT系统之外，随后俄罗斯卢布大幅贬值，经济受到严重负面影响。其次，SWIFT系统是过时的、效率低下、成本极高的支付系统。SWIFT系统成立50年以来，技术更新缓慢，效率已经比较低下，国际电汇通常需要3~5个工作日才能到账，大额汇款通常需要纸质单据，难以有效处理大规模交易。同时SWIFT系统通常按结算量的万分之一收取费用，凭借垄断平台获得了巨额利润。

所以说，在当前数字化浪潮的大趋势下，依托技术更新缓慢、安全性难以保证的SWIFT系统和CHIPS是没有前途的。在大数据平台、区块链技术的驱动之下，构建形成一个新的清结算网络已经成为当前许多国家的共识。区块链技术具有去中心化、信息不可篡改、集体维护、可靠数据库、公开透明五大特征，在清结算方面有着透明、安全、可信的天然优势。目前全球已有24个国家政府投入并建设分布式记账系统，超过90个跨国企业加入不同的区块链联盟中。欧盟、日本、俄罗斯等国正在研究建设类似SWIFT系统的国际加密货币支付网络来取代它，越来越多的金融机构和区块链平台正在通过区块链试水跨境支付，用实际行动绕开SWIFT系统和CHIPS全球支付体系。

（三）改革全球货币发行机制

货币是国家与国家、地区与地区、人与人之间发生社会关系、交换关系所必不可少的媒介。原始社会没有货币，通过皮毛、贝壳等稀缺的物质来进行交换，但交换的媒介始终无法统一，制约了生产力的发展。农业社会开始以黄金、白银或铜币等贵金属作为货币中介。工业社会后，商品价值量越来越大，用黄金等贵金属作为货币难以承载巨大的交易规模，纸币随之出现。20世纪80年代，货币的电子化越来越发达，电子钱包、信用卡、借记卡、手机支付迅猛发展。时至今日，以比特币、Libra（脸书推出的虚拟加密货币）、央行数字货币为代表的数字货币开始出现，货币迎来了数字化时代。

那么货币发行的基础是什么呢？以前货币依靠金、银等贵金属作为锚定物。20世纪70年代布雷顿森林体系瓦解以后，货币发行的基础变成了与国家主权、GDP、财政收入相挂钩的国家信用。美国凭借强大的军事、经济，通过美元垄断了全球石油美元结算和大部分国际贸易结算，美元成为事实上的"全球货币"。

在数字时代，有部分企业试图通过发行比特币、Libra挑战主权货币，这种基于区块链的去中心化的货币脱离了主权信用，发行基础无法保证，币值无法稳定，难以真正形成社会财富。本人不相信Libra会成功。对主权国家来讲，践行货币国家发行权的最好办法是由政府和中央银行发行主权数字货币。在全球央行发行主权数字货币的过程中，除了要提高便捷性、安全性之外，还要制定一种新的规则，使数字货币能够与主权的信用挂钩，与国家GDP、财政收入、黄金储备建立适当的比例关系，通过某种机制，遏制滥发货币的局面。

目前我国央行推出的数字货币DC/EP是基于区块链技术推出的

全新加密电子货币体系。DC/EP 将采用双层运营体系，即人民银行先把 DC/EP 兑换给银行或者是其他金融机构，再由这些机构兑换给公众。DC/EP 的意义在于它不是现有货币的数字化，而是 M0 的替代。它使得交易环节对账户依赖程度大为降低，有利于人民币的流通和国际化。同时 DC/EP 可以实现货币创造、记账、流动等数据的实时采集，为货币的投放、货币政策的制定与实施提供有益的参考。人民银行对于 DC/EP 的研究已经有五六年，我认为已趋于成熟。中国人民银行很可能是全球第一个推出数字货币的央行。

（四）推动智慧城市发展

智慧城市概念源于 2008 年 IBM（国际商业机器公司）提出的"智慧地球"理念，是数字城市与物联网相结合的产物，被认为是信息时代城市发展的大方向、文明发展的大趋势。其实质就是运用现代信息技术，推动城市运行系统的互联、高效和智能，赋予城市智慧感知、智慧反应、智慧管理的能力，从而为城市人创造更加美好的生活，使城市发展更加和谐、更具活力、更可持续。智慧城市是新型城市化的升级版，是未来城市的高级形态，以大数据、云计算、互联网、物联网等新一代信息技术为支撑，致力于城市发展的智慧化，使城市具有智慧感知、反应、调控能力，实现城市的可持续发展。从战术层面推进智慧城市建设，还务必要把握其内在逻辑规律，抓住两个关键点。

第一，智慧城市建设的基础是万物互联。世界是普遍联系的，事物的普遍联系和相互作用，推动着事物的运动、变化和发展。随着手机等智能终端和移动互联网的普及，全球 70 多亿人口已打破地域限制，实现了人与人跨时空的即时互联，这深刻改变了人类社会的形态和生产生活方式。当前，我们正步入物联网时代，5G、物联网、云计算、大数据、人工智能等现代技术的迅猛发展，让物理世界数字化、智能化成为可能，推动自然世界与人类社会深度融合，从而将人与人之间的沟通连接逐步扩大到人与物、物与物的沟通连接，一个万物互联的时代即将到来。智慧城市正是以此为支撑的城市形态。推动智慧城市建设，必须全面掌握并熟练运用互联网时代的新技术、新理念、新思维，更加科学主动地推动"城市"与"智慧"融合，否则，很难有大的突破。

第二，智慧城市建设可分为四个阶段循序渐进。从大逻辑来讲，智慧城市建设起码要经历四步，首先让城市的物能说话，其次让物与物之间能对话，再次让物与人能交流，最后让城市会思考。这决定了智慧城市建设分为四个版本：1.0版是数字化，这是智慧城市的初级形态，目的是让我们生活的世界可以通过数字表述出来；2.0版是网络化，就是通过网络将数字化的城市要件连接起来，实现数据交互共享；3.0版是智能化，就是在网络传输的基础上实现局部智能反应与调控，如智能收费、智能交通、智能工厂等；4.0版是智慧化，就是借助万物互联，使城市各部分功能在人类智慧的驱动下优化运行，到了这个版本，智慧城市才算基本建成。这四个版本，前一版是后一版的基础，但又不是截然分开、泾渭分明的。推进智慧城市建设，要循序渐进、适度超前，但不要好高骛远、急于求成。

（五）医疗保健的根本性变化

人类的智慧使自己更加长寿。250万年前，非洲猿人迁移到世界各地。真正进化成跟现代人差不多的智人是在一万年前后。猿人的平均寿命是十几年，史前的智人、原始社会的部落人群的平均寿命延长到20多年，翻了一倍。到了农业社会，生活条件改善，人类的平均寿命能够到40岁左右，所以那时的古语是"人生七十古来稀"。

到工业社会寿命又翻一番，现代社会人的平均年龄在 70 多岁，接近 80 岁。未来，人类的平均年龄正在往 100 岁、120 岁延长，《奇点临近》里提出，人类身上的每个元器件正常的生物学寿命是 150 岁，为什么活到六七十岁就死了，是因为某一个部件出了问题，带动了整个身体死亡。现在，随着人工智能的发展，有生命特征、生物特征的微观智能器件可以替换人的五脏六腑。什么零件坏了就换什么零件，最后，人的平均年龄可以上升到 120 岁，到那个时候，遇上 150 岁的长寿老人也不稀奇了。

"数字化"会给人类的医疗保健带来巨大的推动作用。人类有免疫系统，有 1/3 的疾病其实不治疗也会自愈；有 1/3 的疾病即便治疗了也不能痊愈，医生没有能力治愈它；还有 1/3 的疾病不治疗就不会好，治疗了才能痊愈，所以正常的医疗体系应该在这 1/3 治疗了才能痊愈的方面发挥主体功能。同时，应该充分利用大数据、云计算、远程诊断的作用，把不治疗也会痊愈的疾病和治疗了也无济于事的疾病处置清楚。这其实就是人类医疗技术的进步，既能节约大量的医保经费、社会保健费用，又能够使人类最终延长生命。

人们常说，农业化使人活下来，工业化使人强起来，智能化使人聪明起来。这一说法大体确切，但不精确，因为人类的每一个进步，都是在不断地聪明起来。人类智能的不断提高，使人类从旧石器时代发展到新石器时代，从青铜器时代发展到铁器时代，从农具时代发展到机器发动机时代，才有了使用工具的不断进步；人类智能的不断提升，使人类从史前利用自然雷火到钻木取火，再到利用煤炭、石油、天然气、风力、水力、核能等能源的能力不断提升。人类自身的发展和进步，本质特征是大脑智慧的发育、发展，由于智能的提升，人类产生了语言、文字。因为有了语言、文字，人类的智慧知识有了交流、传递和积累，所以产生了迷信图腾或宗教信仰，抑或是理想信念、价值观的信仰；因为人类有了语言、文字和智慧，所以产生了人类社会和组织。正是人类智慧的发展，产生了人工智能，产生了"数字化"时代。总之，人类在创造和驾驭工具中发展自己的能力。在智慧的光芒中发展人工智能，不用担心人工智能的智慧发展超越人类。人类智慧的发展史证明，人类一定会在工具的智能化发展中变得更智慧。

四、"数字化"对产业发展的影响

"数字化"时代使我们进入了一个数据价值时代，数据就像传统资源、能源一样有价值，成为企业竞争力的一种标志。大数据能使我们的工作更加精确，大大提升工作效率；能告知我们事物间的因果关系，让我们在不明确因果关系时了解事物间的相关性，从而增强预测性；能帮助企业把握全流程、全场景、全产业链、全样本信息的能力，而不仅仅是抽样调查的信息；能使工业制造由客户选择定制产品，使电子商务更加智能，使产业链金融、贸易支付、信用媒介更加安全，付款周期更短，货物周转成本加快下降。数据挖掘形成的智能特性，不仅能帮助人快速找信息（搜索引擎），也能帮助信息找人（推荐引擎），具有机器懂人的智慧，从而主动帮助人们解决问题，做好人们该做但还没想到的事情。就产业发展而言，有三个方面值得重视。

（一）工业4.0："数字化"背景下的工业制造业

在大数据、云计算的背景下，产业和企业的特征发生了一些重要的变化，这方面的第一个变化发生在制造业，即"工业4.0"。能被称为"工业4.0"的企业，一般具有互联、数据、集成、转型四大特点。企业的仪表、生产线、车间、管理部门、供应链、研发、运营、产品、客户、消费者的数据和信息互联互通，并实时集成、反馈，使整个工厂企业从传统制造转向个性化定制，实现生产过程柔性化、个性化。具有这种功能的"工业4.0"企业，充分利用了云计算、大数据、物联网、人工智能、工业机器人、智能传感器、机器视觉数据采集器、智能物流、网络安全等信息技术。"工业1.0"是蒸汽机时代；"工业2.0"是电气化时代，是有了电动机、发电机，有了电以后的电气化时代的工业；"工业3.0"是自动化时代；"工业4.0"是智能化时代。

最经典的"工业4.0"的案例是现在的集成电路的制造厂。生产12寸芯片的企业，其投资额小则70亿美元，大则150亿美元，占地面积差不多一平方千米。150亿美元投资一座芯片厂，100万平方米的厂房划分成几个车间，面积非常大，里边的机器设备布置得满满当当。但是整个厂区里面看不到多少人，厂内全是机器人在运转。10多年前，我们参观集成电路厂车间还有很多穿着白大褂的人，一个车间至少可以看得到几十个人，整个集成电路厂内各个车间有几百人同时上班。现在，150亿美元投资的一个大型集成电路企业，一个盘片从投入制造到流水线出来变成芯片，需要24小时在机器人的搬运操作下不断地运转，周转几万道工序，共20多天，才能变成产品，从流水线上下来。社会上每一个客户需要什么样的芯片，只要客户一下订单，芯片的样图设计，原材料、辅助材料的供应，以及下游封装测试的去向定位，都在电脑里安排好了。信息都是连接的，配送好就送进了工厂。工厂里面的机器人流水线全部协同运作。

关键是，每一个芯片的尺寸看上去只是一个点，非常小。但是它内含着非常复杂的图形，一放大开来，这个图纸堆起来一叠像一座房子，非常复杂。每一个芯片的图纸都需要归档，一个12寸的硅片一般可以做几百、几千个芯片。一个大型芯片厂一个月消耗15万张盘片，一年消耗180万张盘片，做出来的芯片数量是几亿、几十亿个。每个芯片的档案都在云计算数据库里存放着，任何时候都能调取，信息终身留存。了解芯片工厂就能知道"工业4.0"的特征——各种资源配置都能够互联互通、集成运作。

因此，"工业4.0"是当代人类社会机器人运作的最高境界，这种境界有三个特征。一是车间里几乎没有人，全是机器人，机器人代替人进行高精尖的运转。二是整个车间、整个工厂可以算成一个人。整个工厂大脑自动地决策思考怎么操作，怎么运算物流，可以把整个工厂当成一个人在自动化地运转。三是跟整个市场密切联系。产品的需求，市场的定制需求、个性化要求，都在事先设计之中。在流水线中运行的芯片不是批量生产，不是按同一批次、同一种芯片生产，而是每一个盘片所对应的芯片都是有不同要求的，输入指令后，机器人能够进行非常高速度的运作和个性化的生产。

（二）产业链集群："数字化"背景下的加工贸易集群化转型

在"数字化"的背景下，传统的加工贸易、来料加工的转型升级，也会发生重大的变革。在20世纪80年代末、90年代初，中国制造业发展的重心是加工贸易，即来料加工。它的运作特点是从外国进口零部件、原材料，在中国沿海加工，加工后产品销售到全世界，所以叫"两头在外，大进大出"。它的原理是，制造工业进入了水平分工阶段，一个整机产品中的各种零部件、原材料制造，包括物流，不能由一个企业、一个公司大包大揽，这是成本最高的方式，而应该把每个环节分包给最能干这个业务的企业。外包的过程就可能是把一个电脑一千个零部件分包给七八百个企业。让这些专业化的企业专业生产这些部件，产品质量又好，成本又低，规模又大。按照这个原理，就出现了大进大出，零部件、原材料在全世界，组装基地在中国内地。

传统加工贸易的缺点是什么？一是全球性布局上、中、下游产业链体系的物流成本偏高，二是产业链黏合度较脆弱。物流过程中总会遇到刮风下雨，总有延误。同时，物流当然会有物流成本，全球性大进大出物流成本太高，绝不会因为石油能源价格低了，运输就没有成本了。时间也是成本，运输能源也是成本，还有各种各样的运输事故损耗带来的不测也是成本。所以，这个世界是平的，也是不平的。哪个地方适合发展垂直整合一体化的基地？一是销地产，在大规模的市场销售地搞基地。二是在原材料、零部件体系配套的地区搞基地。一个成功的、有竞争力的基地往往物流半径、原材料半径、服务半径在一两个小时的半径内形成集群，这样才是最有效率的。这种产业链垂直整合的集群式发展，不仅可以使产业链的上中下游企业之间的资源要素实现有机整合，避免行业内的供需错配，使供给更加精准有效，还能通过产业链条上生产技术和工艺的良性竞争，推动企业不断创新，促进优胜劣汰，延长产业的寿命周期，实现产业能级的快速跃升。更具现实意义的是，能够有效降低物流等成本，补齐创新等短板，形成核心竞争力。产业集群发展模式，能为地方政府调结构、转方式起到核心支撑作用，并具有持久的竞争力和生命力。

具体方式上，要推动三种集群。首先是上游、中游、下游的产业链集群。比如说汽车产业，一辆汽车有上万个零部件。如果要形成支柱，就要把上游零部件产业的70%~80%都实现本地化生产，形成上游、中游、下游产业链集群。其次是促使同类产品、同类企业扎堆形成集群。当一个大产品产业链集群形成之后，它的上游原材料、零部件配套产业既可为龙头企业服务，也可为其他同类企业服务，这就有条件把同类产品、同类企业扎堆落户，形成集群。因此，只要形成了这种同类企业集群，即使有个别龙头企业遇到困难，只要产业整体是稳定的，是持续向上的，整个产业集群也能健康发展，从而能避免一个地区的经济大起大落，进出口大起大落。最后是围绕制造业形成生产性服务业和制造业集群。任何一个产业领域都会有研发、生产、物流、销售、结算等生产性服务业多个环节。比如，产品在全球销售、在全国销售，就会造成与结算、物流相关联的各种各样的服务型企业集聚扎堆，要围绕着制造业集群来布局，并促进生产性服务业企业集群化。

总之，企业三大集群的发展方式，实现了现代产业水平分工和垂直分工两种理论的完美结合。企业不可能"大而全""小而全"。为此，过去龙头企业及品牌企业抓住品牌、研发和销售结算体系，把各种零部件制造和整机组装以水平分工分包给各类最有投资效率的企业，这种分工对一个龙头品牌企业来说，是合理的，能降低成本、提升效率，形成良性的竞争力。但对一个地区来说，如果产业发展没有形成产业链，重点招引的组装等制造环节可能处于"微笑曲线"的底端，除了提供了大量的就业岗位，没有太高的附加值。同时加工基地很不稳定，随时可以拎包走人，企业很容易转移到其他地方。所以，一个地方要形成国际化主打产品的核心竞争力，就要在全产业链上下功夫，以垂直整合的方式，把研发、材料与零部件制造、物流、仓储、结算、销售等高端环节和整机组装制造集于一地。这样既实现了成百上千个企业与龙头企业的水平分工，又实现了上中下游产业链在地区的垂直整合，推动制造企业在行业内、产业链内、地区内互联互通。

三大集群的发展模式，既符合水平分工，又符合垂直整合。这样的集群模式，还符合"工业4.0"中的个性化定制。任何一个产品，一旦可以个性化定制，留存资源配置就能很快提升。这种资源配置，如果需要在全球运输，各个方面就无法控制。但如果 70%~80% 的零部件基本上都在一个地方，定制系统、信息通信系统等各种物联网的系统就能在产品定制要求产生后的一两个小时内，进行决策、配送，完成产品的定制。这样就形成一个放大了的"4.0 工厂"，实际上是一个"工业 4.0"的产业链集群，这样的集群是很有战斗力的。

特朗普说美国工业再造，美国制造业要重新发展起来，要让海外的美国企业搬回美国去，其中难点在哪儿？代工企业、龙头企业要搬回去并不难。但要把一个上中下游产业链涉及的成百上千的企业集群化的体系一起搬到美国去，非常难，没有五年布局做不起来。特别是这个体系已经按照物联网、互联网、大数据、云计算，按照"工业 4.0"的定制体系形成了一个有灵气的、有灵魂的组合，要把这个系统都搬回去很难。企业不会因为增加点关税就搬回去，或者是减一些税收就搬回去，它要么不搬，要搬就要搬一个集群体系。

传统的加工贸易很容易搬走，但是近几年，中国内陆、沿海按照"工业 4.0"、物联网的构架形成了一些产业集群，是具有很强竞争力的，是不容易搬动的。中国制造业今后真正的竞争力就靠三个。一是科研驱动、创新驱动。在战略性的、基础性的科技开发上，能自主发展。二是全产业链的集群，这非常重要。全产业链集群一旦形成，就会有集群竞争力。三是按"工业 4.0"的要求，形成物联网的、智能化的运转，这也很重要。

（三）供应链金融："数字化"背景下的供应链发展转型

前几年，经济脱实就虚，各种金融机构"小而全""大而全"，银行做信托的工作，信托做证券的工作，金融企业热衷于集团化、全牌照。很多工业企业、商业企业、非金融企业也热衷于跨界运作，很努力地搞金融牌照，但搞金融牌照不是为自己的产业链服务，而是在与本公司业务不相干的金融市场中找业务。因为金融系统利润高，大家跨境经营都去做金融业务，以至于金融业虚火上升、脱实就虚、杠杆叠加、风险累积、乱象丛生。目前，金融领域正在按中央要求进行去杠杆、防风险，加强新形势下资管业务、跨界业务的整顿。

非银行金融机构的出路在哪里？就在产业链金融。最近几年，那些不务正业搞金融的企业很多都赔本。比如，重庆有一个非常有名的民营企业，规模几百亿元。前几年，它也热衷于搞金融、搞小贷。它搞小贷不是围绕自身企业的产业链上下游配套企业提供小贷融资，而是向陌生企业、群众放贷款。由于没有经验，借出去的30亿元中坏账就有20多亿元，企业也因此陷入困境之中。

那么，产业链金融应该怎么搞？第一，作为龙头企业，可以将供应原材料的上游企业作为客户，搞一个小贷公司。看起来是小金融机构，但就把几千个以本公司为中心的、供应链中的配套企业联系在一起了。第二，供应链下游的企业。龙头企业发送货物之后，使用产品的下游企业要付款。这里面也涉及供应链，也涉及金融。不管是小贷、保理还是租赁，业务信息是全产业链的，是有背景的，是可靠的。例如，在上游企业为大企业供货的过程中，如果大企业延迟三个月后才付款，就会造成上游企业的资金周转困难。如果有小贷公司或者是保理公司，在上游企业供货时，一旦大企业拖延付款，可以先用保理解决。保理的钱一般不会形成坏账，过了三个月大企业还货款的时候就可以把保理的钱抵扣回来。这是一个安全的封闭运行体系。总体上看，互联网金融也好，产业链金融也好，它都有全产业链的信息背景，能帮助企业把金融信用做得很好，杠杆做得合理，风险降到最低。总之，一个运行得法的保理公司或者小贷公司，可帮助完成整个产业链上几百亿元融资过程，既能缓解中小企业资金周转困难，增强核心大企业与供应链上中小企业的协同性，又能赚取几亿元的利润。

"数字化"不仅对制造业企业、产业链运行有革命性的提升，在物流、贸易、金融等生产性服务业的发展方面，也能产生催化剂作用。中国的物流费约为 GDP 总量的 15%，每年的物流费用约十几万亿元，包括交通运输、仓储转拨、金融支付等各种费用。这些费用中还包括企业之间在途货物互相拖欠的货款的成本，铁路、公路、水路、航空等各种各样物流方式没有做到无缝对接造成的效率损失，还包括因为安保管理不到位造成的货物损失。

如果有了万物万联的物联网，有了一个大数据、物联网、云计算、智能化的物流管理平台，就可能提升各种运输方式无缝对接的效率，确保物流运输过程的安保到位，加快货款资金周转效率，降低货物支付结算成本。供货方不再是等到货到达对方公司的厂区仓库里才拿到货款，而是可以在货一发送，集装箱送到港口、火车站时，就可以拿到货款。那么，谁给钱？游戏规则不变，最终还是由收货人付，但提前由一个主办银行或保理公司、小贷公司来垫付。

这类公司付款以后万一出问题怎么办？可以由保险公司为它保险。在整个物流过程中，物联网平台公司已经算好了上架的集装箱几天以后到哪儿，最终这个集装箱会送到哪儿，全过程物流信息一目了然。在整个过程中，供货方因提早收回货款而受益，买方也没有提早付款，有小贷公司、保理公司或者银行提供贷款给发货的公司。保险公司和物流平台公司发挥了信用管理的功能，最终物流速度也加快了，成本下降了。金融、保险和物流降低成本后产生的大额利润由贸易双方分享，部分分摊给各个平台，大家都受益。

五、"数字化"时代要遵循的十条基本原则

"数字化"并没有改变人类社会基本的经济规律和金融原理，各

类互联网商务平台以及基于大数据、云计算、人工智能技术的资讯平台、搜索平台或金融平台，都应在运行发展中对人类社会规则、经济规律、金融原理心存敬畏，并充分认识、达成共识。

第一，对金融、公共服务、安全类的互联网平台公司要提高准入门槛、强化监管。凡是互联网平台或公司，其业务涉及金融领域，以及教育、卫生、公共交通等社会服务领域和社会安全领域三方面的，必须提高注册门槛，实行严格的"先证后照"，有关监管部门确认相应资质和人员素质条件后发出许可证，工商部门才能发执照，并对这三类网络平台企业实行"负面清单"管理、事中事后管理、全生命周期管理。

第二，落实反垄断法，尤其要防范市场份额的垄断程度达到整个国家80%甚至90%的企业。要及时纠正和制止网络平台公司以"融资—亏损—补贴—烧钱—再融资"的方式扩大规模直至打败对手。在形成垄断优势后，又对平台商户或消费者收取高昂的门槛费、服务费。这类商业模式在社会总体价值上贡献有限，因为过度关注流量，助长了假冒伪劣商品在网上泛滥，甚至倒逼制造业出现"劣币驱逐良币"现象。

第三，限制互联网平台业务混杂交叉。要像美国谷歌、脸书那样，严格要求资讯平台、搜索平台和金融平台之间泾渭分明。做资讯的就不应该做金融，做搜索的也不应该做金融，做金融的不应控制资讯平台、搜索平台。

第四，保障信息数据的产权。要约束规范企业数据采集没有底线的行为方式。有些平台采集数据，明明简单的服务，仅需要几个数据，却要求用户提供几十个数据，明明只需要一项权限，却让用户把权限全部打开，从而超范围地收集个人数据。比如，有的公司获取了消费者的麦克使用权限，通过窃听客户交流内容而获取用户习惯。看似聪明的做法，实际上已触犯了法律。要像尊重知识产权那样尊重信息数据产权和版权，不能认为经过企业平台的数据都是企业的资产。数据信息是一种资源，产权是客户的，不是平台的，平台公司不能以盈利为目的将客户的信息数据资源对外交易买卖。

第五，确保信息数据安全。互联网平台公司以及各类大数据、云计算运营公司，要研发加密技术、区块链技术，保护网络安全，防止黑客攻击，防止泄密事件发生，不侵犯隐私权等基本人权，绝不允许公司管理人员利用公司内部资源管理权力窃取客户数据机密和隐私。

第六，确保各种认证技术和方法的准确性、可靠性、安全性。近几年，网上许多认证，包括网上实名制在内，由于安全性差而遭到黑客轻易攻击，造成隐私泄露、社会混乱的情况，亟须改进。最近一段时间，又有许多创新，如生物识别、虹膜识别或者指纹识别。这一类创新看似很先进，但是所有这些生物识别都是黑客可以仿造的，如果一个黑客仿生物特征人的虹膜、声音、指纹，就是很难进行监管的。这些识别在线下常规情况下是准确的、唯一的，但是在线上就可以被仿制，根本就搞不清。所以，现在美国、欧洲根本不允许在线上做生物识别系统。

第七，凡改变人们生活方式的事，一定充分听证、逐渐展开；要新老并存、双规并存；要逆向思考、充分论证非常规情况下的社会安全，绝不能由着互联网公司率性而为。比如，这几年我国在货币数字化、电子钱包、网络支付方面发展很快，人们把手机当作钱包，衣食住行几乎离不开移动支付，一些商店甚至不能使用人民币。但是应当认识到无现金社会在面对战争、天灾时毫无可靠性，庞大的社会电子支付体系会瞬间崩溃，总之要三思而后行。

第八，互联网平台公司具有社会性公共服务的功能性后，一旦出事，后果严重。互联网公司因其穿透性强、覆盖面宽、规模巨大，一旦疏于管理，哪怕只有一个漏洞，放到全国也会有重大后果。比如，经营出租车、顺风车业务是一种社会性公共服务，因为互联网服务体系要覆盖全国，它的规模可以达到几百万辆。如果由于公司管理体系不健全，出现了顺风车司机杀人事件，不仅仅是一个企业停业整顿的问题，还有一个怎么处罚的问题。常规情况下，一个出租公司有几百辆车，出了事罚3~5倍的款，罚几十万元。美国的优步出事，非死亡事故就赔了几千万美元，不是因为公司大赔偿数额也巨大，而是因为社会影响大，这一赔偿让企业损失惨重，倒逼企业彻底改正，绝对不再让员工犯这类错误，影响公司的前程。所以，在这方面要打破常规，不能用常规的管法。常规出租车出了事要赔款，正常的工伤死亡赔偿是60万元，事故死亡赔3倍，即180万元。对于大规模的网约车绝不可以这样，至少应该加10倍。

第九，防止互联网公司利用人性弱点设计产品。现在一些互联网公司，利用人性弱点设计各种产品。网络市场形成初期所主导的自由观念，使网络上失信违约成本极低，于是会出现很多企业利用人性弱点设计各种产品来获取流量，罔顾消费者长期利益和市场的良性发展。比如一些信息服务公司，通过各种打擦边球的图片、噱头标题吸引用户点击观看视频、新闻。这种利用人性弱点诱使用户使用产品的行为是不正常的，甚至是触犯法律的。未来互联网经济的竞争，一定是在更公平、可信的环境下进行，这些利用人性弱点设计产品的公司很难长期生存。

第十，规范和加强互联网平台企业的税务征管。最近几年许多百货商店关门了，有一些大城市1/3的百货商店都关了。其中，很重要的原因是网上购物分流了商店的业务量。而实体店无法与网店竞争的重要原因，除了房租、运营成本之外，就是税收。对百货商店征税是规范的、应收尽收的，而对电子商务系统的征税是看不见的，这就有违不同商业业态的公平竞争原则。

总而言之，"数字化"是这个社会最先进的、最有穿透力的生产力，近十年可以说是在气势磅礴地发展。要在宏观上、战略上热情支持，但也要留一份谨慎，留一点余地。对于涉及国家法理、行业基本宗旨和原则的问题，比如数据信息产权的原则、金融的原则、财政的原则、税收的原则、跨界经营的约束原则、社会安全的原则、垄断和反垄断的原则，或者企业运行的投入产出的原则、资本市场运行的原则，都应当有一定的冷思考、前瞻性思考，以防患于未然。

未来数字货币发展展望

●

"数字化"对人类社会的影响遍及各行各业,在这样的背景下,数字货币应运而生并发展迅速。数字货币作为一种新型的货币形态,在功能、应用场景、支付效率上都有着独特的创新,在全球范围内引起了广泛关注。但在发展过程中,也逐渐暴露出币值波动、支付可用性、监管困难等一系列难题。关于数字货币的研究,仍然在不断探索、深化。

一、数字化时代货币的三个"变化"

"数字化"对人类货币的影响体现在三个方面:货币的维度、辐射空间和价值源泉。

(一)货币的维度变化

人类社会从原始社会发展到农业社会、工业社会乃至现在的数字化时代,货币的维度形态也从多维进化到三维、两维再到一维。

原始社会没有货币，通过皮毛、贝壳等稀缺的物质来进行交换，但交换的媒介始终无法统一，此时货币的维度是多维的。到了农业社会，社会上的基本商品越来越多，物物交换开始难以维持较高的支付效率，黄金、白银或铜等标志性的贵金属开始作为货币中介，此时货币的维度变成了三维的贵金属货币。到了工业社会后，商品的价值量越来越大，用黄金等贵金属作为货币难以承载巨大的交易规模，纸币随之出现。此时货币的维度主要变成了二维的纸质货币。到了 20 世纪 80 年代，货币的电子化越来越发达，电子钱包、信用卡、储记卡、手机支付迅猛发展。货币本质上成了存储器中的一串符号，货币的维度有了新的展现形式。而到了今天，以比特币、Libra 为代表的数字货币出现，货币开始迎来了一维的时代。总之，在人类社会发展历程中，几万年史前社会的货币是多维的；几千年农业社会的货币是三维的；几百年工业社会的货币是二维的；几十年来的货币电子化及数字货币是一维的。

（二）货币的辐射空间

原始社会的物物交换，基本局限在一个很小的部落范围内。农业社会不同的国家发行自制的金属货币，流通局限在国家的疆域范围内。比如，东周列国或者战国时期的秦、赵、齐等国，每个国家都有自己的货币。工业社会后，基本上所有的国家都拥有了自己的纸币，跨国贸易带来了各国纸币在全世界范围内的使用和流通，货币的辐射面大幅拓宽。到了数字时代，非主权国家发行的数字货币一旦产生就是全球化的，无论是海关还是政府边界管制，很难从走私的角度、关卡的角度控制它的流动。比如，比特币加密、匿名、去中心化的特性使得它可以摆脱银行网络、SWIFT 运行，可以被不法分子用来洗钱、恐怖主义融资等。但比特币这种去中心化的货币脱离了主权信用，发行基础无法保证，币值无法稳定，难以真正形成社会财富，不适合作为人类的流通货币。

（三）货币的价值源泉

货币的价值主要来源于"货币锚"。"货币锚"是指货币发行的基础或储备，具有支持和约束货币发行规模的功能。早期的物物交换时期，充当货币的"物"如皮毛、贝壳的价值来源于人类付出的劳动时间或物质的稀缺价值。农业社会和工业社会时期广泛应用"金、银、铜"等金属作为货币，是由于黄金、白银、铜币开采不易，再加上这类金属性质稳定，因此适合作为货币，同时产量的自然增长难以通过人为进行操控，也能很好地保证币值的稳定。但"金本位"或"银本位"也存在天然的缺陷，由于金银储量有限且开采不易，一旦出现金银大幅增加或者外流，金银的价格就会大幅波动，导致经济出现通胀或通缩。

20世纪70年代布雷顿森林体系解体后，以美国为首的西方国家的货币实际上没有以任何实物作为储备，仅仅是因为国家法律规定而具备了货币的功能，因此也被称为"法币"制度。货币的价值来源变成了与国家主权、GDP、财政收入相挂钩的国家信用，但因为缺少实物储备和明确的约束机制，在实践中带来了严重的货币超发。

2010年以后，基于区块链技术的数字货币开始出现，典型如比特币及脸书的Libra。前者通过真实"挖矿"产生，它的锚是挖矿的"算法"，需要挖矿机、矿场设备、电能等成本，"价值"可以折算为对应生产矿机、建矿场、供应电力等的劳动时间。但此类货币没有固定的发行方，没有资产进行背书，发行规则基于特定的算法，发行数量往往是恒定的，难以根据经济发展的需求量扩大发行规模，其币值的波动导致无法承担支付使命，仅仅能作为避险货币而存在。

而后者 Libra，锚定的是以美元为主的"一篮子货币"，本质上类似于香港的"联系汇率制"，但脸书在全球拥有超过 20 亿用户，一旦实施，Libra 将对全球的金融体系与货币主权产生重大影响，因此对 Libra 类似的稳定数字货币发行，各国监管机构的态度极为慎重。

二、数字货币的未来发展主流将是央行数字货币

数字货币，顾名思义，是以数字化的形式实现货币的价格尺度、价值存储和支付交易等货币职能。数字货币和电子货币的区别在于，一般而言，数字货币是以数字形式存在的类似于现金的货币，可以实现点对点的匿名交易。而电子货币是建立在银行账户基础之上的，需要通过银行系统实现交割。

从发行主体来进行区分，当前数字货币可以分为 CBDC（央行数字货币）及私人数字货币。虽然近年来私人数字货币逐渐放弃锚定"算法"的发行方式，通过锚定主权货币为其价值背书，但其面临的发行主体可信度问题仍然没有得到解决。纵观货币发展历程，货币要成为被普遍接受的交易媒介，至少要包含三个要素。第一，要有政府主权背书。第二，币值大体上要维持稳定，除非发生严重危机。第三，不能伪造或不容易伪造。货币发展到数字货币阶段，也需要满足这三个要素，数字货币必须由国家发行，由国家信用进行担保。任何私人发行的数字货币只能作为投资的证券，不能作为流通中使用的货币。货币的价格必须保持稳定。市场商品价格是通过货币来衡量的，而各类商品价格是市场经济环境下资源分配的指示器，因此清晰、稳定、可靠的货币是市场经济繁荣发展的基石。

此外，货币是国家主权的重要内容，特别是对包括我国在内的广大发展中国家来说，在货币主权方面都经历了血泪历史的洗礼，来之不易的货币主权不能轻易让渡。以 Libra 为例，其发行和流通

的成功不可避免地会使其成为超主权货币。而这种超主权货币一旦形成，不但会影响"铸币税"收入，阻碍货币政策和财政政策执行，诱发资产外流，甚至还会削弱货币本身的权威性，在一些弱势货币国家也可能出现对本币的替代。失去了货币主导权，政府对国民经济的掌控严重削弱，将沦落到任其他国家支配的地步。

因此从短期来看，私人部门发行的数字货币很难构成对现有货币体系的挑战。未来各国央行将成为数字货币的主导者。

三、发行央行数字货币的五个"动因"

自数字货币蓬勃发展以来，世界各国央行对CBDC的态度逐渐从谨慎保守到积极探索，很多国家均已在央行数字货币方面展开广泛工作，中国、瑞典、法国、新加坡等国家已进入测试、实验等阶段。央行大力探索CBDC，主要有以下五个动因。

（一）替代纸币，进一步降低货币发行和流通成本

虽然近年来，我国现金支付由于移动支付的发展而持续低迷。但从规模上看，2019年末我国M0仍然有7.7万亿元。根据测算，7.7万亿元的M0大概对应纸币约4 000亿张。而平均一张纸币的生产设计、防伪、存储、流通、销毁等成本约为1.2元。假如央行数字货币全部替代纸币，纸币的全套流程变成了数字运算，整体的创造、流转、维护成本将大幅度降低，预计能够节省几千亿元。另外，由于数字货币通过密码算法等多重机制实现防伪，央行数字货币的防伪成本也将大幅度降低。

（二）促进普惠金融，提升支付多样性、便利性

账户是传统电子支付的核心，几乎所有的金融活动均与银行账

户有关。但从全球范围来看，仍然有约 50% 的成年人没有正式银行账户。而基于代币无账户的 CBDC 设计，可以使更多人享受到支付的便利，从而促进普惠金融的发展。

随着近年来全球互联网平台的高速发展，苹果、亚马逊、阿里巴巴、腾讯等公司旗下的支付机构在支付市场中的份额逐年提升，甚至开始取代传统商业银行成为支付市场的核心力量。一方面，某种支付方式的垄断有可能带来系统性的潜在风险。另一方面，引入多种支付方式可以有效加强市场竞争，方便老百姓在消费结算过程中自主选择支付方式，促进支付方式不断创新。尤其对于小微企业来说，不管是在境内贸易还是跨境支付场景中，小微企业多了一种收付款的方式，有助于进一步降低结算成本，提高结算效率。

（三）助力人民币国际化

在 CIPS 上线之前，人民币跨境清结算高度依赖美国的 SWIFT 和 CHIPS 系统。但 SWIFT 近年来逐渐沦为美国长臂管辖的金融工具，对我国的金融安全构成挑战。CIPS 上线后，有利于支持人民币在全球范围内的使用，为境外银行和当地市场提供流动性。但 CIPS 是基于银行账户的。为此，境外银行需要有人民币业务，境外企业和个人需要开设人民币存款账户。而 DC/EP 只需要拥有 DC/EP 钱包，这个要求比开设人民币存款账户低得多。DC/EP 可以借助 CIPS 系统，在有效提升 CIPS 功能的同时，进一步促进人民币在跨境支付中的应用。

尽管 DC/EP 能够促进人民币国际化，但一国的货币要成为国际货币，跨境支付的便利性仅是必要条件，而非充分条件。成为国际货币需要满足一系列条件：货币可自由兑换、币值稳定、深广的跨境贸易场景、境内金融市场成熟且开放程度高、产权保护制度完善等。这已经超过了 DC/EP 的设计能力。因此真正实现人民币国际化的根本不在于央行数字货币走向国际化，而在于随着我国综合国力不断增强、资本项下自由兑换逐步展开、法制不断完善，人民币成为国际货币的时候，人民币的数字货币才能够成为国际货币。

（四）应对私人数字货币的挑战

自加密货币推出以来，加密货币的匿名性、跨境支付的便利性以及潜在的财富保值就吸引了大量的人。虽然加密货币由于种种内在缺陷而无法成为主流货币，但其潜在的优异特性已引起了各方的重视。2019 年 6 月，脸书宣布推出数字货币 Libra。Libra 完善了比特币作为支付工具存在的"通缩""波动大""交易费用高"等内在缺陷。脸书在全球拥有 20 多亿用户，且业务范围涉及跨境支付，一旦大规模推广开发，将给各国货币带来巨大的冲击。基于此，各国央行开始加速研发数字货币，探索基于主权背书的数字货币能够抵抗私人数字货币的冲击，捍卫数字货币主权，保证国家金融安全。

（五）提升监管效能，抑制洗钱、反恐怖融资等犯罪活动

数字货币的可追踪性和可编程性可以让央行追踪和监控数字货币发行后的流转情况，从而获取货币全息信息，实现对财政政策、货币政策的效果观测，有利于实施更有效的宏观货币政策。另外，经过设计的 CBDC 具有可追溯和标记特性，可以保证交易流程可追溯，在保障用户部分匿名性要求的同时对监管机构信息实名，从而帮助监管机构用大数据技术追踪洗钱、恐怖主义融资等行为，有效抑制犯罪活动。

四、发行央行数字货币要注意的四个"问题"

数字货币有利于降低现金成本、提高金融包容性和支付系统的稳定性、提升监管效能，但在发展数字货币的过程中，也需要注意以下几方面问题。

（一）央行数字货币需要借助银行、非银等金融机构进行间接投放

理论上，数字货币无须银行账户即可投放。但央行直接投放数字货币后，容易出现两个问题。

一方面，直接面向用户投放数字货币容易脱离"货币锚"的控制，引起货币超发。当前，央行的数字货币的发行是由货币 M0 进行置换的，商业机构需要向央行全额 100% 缴纳准备金。在这种二元运营模式下，央行数字货币没有脱离原有的货币体系，也没有凭空创造出来新的货币，央行数字货币仍然遵守货币发行纪律。

另一方面，央行直接投放数字货币有可能导致金融脱媒。商业银行的业务运作是建立在银行账户之上的，在账户的基础上开展存贷汇等业务。一旦数字货币直接大规模面向公众投放，等于绕过了银行、非银等金融机构，这些中介机构无法获得用户的金融交易数据，就无法提供与之风险相匹配的金融服务。因此，数字货币短期内仍然需要遵从二元发行结构，通过商业银行或非银金融机构发行，以降低对金融中介的影响。

（二）央行数字货币不对持有者支付利息

从央行数字货币的定位上来看，央行数字货币是 M0 的替代，相当于老百姓手里的现钞或硬币，所以这笔钱放在数字钱包中，银行

并不对持有者支付利息。而且从理论上来说，央行数字货币一旦计息，可能导致大量寻求安全的资产向中央银行转移，从而导致银行的存款流失。其结果是，银行要么面临负债端的成本上升导致的利润损失，要么提高存款利率水平。数字货币一旦开始计息，央行与商业银行就形成了竞争关系。为了降低数字货币对银行的影响，法定数字货币只能充当现金的替代物，不能替代 M1、M2。

（三）央行数字货币实施中要考虑对货币乘数的影响

央行数字货币在满足企业和居民需求的同时，由于其是现有货币体系内全新的货币形态，不可避免地将对现有的货币体系产生影响。央行数字货币在投放时，由于流通性更强，所以市场上流动性增加。为了避免市场上 M0 过多，未来发行的央行数字货币少于替代的纸币。因此，从货币乘数来看，由于分子不变，分母变小，整个货币乘数会在一定幅度上增大。当前以数量调控为主的货币调控模式将会因为乘数的波动而加大测量和控制难度，央行的货币政策操作难度将进一步加大。因此在实践过程中，数字货币的推动应当循序渐进，小心验证，使之在此过程中完善与现金的融合对接，验证其对金融中介和货币体系的影响，以弱化可能带来的负面影响，使其真正成为中国金融高质量发展的有力推手。

（四）在发展数字货币的同时，也要保留现金支付

近年来，随着移动支付的快速发展，现金在日常的使用中呈现下降趋势。未来随着数字货币发放规模的逐步扩大，其对现金的替代性将更为明显，流通中的现金和活期存款数额将进一步减少。

但中国各地区间数字化水平发展不均衡的现象十分突出，不同地区、不同年龄段的用户对数字货币的接受度也有所不同。因此，

需要循序渐进地推动数字货币的发展。在推动数字货币的同时，不能强迫所有人使用电子化支付手段。即使未来现金支付已经接近消失，也要保留民众选择使用现金的基本权利。这既是经济伦理的要求，也是为了规避在极端情况下面临的风险——不可抗力导致的电力中断、数据丢失等情况。

五、面向未来的数字货币

在工业社会，大部分法定货币的锚实际对应 GDP 增长率、税收能力、通货膨胀率等指标，这些锚是和当前工业社会的主要特征物联系在一起的。随着数字化技术的不断发展，数字经济在国民经济中的占比不断提高，未来全球必然进入数字化社会。这个时候，货币的锚也可以根据数字时代的经济特征，选择一种全新的锚定物。在确定锚定物时，需要遵循以下几个原则。

第一，这种锚定物是全人类当下及未来很长时间内普遍需求的，是在现实世界中存在的，与人类的核心需求密切相关。

第二，这种锚定物一定是有具体价值的，而非某种算法。

第三，这种锚定物无须任何中心化的体系背书。

第四，这种锚定物能够随着社会生产效率的提升而提升，能够持续满足货币供给。

第五，这个锚定物能够成为全人类共同的追求，也是建立人类命运共同体的基础。

实际上，能够同时满足上述需求的锚定物在现实中很难找到。曾经充当锚定物的黄金以及现在被广泛使用的国家信用都只能满足一部分要求。但回顾历史可以发现，货币在不同的历史发展阶段，往往与当时的核心生产资料密切相关。在资本主义发展初期，英国煤炭产量占据世界总产量的 2/3。到了 20 世纪初，美国石油产量也接近世界产量的90%。在拥有当时社会生产中必需的能源的主要定价权后,英镑和美元先后成为霸权货币。虽然20世纪60年代末期中东地区产油量超过了美国,但美国通过与主要产油国达成协议,使美元成为石油唯一标价结算货币,美元也成了大部分货币的名义锚。通过上述总结可以看出,谁能够将自己的货币与当前最主要的生产资料结合起来,谁就往往能够在世界货币的竞争中确定领先地位。

当前世界经济已经进入新旧动能转换期,数字经济作为推动经济复苏的新动能、新引擎,已是全球共识和大势所趋。数据在经济活动中的作用变得越来越重要,近年来数字经济越发成为中国经济的新增长源。2018年中国数字经济规模高达31.3万亿元,占GDP比重超过了30%,位列全球第二。

在数字化时代,核心的生产资料不仅仅是石油、煤炭,这些能源未来可以被可持续能源——太阳能、风能、电能取代,核心的生产资料变成了大数据、计算设备、技术人员等一系列数字生产核心要素组成的数字化能力。数字化能力强的国家,可以进一步提高社会的生产效率,提高经济发展水平,并在与其他国家的竞争中脱颖而出。因此可以认为,未来法定数字货币可以锚定数字化时代的核心生产资料——数据、计算设备、技术人员等组成的综合体。可以将上述一揽子的数字化生产资料整合形成一个数字化指数。将数字货币锚定这个指数,通过测度全球或国家的数字化指数,来确定数字货币的发放量。数字化生产资料,不仅是全人类当前需要且未来持续需要的,而且本身蕴含价值,还随着人类社会的进步而不断增加。可以说是未来数字化社会中最合适的货币锚定物。

总而言之,在当下发展数字货币的过程中,既要大胆设想,也要充分认识到它可能对经济和社会带来的潜在影响。进入数字化时代后,未来人类货币的形态、产生方式、锚定物还将进一步得到充分的实践和发展，货币也可以选择数字化时代的核心生产要素——数字化能力——作为一种全新的锚。通过锚定这种全人类未来共有的生产资料，数字货币就有了良好的运行基础，还能进一步对数字经济、数字社会的发展起到良好的推动作用，共同促进人类文明的繁荣进步！

5G 背景下金融科技的特征和发展路径

●

  4G 技术孕育了举世瞩目的消费互联网经济，电商、社交、文娱为代表的消费互联网迅速崛起。而具有高速率、广连接、高可靠、低延时特点的 5G 的全面运用，推动面向大众的消费互联网时代转向万物互联的产业互联网时代。在大数据、云计算、物联网、人工智能等技术赋能之下，金融科技发展带来前所未有的历史机遇。未来，符合科学、契合规律的金融科技应当具备哪些特征，应当走什么样的发展路径，这值得探讨。

一、金融科技发展的重要基础是产业互联网

  金融为实体经济服务。有什么形态的产业链，就会有什么类型的供应链金融，相伴随的也会有相应的金融科技发展生态。传统产业规模巨大，数字化转型带来的价值空间也非常巨大。有关材料报道，全球目前有 60 余个万亿美元级的产业集群，可与数字化结合，实现数字化转型。根据测算，如果仅在航空、电力、医疗保健、铁

路、油气这五个领域引入数字化支持，假设只提高1%的效率，那么在未来15年中预计可节约近3 000亿美元，平均每年约200亿美元；如果数字化转型能拓展10%的产业价值空间，每年就可以多创造2 000亿元以上的价值。所以，如果说中国的消费互联网市场只能够容纳几家万亿元级的企业，那么在产业互联网领域有可能容纳几十家、上百家同等规模的创新企业。这是一个巨大的蓝海，今后的高价值公司很有可能主要产生于产业互联网系统。

（一）在消费互联网领域，国内C端流量增量即将耗尽，行业主动求变

当前我国移动互联网月活用户增速持续下降，互联网增量红利消退，市场出现互联网下半场的声音。一方面，行业向上游拓展或国际化需求迫切。另一方面，头部互联网企业寻求新增长点的需求迫切，因此提出产业互联网概念，这也是产业互联网金融的产生背景。

中美互联网行业对比，美国产业互联网公司占据美股科技前20的半壁江山，相比之下，中国GDP约为美国的70%，但美国产业互联网科技股市值为中国的30倍，国内尚无领先的产业互联网巨头企业。

产业互联网是通过产业内各个参与者的互联互通，改变了产业内数据采集和流通的方式，并运用区块链等技术保障产业内数据、交易的可信性，进而改变产业价值链，提升每个参与者的价值。产业互联网充分体现了数据要素在产业内的价值创造能力，通过挖掘数据要素的价值提升产业价值。具体方面，可以认为产业互联网综合运用互联网、人工智能、物联网、大数据、区块链、云计算等新一代技术手段，深入企业生产、研发、销售等内外各个环节，力图

将每家企业都变成信息驱动型企业，并进行互联，从而提高产业的整体效率。

（二）产业互联网与消费互联网的联系与区别

表4.1 产业互联网与消费互联网的区别

	诞生场景	发展模式	经济形态	产品特征	商业特征	价值取向
产业互联网	生产经营活动	C2B2B2C（个人—平台—企业—个人）/B2B（企业—企业）	平台经济，社会资源的共享性与开放性	偏定制化服务	深度融合	核心是效率提升
消费互联网	生活消费娱乐	C2C/B2C（个人—个人/企业—个人）	个人经济，消费需求中的差异性	偏标准化服务	网络裂变	核心是流量变现

与消费互联网相比，产业互联网有明显的区别（见表4.1）。比如，产业互联网是产业链集群中多方协作共赢，消费互联网是赢者通吃；产业互联网的价值链更复杂、链条更长，消费互联网集中度较高；产业互联网的盈利模式是为产业创造价值、提高效率、节省开支，消费互联网盈利通常先烧钱补贴再通过规模经济或增值业务赚钱，等等。构建产业互联网是产业价值链重塑的过程，产业链上的每一个环节都需要做数字化升级，产业生态不再只是传统意义上把原材料变成产品，还要加工"数据"要素、把数据变成产品的一部分，进而通过数据产品和服务拓展产业链的价值空间。在发展产业互联网的过程中，传统产业要进行大胆的变革，敢于抛弃落后的商业模式，对组织架构、组织能力进行升级迭代，提高组织内部协同效率，更好更快地为数字化转型服务。产业互联网的这些特点，正是金融科技下一步发展的重要基础，也是传统金融数字化转型的

基本方向。可以这么说，消费互联网金融只是科技金融发展的初级阶段，基于产业互联网金融才是科技金融的高级阶段主战场。

二、金融科技发展的主体是产业互联网金融

什么是产业互联网金融。产业互联网金融目前没有行业标准定义，我认为产业互联网金融具体指的是机构基于产业互联网发展，通过金融科技向中小微企业提供融资服务的统称，当前主要为基于产业互联网服务的供应链金融、互联网金融产品（如微业贷）、助贷超市等形式，随着行业的发展，未来可能会有新的形式。

产业互联网金融与消费互联网金融的联系与区别主要为：产业互联网金融是消费互联网金融向上游产业端渗透，以企业为用户，以生产活动经营为场景提供贷款服务；消费互联网金融以个人为用户，以日常生活消费为应用场景提供贷款服务。

（一）产业互联网金融的现实意义在于有望解决小微企业融资难题

小微企业贡献了全国 80% 的就业，70% 的专利发明，60% 以上的 GDP 和 50% 以上的税收，在经济发展中意义重大。截至 2018 年中国小微企业有 9 318 万家，占比 88%。小微贷款余额 33.5 万亿元，占企业贷款 37.6%，金融资源分配不够合理，产业互联网金融的现实意义在于有望改变这种状况。

供给上，我国传统银行业不能完全解决小微企业的融资需求。截至 2018 年底，我国共有 134 家城商行及 1 427 家农商行，提供了 13.22 万亿元的小微企业贷款，且贷款规模发展迅速，高于国有商业银行与股份制银行的 11.67 万亿元，是小微企业贷款的主力。但与此同时，行业不良率也在持续走高，农商行行业不良率最高触及

4.29%,高企的不良率迫使银行收缩信用,放缓小微企业贷款发放,农商行及城商行不能完全解决小微企业的融资需求。

需求上,2018年起实体经济企业金融需求分层,呼唤新金融供给解决痛点问题。2019年12月,我国工业企业应收票据及应收账款达17.4万亿元,同比增长4.5%,实体经济融资需求旺盛,同时由于信用分层,小微企业融资难、融资贵问题日益严重。小微企业属于金融业长尾客户,由于存在抵押品不足、信用资质差、信息不对称、生命周期短等问题,银行通过传统手段进行风控的成本很高,造成了小微企业金融服务供需的不匹配,这是产业互联网金融产生的基础。

(二)各类因素叠加金融科技技术储备迭代,产业互联网金融产生

2016年前后,随着区块链、人工智能、大数据等技术被应用到金融行业,金融科技迅速发展,当前市场上传统商业银行、互联网银行、供应链金融平台、产业互联网服务商等机构试水C端风控技术在B端的有效性,诸多因素叠加导致产业互联网金融产生,并且在快速发展,不断丰富。

产业互联网金融依托产业互联网,价值来源于金融赋能产业能力提升。产业互联网金融依托产业互联网服务,基于B端经营融资需求,行业价值来源于金融赋能产业能力提升,这一点与C端消费金融满足个人超前消费需求的价值逻辑不同。产业互联网金融相比传统金融供给体系的优势在于将企业服务数据与金融服务紧密地结合起来,以信息流转带动信用流转,从而解决传统金融供给无法解决的问题。

(三)产业互联网金融有五类基本构成要素

产业互联网金融的基本构成要素分别为产业链、中小微企业、

产业互联网应用、金融科技及金融服务机构。我国未来产业互联网金融行业的重要节点在产业互联网应用与金融科技这两个部分，这一点类似 C 端的消费金融。（见表 4.2。）

表4.2 五类基本要素构成产业互联网金融

产业互联网金融构成要素	产业链	基础：数字化实现产业链智能、融合、弹性、协同、互联
	中小微企业	对象：中小微企业依附于产业分布，是行业服务目标主体
	产业互联网应用	数据：产业互联网应用将产业链变为数字驱动，提高产业效率
	金融科技	风控：新型多维数据验证、交叉风控模型构建
	金融服务机构	提供者：金融服务提供商

（四）产业互联网金融服务商相比传统金融机构有四方面优势

中小微企业天然具有生命周期短、业务规模小、抵押资产少、信息不对称等问题，过去我国采用城商行及农商行服务当地的做法，效率并不够高，不能完全满足中小微企业的融资需求。产业互联网金融相比传统金融机构服务可以有效解决获客成本、信息孤岛、智能风控、审批效率等四方面问题，具有明显的优势。（见表 4.3。）

表4.3 产业互联网金融将从根本上解决中小微企业融资中的痛点问题

中小微企业融资难的原因	金融机构服务难的原因	产业互联网金融的优势
生命周期短	获客成本高	降低获客成本
业务规模小	尽调投入高	解决信息孤岛问题
信用记录不完善	信息不对称	
可抵押资产不多	担保品不足	智能风控
融资成本高	风险成本高	
审批时间长	风控流程长	效率高

产业互联网金融的服务目标将专注于中小微企业金融市场。一

是产业互联网金融可以有效解决因信息不对称导致的信用不足。二是大型企业信息化过程中，一般采用本地化策略，产业互联网提供商提供定制化服务，产业大数据不好采集。三是中小微企业预算有限，偏好低价甚至是免费软件，一般愿意接受标准化服务，服务商可以获取大数据。四是大型企业信用好，融资手段多且成本低，已经被银行服务覆盖，中小微企业则因为风控原因，仍为蓝海市场。

金融科技能力是产业互联网金融行业亟待验证解决的问题。由于B端企业法人和C端自然人的巨大差异，同时中小微企业固有的生命周期短、抵押品不足、信息不对称等问题，目前行业最成熟的解决方案是用核心企业弥补中小微企业信用的供应链金融。脱离核心企业信用，仅以金融科技为基础的大数据风控，目前行业正在进行可行性验证，部分龙头企业已取得了初步的发展（如微业贷），未来完全依靠金融科技的产业互联网金融模式，还有待时间验证。

（五）区块链是解决资金方信任中小微企业底层信用的新桥梁

过去，中小微企业与传统金融机构信息不对称是行业的主要问题。区块链的产生，可以为中小微企业底层信用与金融机构添加一座新桥梁（如解决票据流转、仓单重复质押等问题），有效解决资金供需双方的矛盾，目前在政府的引导下，各类基于区块链的跨境金融平台、贸易融资平台发展迅速。

SaaS、PaaS、IaaS是辅助解决最后一公里的有效手段。产业互联网金融在风控问题验证得到有效解决后，获客问题会逐渐出现，由于B端客户使用产业互联网应用具有排他性，所以行业前期的优质客户积累很重要。产业互联网金融将产业互联网服务融合到产业链中，在助力小微企业发展的同时获得产业大数据，能有效解决信息的最后一公里问题，从而精准找到中小微企业中

"合格的借款人"。

（六）以供应链金融为基础升级的产业互联网金融基础最好

金融的底层逻辑是信用，传统供应链金融本质是通过核心企业信用弥补产业链上下游中小微企业信用，但现实情况中四流（资金流、信息流、物流、商流）合一很困难，制约了行业发展。

由于供应链金融行业存在时间较早，行业服务模式和金融产品已经较为成熟，已有不少核心企业、商业银行、供应链金融平台在探索金融科技，因此发展基础最好。

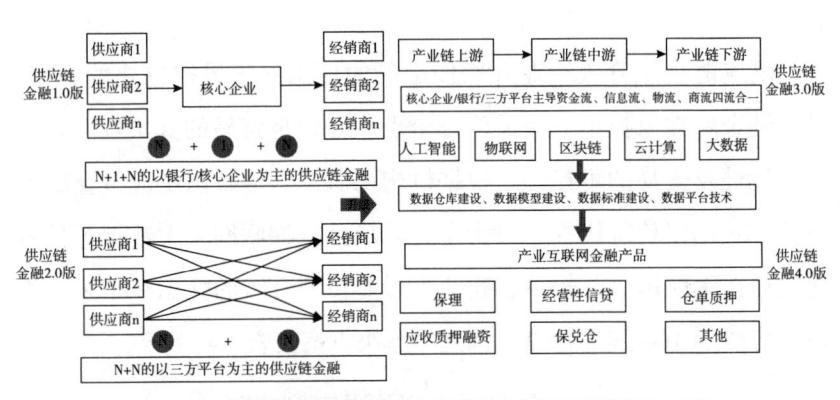

图4.1 传统供应链金融借助产业互联网及金融科技升级为4.0版

图 4.1 以供应链金融为例。近三十年供应链金融发展经历了三个阶段：供应链金融 1.0 版是主办银行模式，银行和企业是点对点的连接关系，只是主办银行将供应链上下游作为整个链条来开展业务，并没有真正参与到供应链运营中；供应链金融 2.0 版是核心企业主导模式，在这种模式下，核心企业可以对供应链中的应收账款、应付账款、仓单等信息进行有效掌控，银行再依据这些信息对供应链各类主体服务，因此可以大大提高金融服务的效率和效益；供应链金融 3.0 版是数字金融模式，利用大数据、物联网、人工智能、区块

链等技术在整个供应链中获取每个产业链上企业的动态、每时每刻的数字信用。此时，供应链生态圈将相互打通，交易完全透明可信，资金流动清晰可见，在这个阶段的供应链金融将是智能化的、数字化的、效率极高的，大大提高了融资便利性与风控水平。供应链金融 3.0 版才是这一领域金融科技的新生态。供应链金融 4.0 版是以产业互联网生态为基础的产业互联网金融，是今后最具备想象空间的发展趋势。以产业互联网服务生态为基础的产业互联网金融最诱人之处在于未来有机会在全国范围内将企业法人，特别是中小微企业像自然人一样建立画像，提供金融服务，最终形成供应链金融的 4.0 版本。

供应链金融升级产业互联网金融的标志在于风控方式的转变。供应链金融在风控中一般关注三个点，分别是贸易的真实性、资金的自偿性及交易的可控性。根据机构调研，当前我国供应链金融的风控方式仍以传统风控手段为主，区块链、物联网、大数据等信息化风控技术应用仍然较少，我认为行业转型升级的标志在于风控手段的转型。（供应链金融常见问题与解决方案见表 4.4。）

表4.4 供应链金融常见问题与解决方案

供应链金融常见问题	解决方案
核心企业信用无法多级传递	采用区块链电子凭证进行债券凭证拆分流转
仓单重复抵押、造假	区块链 +IoT
产品溯源问题	区块链
ABS 融资底层资产真实性问题	大数据 + 区块链

三、金融科技发展应遵循的原则和模式

（一）金融科技有两个基因，并不改变金融的传统宗旨与安全原则

金融科技并没有改变任何金融传统的宗旨以及安全原则，在这个意义上无论是"科技+金融"，还是"金融+科技"，都不但要把网络数字平台的好处高效地用足用好用够，还要坚守现代金融形成的宗旨、原则和理念。金融科技有两个基因：一是互联网数字平台的基因——"五全信息"；二是金融行业的基因，在一切金融业务中把控好信用、杠杆、风险的基因。互联网运行有巨大的辐射性和无限的穿透性，一旦与金融结合，既有可能带来提升传统金融体系的效率、效益和降低风险的一面，也有可能带来系统性颠覆性的危机的一面。不能违背金融运行的基本原则，必须持牌经营，必须有监管单位的日常监管，必须有运营模式要求和风险处置办法。不能"无照驾驶"，不能15%、20%的高息揽储、乱集资，不能无约束、无场景地乱放高利贷，不能对借款人和单位的钱用到哪里都不清楚，不能搞暴力催收、堵校门和朋友圈乱发信息等恶劣行为。

（二）消费互联网金融和产业互联网金融合理的发展模式：数字化平台与各类金融机构有机结合

科技金融的发展可以是"互联网+金融"，有条件的网络数据平台公司独立发展金融业务，也可以是"金融企业+互联网"，围绕产业链、供应链发展自身需要的互联网数字平台，但是科技金融最合理、有效的发展路径应该是网络数据平台跟各种产业链金融相结合。否定和整顿P2P，并不等于拒绝网络贷款。实践表明，网络贷款只要不向网民高息揽储，资本金是自有的，贷款资金是在银行、ABS、

ABN市场中规范筹集的，总杠杆率控制在1∶10左右，贷款对象是产业链上有场景的客户，还是可以有效发挥普惠金融功能的。全国目前有几十家这类规范运作的公司，8 000多亿元贷款，不良率在3%以内，比信用卡不良率还低。

当然，科技金融不仅仅是科技公司自身打造的金融融通公司，其最合理、最有前途的模式是互联网或物联网形成的数字平台（大数据、云计算、人工智能）与各类金融机构的有机结合，各尽所能、各展所长，形成数字金融平台并与各类实体经济的产业链、供应链、价值链相结合形成基于互联网或物联网平台的产业链金融。在消费互联网（toC）时代，基于人类消费的同一性、同构性，几乎可以一刀切的模式对全社会的电子商务开展活动，在产业互联网（toB）的时代，基于产业的复杂性、异构性，一个工业产业链与物流供应链的数字化平台是完全不同结构的，而一个医疗药品供应链与消费品供应链的数字化平台结构也完全不相同。

基于此，在产业互联网时代，一个有作为的网络数据公司，分心去搞金融业务，一要有金融企业所必需的充足资本金，二要有规范的放贷资金的市场来源，三要有专业的金融理财人士，还要受到国家监管部门的严格监管，无异于弃长做短、自讨苦吃。所以，一个有作为的数据网络平台公司，应当发挥自己的长处，深耕各类产业的产业链、供应链、价值链，形成各行业的"五全信息"，提供给相应的金融战略伙伴，使产业链金融平台服务效率得到最大化的提升，资源优化配置，运行风险下降，坏账率下降。

从国际经验看，一般性互联网平台公司绝不敢随意染指金融业务，美国的脸书、亚马逊、雅虎等平台公司都很大，股价市值同样可以达到数千亿、上万亿美元，但它们再大都不敢轻易染指金融业务。至少有四个因素：其一，成熟的商人懂得术业专攻，懂得长期坚守自己，不断创新自己才能使自己炉火纯青，获得足够的行业地位和进入门槛，才有可能获得超额利润；其二，一般性的互联网商品销售平台，其底层技术的安全等级无法满足金融要求，要满足金融业务要求，必须投入巨额成本，这往往得不偿失；其三，美国对金融公司有非常严格的监管要求，一般性互联网公司从事金融业务，一旦发生风险，公司根本承担不起动辄数十亿美元的巨额罚款；其四，鉴于所有业务点的风险都可能迅速转化为金融风险，而金融风险反过来又会拖垮所有非金融业务，所以成熟商人绝不愿去冒这么大的风险。

（三）形成明确的各方多赢效益原则

互联网金融在发展过程中，要有明确的各方多赢的效益原则。在消费互联网时代，基于人类生活方式的同构性，一些网络平台公司的盈利模式往往一靠烧钱取得规模优势，二靠广告收费取得一定垄断效益。在产业互联网时代，各行各业结构不同、模式不同，任何网络数字平台的发展，不能靠简单的烧钱来扩大市场占有率，也不能让客户中看不中用、有成本无效果、长期赔钱，这是不可持续的自杀行为。

合理的网络数字平台，通过五种渠道取得效益和红利：一是通过大数据、云计算、人工智能的应用，提高了金融业务的工作效率；二是实现了数字网络平台公司和金融业务的资源优化配置，产生了优化红利；三是通过物联网、大数据、人工智能的运筹、统计、调度，降低了产业链、供应链的物流成本；四是由于全产业链、全流程、全场景的信息传递功能，降低了金融运行成本和风险；五是将这些看得见、摸得着的红利，合理地返还于产业链、供应链的上游、下游、金融方和数据平台经营方，从而产生万宗归流的洼地效益和商家趋利集聚效益。

同样，与网络数字平台合作的金融企业，也可以通过四种优势为合作项目取得效益和红利。一是低成本融资的优势。金融企业获取企业、居民的储蓄资金和从人民银行运行的货币市场获取资金的低成本优势。二是企业信用判断的优势。网络数字平台对客户信用诊断相当于是 X 光、是 CT（计算机体层摄影）、是核磁共振的身体检查，代替不了医生临门一脚的诊断治疗。对客户放贷的实际净值调查信用判断以及客户的抵押、信用、风险防范，本质上还要金融企业独立担当，这方面更是金融企业强项。三是资本规模的优势。网络数据平台尽管可能有巨大的客户征信规模（百亿元、千亿元、万亿元），但资本金规模往往很小，要真正实现放贷融资，自身至少要有相应的融资规模 10% 以上的资本金。只有银行、信托、保险等专业的金融公司有这种资本金规模并与时俱进的扩张能力。四是社会信用的优势。不论是金融监管当局的管理习惯，还是老百姓存款习惯，企业投融资习惯，与有牌照、有传统的金融企业打交道往往更放心、更顺手、更相通。在这方面，专业的金融企业比网络数据平台更为有利。基于上述四项分析，网络数据公司与专业的金融企业的合作确实是强强联合、优势互补、资源优化配置，是最好的发展模式。

推动智慧城市建设的五个平衡与五个关键

●

智慧城市概念源于 2008 年 IBM 提出的"智慧地球"理念,是数字城市与物联网相结合的产物,被认为是信息时代城市发展的大方向,文明发展的大趋势。其实质就是运用现代信息技术,推动城市运行系统的互联、高效和智能,赋予城市智慧感知、智慧反应、智慧管理的能力,从而为城市人创造更加美好的生活,使城市发展更加和谐、更具活力、更可持续。

一、推进智慧城市建设的意义

推进智慧城市建设,主要有三重意义。

一是提高城镇化质量。智慧城市以智慧的理念规划城市,以智慧的方式建设城市,以智慧的手段管理城市,以智慧的策略发展城市,有助于促进城市各个关键系统和谐高效运行,促进城市经济社会与资源环境协调发展,从而有效缓解"城市病"。

二是推动高质量发展。智慧城市是"创新 2.0"时代的城市形态,它基于全面透彻的感知、宽带泛在的互联以及智能融合的应用，构建起有利于创新的制度环境和生态系统，促进城市产业链、价值链、创新链优化升级，推动以用户创新、开放创新、大众创新、协同创新为特征的全面创新，从而为新旧动能转换和经济高质量发展注入蓬勃动力。

三是创造高品质生活。智慧城市通过物与物、物与人、人与人的互联、互通、互动，极大地增强城市信息获取、实时反馈和随时随地服务的能力，可以有效解决民生领域长期存在的信息不对称、服务不公平等问题，促进公共服务均等化、优质化，从而更好地满足人民群众对美好生活的向往。

对建设智慧城市的意义，还可以进行多视角、多层面的解读，但无论如何解读，加快建设智慧城市的方向是无可争辩的，智慧城市的发展前景是毋庸置疑的。

二、建设智慧城市，要做好五个方面的结构性平衡

从基础性和根本性层面思考智慧城市建设，就是要运用供给侧结构性改革的理念，在城市的功能定位、人口、土地房屋、基础设施和公共设施、就业岗位五个方面的要素供给上，按照产业跟着功能走、人口跟着产业走、土地跟着人口和产业走的思路，做好五个方面的结构性平衡。

第一，城市功能定位的平衡。任何城市都不是孤立存在的，都是依托城市群来发展的。城市群是人口大国城镇化的主要空间载体，代表着城镇化发展的主体方向。考察世界主要城市群或大都市连绵带，一般有四个基本特征：一是城镇化水平较高，城镇化率一般在70%以上；二是大中小城市规模协调，相邻等级城市人口比例大多在1∶5以内，最高不超过1∶10；三是以交通为重点的基础设施网络完善，各城市之间

交通便捷、通信畅通；四是城市功能布局合理、分工明确，产业优势互补。我们建设智慧城市，必须在城市群层面思考谋划，合理确定自身功能定位：是建设大城市还是中小城市？是金融贸易中心城市还是工业物流基地城市？总之，要科学设定城市定位，彰显特色、有机联动、协调发展，绝不能各自为政、盲目建设。

第二，人口的供给平衡。人是新型城镇化的核心要素，以人为本是建设智慧城市的核心要义。当前，制约我国城镇化健康发展的重大问题之一是城镇化率刚刚达到60%，国民经济的人口红利却已逐渐淡出，很多城市出现了劳动力供给不足的现象。造成这个现象的重要原因，就是2.8亿多农民工没有真正市民化。一般来说，城镇职工20岁左右参加工作，60岁退休，一生工作近40年。而农民工因为户籍问题，往往到了45岁就不会被企业招聘而返回农村，这就损失了人生1/3左右的工作时间，加之农民工每年候鸟式迁徙，春节前后回家探亲用掉约两个来月，两者加起来，1/3+1/6 = 1/2，农民工一半的工作时间就耗费了。欧美国家一般城镇化率超过70%才会出现"刘易斯拐点"，我国城镇化率刚到60%左右就遭遇了用工难，农民工的人口红利50%的浪费是重要原因。我们推进智慧城市建设，不能只关注那些"高大上"的东西，还必须"接地气"，加快推进户籍制度改革，让农民工落户城市、扎根城市，为城市提供人力资源供给，让农民工共享城市机遇。

第三，土地房屋的供应平衡。以智慧城市促进城市"精明增长"，很重要的一环就是配置好土地房屋资源。这就要求城市管理者做到心中有"数"。比如，城市建成区面积，土地配置一般是每人100平方米、每万人1平方千米，100万人口的城市建成区面积就是100平方千米。再如，住房面积，人均大约40平方米，1 000万人口的城市建设4亿平方米住房是合理的。又如，商业设施面积，一般每

2万~3万元的商业零售额可配置1平方米的商铺,每2万元GDP可配置1平方米写字楼。在城市土地房屋资源配置中,如果大手大脚,房地产总量供过于求,势必出现"空城""鬼城";如果土地长期供应不足,则会造成土地稀缺、房价畸高。推进智慧城市建设,一定要把握好这个基本面需求的"度"。

第四,基础设施与公共设施的平衡。基础设施是城市的脊梁骨。我们推进智慧城市建设,重要的出发点是想解决交通拥堵、环境污染等"城市病"。但是,在总体不平衡的基础设施上增加再多的智慧元素也解决不了问题,前提还是要做好城市基础设施的供给平衡。这里也有一些比例关系。比如,国家规定,城市建成区平均路网密度要达到8千米/平方千米,新建住宅配建车位要达到1∶1。再如,城市人群每人每天综合用水0.3吨,产生0.25吨污水和1千克垃圾,城市供水和污水、垃圾处理设施应按此配建。又如,一个城市每100平方米土地,应有55平方米用于铁路港口、道路交通、园林绿化、仓储物流等市政基础设施以及医院、学校等公共设施建设,才能满足需求。推进智慧城市建设,首先要让这些基础设施达标,满足城市基本运行需求,这是绕不过去的硬指标。

第五,产业布局的平衡。只有产业集聚,人口才能聚集,政府才有收入,智慧城市建设才有基础。这方面要做好两个平衡。一是就业总量平衡。一座100万人的城市,扣除未成年人和老人,起码有五六十万人需要就业,城市产业必须能够提供同等数量的就业机会并适度超前布局,这样城市才有活力。二是结构平衡,就是城市的第一、第二、第三产业之间要保持平衡,上中下游产业链与生产性服务业之间要平衡,并重点发展战略性新兴制造业和现代服务业,更好满足不同层次人群就业需求。做好了这两个平衡,智慧城市建设所依赖的创新才会有雄厚的产业根基,智慧城市发展才会有广阔的市场空间。

上述五个方面是城市建设的常识，是供给侧结构性改革的理念对智慧城市提出的基本要求，是新型城市化建设的大智慧。只有在此基础上，才有可能锦上添花地进行智慧城市建设。可以说，智慧城市的建设，首先就是以城市要素供给有效和结构平衡的理念来规划城市、建设城市、管理城市，用有效供给的策略发展城市，从而提高城市的效率和活力。

三、建设智慧城市，还需抓住五个关键点

智慧城市是新型城市化的升级版，是未来城市的高级形态，是以大数据、云计算、互联网、物联网等新一代信息技术为支撑，致力于城市发展的智慧化，使城市具有智慧感知、反应、调控能力，实现城市的可持续发展。从战术层面推进智慧城市建设，还务必要把握其内在逻辑规律，抓住五个关键点。

第一，智慧城市建设的基础是万物互联。世界是普遍联系的，事物的普遍联系和相互作用，推动着事物的运动、变化和发展。随着手机等智能终端和移动互联网的普及，全球70多亿人口已打破地域限制，实现了人与人跨时空的即时互联，这深刻改变了人类社会的形态和生产生活方式。当前，我们正步入物联网时代，5G、物联网、云计算、大数据、人工智能等现代技术的迅猛发展，让物理世界数字化、智能化成为可能，推动自然世界与人类社会深度融合，从而将人与人之间的沟通连接逐步扩大到人与物、物与物的沟通连接，一个万物互联的时代即将到来。智慧城市正是以此为支撑的城市形态。推动智慧城市建设，必须全面掌握并熟练运用互联网时代的新技术、新理念、新思维，更加科学主动地推动"城市"与"智慧"融合，否则很难有大的突破。

第二，智慧城市建设可分为四个阶段循序渐进。从大逻辑来讲，智慧城市建设起码要经历四步。首先让城市的物能说话，其次让物与物之间能对话，再次让物与人能交流，最后让城市会思考。这决定了智慧城市的建设分为四个版本：1.0 版是数字化，这是智慧城市的初级形态，目的是让我们生活的世界可以通过数字表述出来；2.0 版是网络化，就是通过网络将数字化的城市要件连接起来，实现数据交互共享；3.0 版是智能化，就是在网络传输的基础上实现局部智能反应与调控，如智能收费、智能交通、智能工厂等；4.0 版是智慧化，就是借助万物互联，使城市各部分功能在人类智慧的驱动下优化运行，到了这个版本，智慧城市才算基本建成。这四个版本，前一版是后一版的基础，但又不是截然分开、泾渭分明的。推进智慧城市建设，要循序渐进、适度超前，但不要好高骛远、急于求成。总想着一步到位，往往只会事倍功半。

第三，智慧城市建设要自下而上、由点到面地推进。智慧城市的内在逻辑，决定了它很难先有一张"施工总图"，然后照图推进。智慧城市的建设只能是自下而上，成熟一个推一个，积少成多、聚沙成塔。也就是说，我们要按照现实需求，区分轻重缓急，逐一构建城市各条战线、各个领域的智慧子系统，如智慧制造、智慧交通、智慧环保、智慧教育、智慧社区等，先把智慧城市的四梁八柱搭好，再添砖加瓦、封顶竣工，这样才能根基深厚。智慧城市建设中，尤其要避免热衷于搞"大规划""大方案"却不务实功、不做细功的倾向。

第四，智慧城市建设要坚持市场导向。智慧城市意味着高效率，而效率能够产生效益，这就能够吸引社会资本参与。比如，物流领域，2017 年我国社会物流总费用 12.1 万亿元，占 GDP 的 14.6%，比世界平均水平高 5 个百分点左右。如果通过发展智慧物流，把物流成本降到世界平均水平，就会节约4万亿元，这部分就可以成为包括工商企业、物流企业、金融企业，以及大数据、云计算、物联网平台等各类企业的收入。再如，停车问题，目前我国缺近2亿个停车位，但又有约8 000万个停车位平均空置率超过50%，如果通过智能停车将空置率降到10%，按每个车位每年收费2 000元计算，也有640亿元的收益。可见，智慧城市建设具有良好的发展前景和丰厚的投资收益。我们要尊重市场规律，坚持市场导向，以物联网平台及其受益企业的活动为中心，吸引更多企业参与智慧城市建设，绝不能仅靠政府力量强推，那往往是缺乏智慧、烧钱而低效的，也容易搞成"政绩工程""形象工程"。

第五，智慧城市建设要法制化、标准化。智慧城市是复杂系统，也是新生事物，其健康发展需要良好的外部环境。其中，有三个方面尤为重要。一是标准。要统筹协调，加快构建包括信息技术标准、城市建设标准、信息应用标准在内的智慧城市标准体系，确保有序建设、高效集约。二是安全。这是智慧城市正常运转的基础。要加强网络安全立法和监管，强化知识产权保护，积极发展网络安全技术，解决关键核心技术受制于人的问题。三是扶持。政府要带头打破"信息孤岛"，出台鼓励社会参与的政策措施，建立容错纠错机制，为智慧城市营造良好宽松的发展环境。

总之，推进智慧城市建设，战略上要坚定，战术上要灵活，要尊重规律、尊重市场、尊重创造，把准方向、少走弯路、不走错路，以更低成本、更高效率加以推进，真正实现"城市，让生活更美好"的目标。

全球贸易的数字新趋势

●

关于全球产业和贸易的新格局、新趋势，我有如下看法。

一是在产业发展上，目前的格局是冰火两重天，一半是冰河，一半是火焰。一方面，近五年传统制造业和服务业规模年均增长率仅 2%~3%；另一方面，与战略新兴制造业有关的产业则以每年 10%~15% 的速度增长，生产性服务业、服务贸易等战略性新兴服务业则以 15%~20% 的速度增长，而包括大数据、云计算、人工智能、互联网在内的颠覆性数字产业则以每年 25% 左右的速度增长。如何顺应战略性制造业、服务业和"互联网+"发展趋势，抓住产业发展新机遇，培育产业发展新动能，是每一个现代企业、每一个国家和地区都在认真考虑和规划的事。

二是在企业和产业运行模式上，全球有竞争力的跨国公司和支柱产业逐步形成富有竞争力的上中下游一体化的产业链集群。伴随这种制造业内部协调，产业链集群化会形成研发、设计、物流、配送、销售等生产性服务业配套的供应链系统化，以及由总部协调控制的、分布在全球各地区各环节的贸易清算和结算价值链的枢纽化。当然，这种分布在全球的产业链、供应链、价值链的枢纽化结构，是一种离岸金融结算，跨国公司一般选择一个低税率、零壁垒的自由贸易地区作为枢纽地。

比如，我国加工贸易产生的大量金融结算业务流失境外。我国4万多亿美元的进出口贸易中，有大约1.8万亿美元的加工贸易结算是离岸金融结算，由于境内条件不许可、不适应，这1.8万亿美元的离岸金融结算量中，中国香港有3 000多亿美元、新加坡有4 000多亿美元、爱尔兰有4 000多亿美元，还有一些在中国台湾及韩国、日本。

这方面，只要我们的离岸账户能够允许开放，并有与境外自由贸易区相同的税制，就有可能促使跨国公司将上万亿美元的加工贸易离岸金融结算量回流，相应会产生相当体量的银行收入、就业和税收。总之，现代企业、现代经济的全球竞争力，一靠技术，二靠资本，三靠产业链、供应链、价值链的全球化运作能力。这种产业链集群化、供应链系统化、价值链枢纽化，正是现代国际化大产业的核心竞争力之一。

三是以产业链全球一体化为特征的国际贸易模式要求国际贸易规则也发生相应变革。随着全球化不断发展，国际分工日益深化，一种产品生产分工在一个地区或一个国家内部完成，逐步变成全球范围内跨国分工完成，形成了全球化产业链、供应链、价值链，一个产品生产由一个企业、一个地方生产，变成全球生产、全球销售，商品贸易不再是简单的产业间贸易，而是产品内贸易，全球产业链发展造成了中间品贸易在国际贸易体系中迅速增长，国际贸易的重心从最终品贸易转移到中间品贸易。2010年以来，全球贸易中约有60%来自中间商品和服务贸易，它们分布在最终商品生产和服务生产的不同阶段。生产力变化会推动生产关系调整。全球价值链对传统经贸规则提出新挑战。

在全球产业链背景下，中间品贸易壁垒会产生累积效应，极大地提高贸易成本。中间品要多次跨境贸易，即使关税和非关税壁垒很低，其贸易保护程度也会被放大。因此，零关税、零补贴、零非关税壁垒"三零"规则凸显。全球价值链要求高效的贸易便利措施，由于生产要素的跨境自由流动，跨境贸易迅速增长，降低了通关与物流费用，节省了贸易的时间成本，增加透明度和可预测性显得尤为重要。这就要求营商环境公平透明、政府服务便捷务实、海关通关不重复关检，以及实施"关检互认、执法互助、信息共享"。

四是全球产业链的分工模式不仅要求产品标准趋同，而且对生产经营、管理模式的一体化提出更高要求，原先各国单方面自主制定、执行的规则，如有关知识产权保护、环境和劳工标准、国有企业行为、竞争中性等规则都受到国际规则的规范和约束，要求做到公平公正不歧视。全球产业链、供应链、价值链的发展，要求把国际投资、服务贸易、劳工和技术标准、国内管制、中间品贸易都纳入谈判议题中。由于贸易、投资和服务的高度关联性，制定统一的高标准国际经贸规则成了关注的焦点和热点。

五是当前国际贸易已进入数字贸易时代，统计显示全球服务贸易中有50%以上已经实现数字化，超过12%的跨境货物贸易通过数字化平台实现，预计今后10~15年，全球货物贸易呈2%左右的增长，服务贸易量有15%左右的增长，而数字贸易则是25%左右的高速增长，20年后世界贸易格局将形成1/3货物贸易、1/3服务贸易、1/3数字贸易的格局。数字技术不仅对货物贸易有利，还促进服务贸易便利化，催生新的服务业态。要抓住数字经济机遇，创新思路，挖掘和培育数字经济新增长点，大力发展以数字技术为支撑、高端服务为先导的数字服务出口，扩大数字经济领域的服务出口，包括云服务等。积极培育服务贸易新业态、新模式，推动形成数字服务贸易集群。要发挥中国和世界最大的数字经济系统的优势，推动大数据、人工智能、移动互联网、云计算等技术的发展，并以"数字化"的颠覆性功能，提升推动智慧城市、"工业4.0"体系等方面的发展。

数字贸易领域的接轨问题有两个方面。一方面，招商引资方面，比如外商投资企业管理人员和工作人员使用境外的邮箱和交流软件不太方便，影响跨国资料和数据交换。另一方面，我国互联网公司电子商务走向世界有很多与国际规则不接轨的问题，比如国际上互联网平台公司不跨界垄断、不搞金融，以及网络交易交税、网络支付与信用卡体系竞争问题、涉及共享经营平台发展的约束规则等都与我国国内发展的状况不同。为此，应深入研究解决数字贸易的市场集中度、隐私保护和安全威胁等国际规则。一是加强国际数字贸易合作，确保网络开放、自由和安全，支持国际数字贸易自由化和便捷化。二是确保双方数字经济政策处于全球合理共识之中。三是通过双边或多边合作确保构建坚实的国际数字贸易规则。

总之，全球产业和贸易演变发展的新趋势，要求我们必须积极调整产业发展方式，主动拥抱产业发展新浪潮，努力适应新形势；把握新特点，从过去的商品和要素流动型开放向规则等制度型开放加快转变。

第五章

房地产长效机制建设

建立房地产调控五大长效机制

房地产业的发展与国计民生是紧密联系在一起的。因此，无论是从稳定增长、发展城市、改善民生的角度看，还是从维护金融安全的角度讲，都需要保持房地产业的平稳健康发展。就"如何贯彻落实习近平总书记关于房地产发展的重要讲话精神，探索建立房地产基础性制度和长效机制"这一主题，我总结了以下观点。

一、房地产和实体经济存在十大失衡

习近平总书记在2016年底的中央经济工作会议上明确指出："当前，我国经济运行面临的突出矛盾和问题，根源是重大结构性失衡，主要表现为实体经济结构性供需失衡、金融和实体经济失衡、房地产和实体经济失衡。"在这三大失衡中，房地产和实体经济失衡尤为突出，我认为这一失衡主要表现在以下十个方面。

（一）土地供需失衡

从宏观尺度来看，过去几十年中，我国每年平均有800万亩耕地转化为城市建设用地，再加上一些计划外征地，每十多年就要用掉1亿亩耕地，所以我国耕地从20世纪80年代的23亿亩，减少到现在的不到20亿亩。与此同时，我国每年人均口粮消费约为150公斤，肉禽蛋奶折合人均饲料粮约为300公斤，按13.7亿的人口规模和耕地亩均360公斤的粮食单产量来计算，需要17亿亩耕地，再加上对蔬菜、水果的需求，20亿亩耕地就显得捉襟见肘了。我们国家的判断是，为解决中国13亿多人的吃饭问题，至少需要18亿亩耕地，这是必须守住的底线。为保证国家战略安全，我国土地供应逐步收紧，2015年供地770万亩，2016年供地700万亩，2017年计划供应600万亩。土地供应总量减少了，房地产用地自然会更紧一些。我认为城市发展必须把握我国"地少人多"这一国情，加强土地的集约利用，提高土地的利用效率，实现土地资源的优化配置。

从结构角度来看，国家每年的批准供地中约有1/3用于农村建设性用地，比如水利基础设施、高速公路等，真正用于城市的只占2/3，这部分又一分为三：55%左右用于各种基础设施和公共设施，30%左右用于工业建设，实际给房地产开发的建设用地只有城市建设用地的15%，在全部建设用地中只占10%左右。相比欧美国家工业用地一般占城市建设用地的15%，商业和住宅类住房用地一般占25%的情况，我国的工业用地显然占比太高，挤占和压缩了住宅用地。

从区域层次上看，城市住房用地并不是向人多的城市多供应一点，人少的城市少供应一点，有时政府会逆向调控，对大城市有意控制得紧一些，中小城市反而容易得到支持，用地指标会多一些，这就造成了城市之间资源配置的不平衡。

（二）土地价格失衡

过去十年中一线城市的房价涨了 8~10 倍，很多时候大家认为这是通货膨胀现象。的确，近十年中 M2 从 10 多万亿元涨到 100 多万亿元，增长了近 10 倍，房价也差不多涨了 10 倍，从逻辑上判断，好像房价上涨是由货币膨胀造成的。然而，为什么在同样的通货膨胀下，有的商品涨价了，有的商品却跌价了？这与供给和需求的关系有关，对于供过于求的商品，哪怕货币泛滥，价格也可能跌掉一半。货币膨胀是房价上涨的必要条件而非充分条件，是外部因素而非内部因素。

住房是附着在土地上的不动产，地价高则房价必然会高，地价低则房价自然会低，地价是决定房价的根本性因素。如果只有货币市场这个外因存在，地价这个内因不配合，则房价是无法涨起来的。因此，控制房价的关键是控制地价。目前，土地升值有些畸形，原因有以下三个方面。

其一，土地拍卖制度本身会推高地价。现行的土地拍卖制度是 20 世纪八九十年代学习香港的土地批租形成的。它的好处是能够在政府主导下避免腐败和灰色交易，实现公平公正。但是拍卖制的特点是价高者得，实际操作过程中就会把地价越拍越高。若通过行政手段对土地拍卖价格进行封顶，则与市场化交易规则相违背。

其二，土地供应不足。在土地供不应求的情况下，拍卖地价自然会越来越高，房价随之越来越高。

其三，旧城改造而来的拍卖用地成本高。城市拆迁的动迁成本会参照这个地区的房产均价来补偿，若这个地区房价是 7 000 元/平方米，则拆迁后的土地批租楼面地价一般会按照 7 000 元作为拍卖底价，这样的土地建成商品房的价格往往会到 15 000 元/平方米以上。

因此，如果靠旧城改造来滚动城市开发，房价肯定会越来越高。

总之，拍卖机制、土地供应短缺、旧城改造循环这三个因素相互叠加，使地价不断上升。

（三）房地产投资失衡

按经济学的经验逻辑，一个城市的固定资产投资中，房地产投资每年不应超过25%，这可以从国际上房地产运行的"1/6理论"中找到答案。正常情况下，一个家庭用于租房的支出最好不要超过月收入的1/6，用于买房的支出不能超过职工全部工作年限收入的1/6，否则就会影响正常生活。按一个人一生工作40年左右的时间计算，用6~7年的家庭年收入买一套房是合理的。对一个城市而言，GDP也不能全部用来投资造房，正常情况下，每年固定资产投资不应超过GDP的60%，否则就无法持续健康发展。固定资产投资不超过GDP的60%，再加上房地产投资不超过固定资产投资的25%，也符合"房地产投资不超过GDP的1/6"这一基本逻辑。这就是我在重庆工作期间一再强调的"房地产投资不要超过固定资产投资1/4"的理论出发点，并且实践证明这是合理的。

目前，在全国32个省会城市和直辖市中，房地产投资连续多年占GDP 60%以上的有5个，占40%以上的有16个，显然高于正常水平。有些城市房子造得很多，而基础设施、实体经济、工商产业没有跟进，出现了"空城""鬼城"等现象。一些地方的固定资产投资绑架了国民经济发展，成为稳增长的"撒手锏"，而固定资产投资的比重越高，失衡就会越严重。

（四）房地产融资比例失衡

2011年，全国人民币贷款余额为54.8万亿元，当时房地产贷款余额为 10.7 万亿元，占比不到 20%。这一比例在逐年提高，2016 年全国 106 万亿元的贷款余额中，房地产贷款余额为 26.9 万亿元，占比超过 25%。这意味着房地产占用了全部金融资金量的 25%，而其贡献的 GDP 只有 7% 左右。2016 年，全国贷款增量的 45% 来自房地产，一些大型国有银行甚至有 70%~80% 的增量来自房地产。从这个意义上讲，房地产绑架了太多的金融资源，导致众多金融"活水"没有进入实体经济，这是"脱实就虚"的具体表现。

（五）房地产税费占地方财力比重过高

近些年来，在中央和地方的全部财政收入中，房地产税费约占 35%，考虑到房地产税费属地方税、地方费，与中央财力无关，其与地方财力相比较则所占比重过高。全国 10 万亿元地方税中，有 40% 与房地产有关，加上 3.7 万亿元的土地出让金后，13 万亿元左右的全部地方财政预算收入中，有近 8 万亿元与房地产有关。政府的活动太依赖房地产，地方政府财力离不开房地产，这也是失衡的。

（六）房屋销售租赁比失衡

欧美国家所有的商业性房屋中，用于销售和用于租赁的房屋大概各占 50%。其中租赁分为两类：一类是开发商开发后自持物业出租，比如新加坡 70%~80% 的居民租住在政府持有的公租房中；另一类是由小业主和老百姓购买后出租。改革开放前，我国大部分居民住在政府、集体或企业的公房体系中，产权为公有，住户只有承租使用权。而近十年，我国开发的房产中 90% 以上是作为商品房、产权房进行买卖的，真正用于租赁的不到 10%。这样的市场结构是畸形的。

当前，中国房屋租赁市场有四个不足：第一，作为弱势群体的租赁者缺乏讨价还价的能力，业主可以随意地调整租金；第二，稳定性不够，业主可以随时收回房屋，让租赁者居无定所；第三，租房者由于没有产权，无法享有与房产紧密捆绑在一起的教育、医疗、户籍等公共服务，不能享受与城市居民同等的国民待遇，例如租房者的孩子不能就近入学，户籍在买房入住几年后才能办理；第四，在"有恒产才有恒心"的观念下，百姓认为租房是一种短暂的、过渡的、临时的办法。房屋租赁市场发育不足也是一种失衡。

（七）房价收入比失衡

按照"1/6理论"，用6~7年的家庭年收入买一套房是合理的，但现实情况远非如此。从均价看，北京、上海、广州、深圳、杭州等一线城市的房价收入比往往已达40年左右，这个比例在世界上已经处于很高的水平。考虑房价与居民收入比时，必须要用高收入对高房价，低收入对低房价，均价对均价。有人说，纽约的房子比上海还贵，伦敦海德公园附近的房价也比上海高，但应当注意的是，伦敦城市居民的人均收入要高于上海几倍。就均价而言，伦敦房价收入比仍在10年以内，我国却高得离谱！一线城市房价收入比高达40年左右，20多个二线城市都在25年左右。当然，也有一些小县城在5~6年左右，甚至"空城""鬼城"中的房子难以卖出。大家经常说的房价高主要指在一、二线城市或者三线城市中的一些活跃城市，由于各种原因使房价收入比变高了进而产生了不均衡。

（八）房地产内部结构失衡

在一、二线城市，由于土地供不应求，房产开发量也供不应求，在限卖限购的情况下其房屋库存去化周期只有三四个月，一旦放开便会无房可供；而有些城市的库存去化周期为十几个月，甚至三四年。这是一种不均衡，是一种资源错配。只有为供不应求的城市多提供土地，供过于求的地方则不再批地，才能把错配的资源调控回来。

房地产开发是供给端的概念，不能等到市场需求失衡了才从需求端下猛药调控，一定要从供给端发力，政府和企业应当有比较明确的预测信息来进行供给。比如，一个城市该建造多少住宅呢？对于有几百万人的大城市来说，人均住宅面积大致在 40 平方米，如果一个城市只有 100 万人，建造 4 000 万平方米的住宅就足够了。如果现在已有 2 000 万平方米，每年再开发 1 000 万平方米，五年后就变成 7 000 万平方米，这样肯定会过剩。因此，政府规划时不能只追求短期 GDP，应该以人均 40 平方米作为底数来确定总住宅面积，最多上下浮动 10%~15%，不能由着房地产开发商蛮干。再比如，一个城市该建造多少写字楼呢？一般中等城市每 2 万元 GDP 造 1 平方米就够了，对大城市而言，每平方米写字楼的成本高一些，其资源利用率也会高一些，可以按每平方米 4 万元 GDP 来规划。另外，商场的面积也应该基于商业零售额来确定，可以按每年每平方米 2 万元的销售值计算，要算好投入产出。一些城市的开发商在城市中大量兴建写字楼，一搞大卖场就是 50 万平方米的综合体，一搞就是 5 个、10 个，而地方政府不加限制，这是乱开发、好大喜功的代表，是不吸取教训的失衡现象。

（九）房地产市场秩序失衡

有的开发商在利益驱使下，将原来规划为写字楼的用地改建为住宅，原来规划为工业用地的改为商业用地，将原定 1∶2 的容积率改为 1∶3、1∶4，甚至 1∶10。虽然这些行为最后都会被政府罚款，但是往往罚不抵收又法不责众，不管是开发商勾结政府官员干，还是开发商自己偷偷摸摸干,这类乱象都屡禁不止。

有的开发商销售房屋时把房子"切碎"卖或者搞售后返租,实际上是高息揽储的行为,但老百姓觉得很划算,容易上当,一旦出现坏账,这就变成了社会的不稳定因素;有的开发商在融资时,不仅向银行借、向信托借、借高利贷、发债券,还把手伸向理财资金、小贷公司,甚至在公司内部向员工乱集资,在社会上骗老百姓的钱;还有一些开发商把本应在获批土地后两年内启动、五年内完成开发的项目一拖再拖,把地一直囤着,等十年后地价涨了十倍便可坐享其成。上面提到的种种乱象亟须加强管理。

(十)政府房地产调控失衡

经济下行的时候,政府希望刺激房地产;房地产泡沫积聚的时候,政府又想稳住或者压一下,如果相关政策经常变动,就无法形成稳定的市场预期,势必会对老百姓的生活习惯、价值观念和家庭稳定带来影响,也会对金融市场和实体经济造成破坏,最后只能是南辕北辙。另外,一些地方政府习惯采取行政性的、短期的、碎片化的措施,缺少稳定的、长周期的、法治化的措施,也缺乏应用经济逻辑、经济杠杆的措施。很多时候仅在需求侧调一调、控一控、紧一紧、缩一缩,较少在供给端上进行有效的结构性调控,这是政府在调控方面的缺陷。

以上房地产行业存在的十大失衡会造成很多不良后果。第一,高昂的房地产成本会恶化实体经济投资环境,使实体经济脱实向虚。第二,加速了房地产泡沫积聚,社会上的资金不再投向实体经济,而是各行各业都转向房地产。第三,实体企业的职工因房价过高买不起房子,会逼迫实体经济搬离高房价地区。长期来讲,房地产价格按 GDP 增长率和城市居民收入的实际增长率同步增长是符合经济规律的，泡沫性的高房价对实体经济和国民经济的负面影响和伤害是显而易见的，必须引起高度重视并认真加以解决。

二、建立房地产调控五大长效机制

应该用什么样的措施来实现房地产的系统平衡呢？2016年底，习近平总书记在中央经济工作会议上明确要求："坚持'房子是用来住的，不是用来炒的'的定位，综合运用金融、土地、财税、投资、立法等手段，加快研究建立符合国情、适应市场规律的基础性制度和长效机制，抑制房地产泡沫。"这一重要指示是我们做好房地产调控和房地产管理体系改革的总遵循。我们必须围绕房地产的功能定位，厘清主要矛盾，搭建四梁八柱，配套政策措施，才能实现房地产市场的长期平稳健康发展。结合对习近平总书记重要讲话精神的理解，我认为当前有五项基础性制度尤为重要。

（一）长效机制之一：土地

第一，控制土地供应总量。一个城市的土地供应总量一般可按100平方米/人来控制，这应该成为一个法制化原则。土地供应要做到"爬行钉住，后发制人"，不能根据长官意志和主观臆想去调控。如果一个城市有能力把人口集聚到500万，而以前只有350平方千米的土地供应，那么今后若干年内，就逐步增加土地供应来补上这个缺口。不能做到"爬行钉住"就可能导致土地资源的错配。

例如一个城市现在有200万人口，但计划未来有城市人口500万，并以此认为应有总计500平方千米的土地供应，结果今后十年里真的多批了300平方千米土地，但是计划新增的300万人口却没来，甚至原来的200万人还走了一些，这就造成了土地资源的错配。规划意图能否落地，不仅是土地问题，而且涉及产业集聚能力、基础设施配套能力、投融资匹配能力等因素。

在这些因素中，土地应是殿后因素，而不应成为招商引资、盲目扩张的领头羊。总之，土地供应总量应当爬行钉住人口增加，而不是违反经济规律去逆向调控。土地指标不应该在各城市间平均分配，而是要看哪个城市人口多、增长快，应按照产业跟着功能走，人口跟着产业走，土地跟着人口和产业走的原则，形成一个比较完整的土地调控逻辑链条。

第二，控制用地结构比例。对于人均100平方米的城市建设用地，应有55平方米用于交通、市政、绿地等基础设施和学校、医院、文化等公共设施，这是城市环境塑造的基本需要，工业用地应控制在20平方米以内，并且每平方千米要做到100亿元产值。这方面要向上海学习，早在20世纪90年代开发浦东时，金桥工业区规划面积为10平方千米，当时就要求每平方千米至少有100亿元产值，实际上金桥工业区到2000年的产值就达到1 500亿元了。

反观现在的一些城市，工业用地投入产出比太低，每平方千米只有20亿~30亿元的工业产出，用地浪费太严重，一定要提高刚性约束，把过去太慷慨的工业用地面积倒逼下来。这样一来就会有25平方米用于房地产开发，比过去供地增加了10平方米，其中的20平方米用于建商品住宅，另外5平方米用来搞商业开发。在这种用地结构下，1 000万人的城市会有1 000平方千米的建设用地，可以有50平方千米的商业设施用地和200平方千米的住宅用地。如果容积率平均为1∶2，200平方千米的住宅用地相当于4亿平方米的建筑面积，即人均住房面积为40平方米，这应当是一种平衡的模式。

因此，要改变以往为了GDP大规模招商导致工业用地占比太高的情况，把城市建设用地中的20%用于住宅开发，5%用于商业开发，并把这个比例作为法制性的用途规则确定下来。

第三，控制拍卖土地价格。一般来说，楼面地价不要超过当期房价的1/3。如果地块周边当期房价为1万元/平方米，那么地价拍到3 300元/平方米时就要适可而止，否则就会人为推高房价。限价绝不是依据长官意志随意指定一个限制价格，政府不应在土地方面去推高房价，而应让地价跟着房价慢慢走。当土地的供应是比较充分、合理、有效的时候，如果地价高了，就把政府的储备地多卖几块来平衡一下；当旧城改造的拆迁成本很高时，政府不能为了不亏本而抬高地价，而应从城郊接合部的出让土地收入中拿出一部分来平衡，以此覆盖旧城改造的成本。堤内损失堤外补，政府看似吃了点小亏，但整个投资环境好了，工商经济发展了，实体经济和房地产之间平衡了，最终会推动城市的长期健康发展。

（二）长效机制之二：金融

第一，坚决守住开发商用自有资金拿地这条底线。开发商搞房地产的资本金和社会融资比例一般应该在1∶3，而现在全国房地产的平均融通量保守估计在1∶9，甚至有的开发商可能达到了1∶50。举个例子，一块地价值10亿元，开发商自己出3亿元，另外7亿元从金融机构借，然后把这块地抵押给银行贷款6亿～7亿元，造好房子后通过预售把抵押贷款拿过来。在这个过程中，如果这块地三年后涨到20亿元，开发商就可以拿到15亿元的抵押贷款，最终，整个开发流程中的融资杠杆就可以加到1∶9。"地王"不断出现的背后不仅是土地短缺和拍卖机制的问题，还与无限透支的金融有关。因此，只要守住一切买地的钱绝不许借债这条底线，现在M2中的大量资金就不能进入房地产了。土地拍卖时首先核查开发商的资金血统，只要资金是借来的，就不能参与拍卖活动。这样一来，土地的恶性竞争和"地王"现象就一定会减少一大半。

第二，坚决防止开发商多账户借款。开发商在开发过程中发债券、从银行贷款的行为算是比较规范的，但有时候会通过私募基金融资，明股实债，有时候还会通过理财资金、高利贷来融资。如果一个开发商30%的资本金是清晰的，70%的贷款基本是从银行、信托、债券市场中得来的，则其融资方面基本符合要求。但是如果一个开发商涉及几十家甚至上百家金融机构的债务，各种高利贷、中利贷占到全部融资的50%以上，就说明其账户处于危机状态，对这种开发商必须提高警惕，观察其是否有高息揽储、"一女二嫁"卖房等违规行为。

第三，认真管好住房抵押贷款。对房地产信贷市场调控最直接、最有效的办法是合理设定首付与抵押之间的杠杆比。如果这一比例过高，如零首付，就会造成房地产泡沫，引发系统性金融风险；如果这一比例过低，如零抵押，则会使老百姓买房困难，在宏观上也会导致楼市低迷，制约房地产市场发展。

因此，应根据不同需求层次和房价走势，实施差别化的抵押制度，把握好不同情况的比例，比如首套房二八开、三七开，二套房五五开或四六开，三套房必须全款购买。要做好这一点，需要在贷款情况和收入核定问题方面加强基础性制度建设。美国的银行数量远远多于我国，但并不是每个商业银行都做抵押贷款业务，美国房利美、房地美、联邦住房贷款银行、政府国民抵押贷款协会等五大房贷金融机构就占到全部住房贷款的70%以上。这样一来，老百姓的抵押贷款情况就可以一目了然。

在我国，任何银行都可以做抵押贷款业务，一个客户可以在重庆工商银行抵押买房，同时在上海建设银行抵押买房，还可以到海南招商银行抵押买房，只要短期还得了账，三个银行都会把他当成优质客户，而不会主动到其他银行核查其贷款情况。我国的银行对老百姓抵押贷款的管理是比较粗放的，从贷款所需的收入证明可以看出这一点，美国、欧洲通过查税单或工资单来核定抵押贷款额度，而我国是单位出具收入证明，往往出现企业做顺水人情开假证明的情况，甚至有银行直接以假图章帮助客户造假。

（三）长效机制之三：税收

第一，形成高端有遏制、中端有鼓励、低端有保障的差别化税率体系。高端有遏制，是指对别墅这样的高档住宅实行有差别的税收政策，如果普通商品房的交易契税税率是1%，那么别墅就收5%，如果三五年卖掉，交易契税可以再升到8%，香港就是通过不断递增的印花税税率让人不敢炒房。中端有鼓励，是指让一般老百姓买得起自住房，今后的税制改革应采取抵押贷款自住普通商品房抵扣所得税这类政策，这也是全球通行的房产税政策。低端有保障，是指不仅不收税，政府还帮助建好公租房，用低价格保障老百姓住有所居。

第二，适时征收房产税或物业税。这样做有四大好处：一是健全税制，欧美国家的直接税往往占总税收的40%，而中国普遍是间接税，征收物业税这类持有环节的直接税符合国际经验；二是有效遏制投机性炒房，以1%税率来计算房产税，一套价值200万元的房子即使十年翻番到400万元，账面上看是赚了200万元，但由于升值过程中有房产税，买卖过程中有契税、增值税等，再考虑资金的终值系数，投机炒房的动机会大大降低；三是持有环节成本的提高有助于优化资源配置，繁荣房屋租赁市场；四是对全社会住房观念、房地产理念和房屋领域的意识形态带来巨大调整。总的来说，房产税应包括五个基本原则。其一，对各种房子要增量存量一起收。其二，根据房屋升值额度计税，若按1%的税率计算，价值100万元的房屋就征收1万元，升值到500万元税额就涨到5万元。其三，越高档的房屋持有成本越高，税率也要相应提高。其四，中低端房屋要有抵扣项，使占全社会70%~80%的中低端房屋交税压力不大。其五，房产税实施后，已批租土地70年到期后可不再二次缴纳土地出让金，实现制度的有序接替。

第三，研究征收土地增值税。党的十八届三中全会提出，允许农村集体建设性用地出让、租赁、入股，实行与国有土地同等入市、同权同价。落实这一改革措施，相关的税收政策需跟进。比如，一亩农村集体建设性用地拍出500万元，不仅是征地成本决定的，还与配套的社会资源和投入紧密相关。国有土地出让收入在扣除征地动迁成本后，是用于修建地铁、学校等公共基础设施，因此，农村集体建设性用地拍出价值全部归农民和集体经济组织显然是不合理的。另外，对于不同区位的地块，由于使用目的不同，其价格也不一样。比如搞金融商贸设施的地块拍出500万元／亩，搞学校文化设施的拍出50万元／亩，这样对两个地方的农民和集体经济组织也是不公平的。欧美国家和我国台湾都要征收土地增值税，即在扣除成本后，增值50%以内收40%的税，增值50%~100%收50%的税，增值100%以上收60%的税。目前我国土地增值税法尚未出台，土地增值税的暂行条例虽然在1993年已经颁布，但农村集体建设用地与城市国有土地同等入市。同权同价拍卖后，如何征收增值税，并未明确，导致税收上缺少房地产土地资源类的税种。

（四）长效机制之四：租赁市场

第一，完善政府公租房体系。国家曾就加快推进我国住房保障和供应体系建设指出，以公租房为主体的保障性住房覆盖面要达到20%左右。落实好这一要求不仅可以充分彰显房地产的公共产品属性，让城市中困难家庭的基本住房需求有了保障，同时公租房配置好后必然会带动开发商和各类业主的商品租赁房体系发展，整个住房供给系统会较为平衡。总的来说，公租房建设应把握好以下五个要点。其一，总量上，按照覆盖20%的城市人口、人均20平方米的要求来配套，100万人口的城市建400万平方米左右就足够了。其二，服务对象应包括进城农民工、新生代大中专毕业生和城市住房困难户，这些对象特征明显，核定容易。其三，同步配套医院、学校、派出所、居委会等公共服务设施和机构，一步到位。其四，集聚区布局合理，公租房与商品房大致按照1∶3来搭配，学校、医院等公共设施共享，不能把公租房变成贫民窟。其五，合理收取物业费，一般定价为同地段商品房的50%~60%，租金占低收入家庭年收入的1/6左右。比如，一套50平方米的公租房，租金15元/平方米，月租金需750元，对于城市较低收入的群体不会有太大的租房压力。对于政府而言，公租房是不动产，商品房价格上涨时，公租房租金也会上涨，建设成本是能够平衡好的。一般而言，公租房60%左右的建设成本是贷款，租金可以把贷款利息平衡掉。在新加坡，租户可以把五年以上的公租房买下变成共有产权房，如果这个共有产权房要出售，则只能按照市场价格售卖给保障房管理部门，政府再出租给新的保障对象，如此循环往复，就能持续做下去。

第二，培育商品房租赁市场。开发商并不是不愿意持有房产搞租赁，而是开发商主要依靠的融资开发模式决定了它做不了持有房子的出租者。对于1∶9的融资结构来说，房子造好后，开发商就必须尽快把房子卖掉，以回笼资金偿还贷款。中国商品房租赁太少，很大的一个原因是和开发商的资本结构有关。从这一角度出发，政府首先应让开发商进入1∶3的融资结构，提高开发商的准入门槛，让有资本金实力的开发商参与土地批租，这样不仅有利于遏制炒地现象，还有助于商品房租赁市场的发展。同时，对于搞长期商品房租赁的开发商，要形成一套激励政策，包括承租人可以使用住房公积金付租，交易税、契税、个人所得税抵扣率更高等；对老百姓二套房出租也应该有鼓励政策。此外，要从法律上保证租房居民与产权房居民在教育、医疗、户籍等方面享有同等国民待遇。只有建立起系统化的制度体系，我国房屋租赁市场才可能有大的发展。

（五）长效机制之五：地票制度

我国人口众多，人均耕地不足世界水平的一半。在这种背景下，我们要做好两件事：一方面，要十分珍惜国家给的土地指标，加强土地的集约利用；另一方面，要探索建立农民进城后退出农村宅基地和建设用地的新机制。在过去一两百年大规模的城市化进程中，各个国家和地区的耕地不但没减少，反而有所增加。出现这一现象的原因在农村，由于农村居住分散，人均建设用地在250~300平方米，而城市用地比较集约，人均用地在100平方米左右。理论上讲，一个农民进城可以节约100多平方米的建设用地，若把它复垦，耕地必然增加。但是中国农民"两头占地"，农村的宅基地和建设用地没退出，城市又为其匹配了建设用地，所以全国耕地总量不断减少。

我认为，地票制度可以较好地解决这一问题。地票设计要遵循三个原则：一是要体现农村土地的公有制性质；二是农民是农村改革的主体，要保护好他们的利益；三是农村土地要严格实行用途管制，地票的交易对象是建设用地，不涉及任何耕地。按照这三条原则，经中央批准，重庆开展了地票交易的探索。所谓地票，就是指将闲置的农民宅基地及其附属设施用地、乡镇企业用地、农村公益公共设施用地等农村建设用地，复垦为耕地而产生的建设用地指标。它作为土交所交易的主要标的物，具有与国家下达的年度新增建设用地计划指标、占补平衡指标相同的功能，可在重庆市域内凭票将符合土地利用总体规划、城乡总体规划的农用地，按照法定程序征转为国有建设用地。地票形成和使用的四个基本环节为：复垦—验收—交易—使用。通过这个过程，农民进城了，农村闲置的宅基地和建设性用地变成了耕地，被开发的城郊接合部的耕地面积小于农村复垦的耕地面积，耕地总面积就增加了。

一方面，地票制度具有反哺"三农"的鲜明特色，主要体现在以下五个层次。

第一，落实了最严格的耕地保护制度。地票制度将用地模式由"先占后补"变为"先补后占"，避免了过去占多补少甚至只占不补的现象。经过几千年农耕文明的发展，我国可垦土地已经基本开发完了，耕地后备资源匮乏，为了完成占补平衡指标，有的地方开垦25度以上的坡地林地，还有的甚至把弯弯的河道拉直，把湾滩变粮田，这样不仅破坏了生态，所得耕地质量也令人担忧，几年后又不得不退耕还林。"地票"解决了耕地复垦的后备资源不足问题，同时由于农村闲置住宅、废弃学校、乡镇企业所处的地方大多地势平坦、水源充足，复垦后既无破坏生态之忧，也能保证补充耕地的质量。

第二，打破了土地资源配置的空间局限。地票作为一种虚拟的标准化交易品，具有虚拟性、票据性和很强的辐射性，通过土交所实现交易，可以让身处千里之外偏远地区的农民享受到大城市近郊的级差地租。

第三，赋予农民更多财产权利。增加农民收入，关键是提高农民财产性收入。重庆每亩地票均价20万元左右，扣除2万多元的复垦成本，净收益大概为18万元。这笔钱按15∶85的比例分配给集体经济组织和农户，每亩地农民能拿到15万元左右，这是一笔很大的财产性收入。同时，地票作为有价证券，可用作融资质押物，为农房贷款的资产抵押评估提供了现实参照系，从而解决了农民信用不足的问题。

第四，支持了新农村建设。危旧房改造、易地扶贫搬迁历来是新农村建设的难题，主要的原因就是农民手里缺钱。实践中，重庆把农村闲置宅基地复垦与农村危旧房改造、地质灾害避险搬迁、高山生态扶贫搬迁等工作有机结合并共同推进，达到了"一票"带"三房"的效果。

第五，推动了农业转移人口融入城市。通过土地复垦和地票交易，农民工进城有了"安家费"，相应的养老、住房、医疗、子女教育及家具购置等问题，都能很好地解决，无疑可以让转户居民更好地融入城市。

另一方面，地票制度在城市房地产调控，特别是土地供应方面发挥了重要作用。近几年，国家逐步控制新增建设用地计划指标，在建设用地配置使用上又主要供给基础设施、公共服务设施和工矿仓储用地，房地产用地供给不足。地票制度可以在相当程度上解决这一难题，因为地票制度形成的土地指标是市场化指标，可以等效于国家用地指标，专门用于房地产开发时的征地需求，从而解决了房地产开发用地不足的矛盾。

以重庆为例，近几年，国家下达的重庆建设用地指标在16万～17万亩，实际使用中，重庆优先保证基础设施和民生项目用地，合理保障工矿仓储用地，能够用于房地产的土地极其有限，只有近2万亩。不过，由于有了地票制度，每年可市场化供地2万多亩，很好地补充了住房建设所需用地。重庆包括万州区、涪陵区在内的二三十个中小区域实力相对较弱，城市开发都是用国家下达的新增建设用地指标，主城区作为近千万人口的特大城市，每年2万多亩房地产开发批租指标基本上全部来自地票交易。这就相当于重庆房地产开发的土地指标多了一倍，土地供应量增加了一倍，房地产调控能力大大增强。重庆的这项探索，目前已纳入国家《深化农村改革综合性实施方案》予以推广。

　　以上这五个方面的制度化安排，按照中央的要求，把四梁八柱搭建好，形成供给侧结构性改革的长效机制，再逐步形成法律法规。我国应该有房地产税法、住房法、房屋租赁法来将一些基础性制度和长效机制固化下来。我相信，只要按照中央要求，各有关方面靶向施策、精准发力，打好调控组合拳，中国房地产市场一定会持续健康发展，人民群众的获得感、幸福感一定会越来越强。

房地产开发企业要摒弃的八种运行方式

●

从20世纪90年代以来,房地产业对加快我国城市化进程、推动经济发展起了非常大的作用。在这个过程中,房地产企业自身得到不断壮大,有了长足发展,与此同时,一些房地产开发企业也染上了盲目扩展、粗放建设、高债务发展等问题。对此,以习近平同志为核心的党中央高度重视人民的住房问题,总书记多次强调"房子是用来住的、不是用来炒的""住房问题既是民生问题也是发展问题,关系千家万户切身利益,关系人民安居乐业,关系经济社会发展全局,关系社会和谐稳定"。当前,中国特色社会主义已进入了新时代,我国经济发展也进入了新时代。新时代下,行业发展大势有变,房地产企业不能再靠旧模式发展,也走不通了,转型升级成为必经之路。

对于房地产企业该如何运行,如何与时俱进适应新时代要求,摒弃过往盲目的、粗放的、不合理的运行方式,我做了一些思考,总结为房地产开发企业要摒弃八种运行方式。

第一，避免在存量和在建量过剩的地区搞开发。开发商搞开发，应该既要关注当地规划建设量，也要看眼下存量和在建量，既要关注当前户籍人口和常住人口，也要看中长期人口流动趋势。主要分析三个指标。

一是人均住房面积。人均住房面积一般在人均 40 平方米左右，如果超过太多，就坚决不要去建。比如，当下看，一个城市只有 100 万人，造 4 000 万平方米住房就足够了。如果这个城市现有存量房已有 3 000 万平方米，在建总量有 2 000 万平方米，每年还再新开工 500 万平方米，五年后就变成七八千万平方米，人口基数如果没有太大变化，未来人均住房面积就有 70~80 平方米，肯定会过剩。如果还去搞开发，一定会弄一堆烂尾楼，成为"鬼城""空城"。

二是写字楼面积。一个城市有多少写字楼是合理的呢？实际上，一般中等城市每 2 万元 GDP 造 1 平方米就够了，大城市每平方米写字楼成本高一些，资源利用率也会高一些，大体每平方米 4 万元 GDP。如果一个城市远低于这个水平，说明写字楼是过剩的，就千万别去再造了。

三是商场面积。商铺建多少，应该基于这个地区的商业零售额，差不多可按每年每平方米 2 万元销售值计算。如果每平方米商业零售只有 1 万元，那么扣除人工、水电、房租等费用，很可能是赔本买卖。现在，一些房地产开发商无论是在城市中心还是边缘地带，大量兴建写字楼、综合体，很容易过剩，不值得提倡。

第二，避免在基础设施、公共设施全无的地区搞造城开发。规划是城市发展的蓝图，基础设施是城市发展的活力根基，公共设施则是城市发展的灵魂所在。从规划角度看，城市化进程中，一个建成区该规划建设多少道路、桥梁、铁路、港口、地铁、电力、自来水等基础设施，建设多少学校、医院、文化娱乐、园林绿化等公共设施,以及建设多少工厂、写字楼、商铺、住宅,等等,既要从规划总量上平衡,也要有合理的时序安排。建设时序上,何时何地建设道路桥梁,何时何地配套学校医院,总体上要从整个城市发展来谋划,具体应由多元化的第二、第三产业市场主体按市场需求跟进发展。

总之,不可能由一个开发商大包大揽、包打天下,房地产开发理应在城区中某一"七通一平"基础设施已基本就绪的地块上搞开发。但是,过去有些开发商动辄"造城",拿下几十平方千米的地,并向政府夸下海口,不仅要造上千万平方米住宅,还要连带建设基础设施和公共设施,从城市道路、桥梁等基础设施到学校、医院等公共设施,以及产业、人口引入,大包大揽,搞大而全、小而全的"一竿子插到底",既表现为房地产开发商不自量力、自我夸张,也表现为一些地方政府好大喜功、放弃责任,这类案例可以举出不少,但成功的很少。

第三,避免四面出击搞长周期的开发。房地产业是重资产行业,一部分大开发商现金流充足、融资能力强,在全国土地拍卖市场中很容易攻城拔寨,在商品房销售市场也有很大回旋空间,一、二线城市行情不好可以向三、四线城市扩张,三、四线城市行情不好可以杀个回马枪到一、二线城市开发。

但是,这种现象也造成一些开发商在同一时间段到各个省的各大中小城市跑马圈地,既造成竞争"地王"现象,也因为多地战线拉得太长,资金、管理顾不过来,形成"胡子工程",与每个地方政府的城市化进程很难有效衔接,以致发生进度要求上的冲突。往往,一个项目拆分很多期子工程的现象比比皆是,从项目签约到拿地开发,再到建成销售,往往七八年的有之,10年的有之,15年的有之,甚至20年的都有,给地方发展带来明显的时滞,其自身开发资本利息成本、管理人员成本也都很高。在顺周期时，开发商还能够按自身设想维持开发，一旦遇上逆周期，一个不当心资金链断了就全盘皆输。最近一段时间，常常爆出开发商要崩盘的消息，其实就与这种现象密切相关。

第四，避免借钱融资买地，不能热衷于炒"地王"。按照我国法律法规相关规定，房产开发商买地的钱，一般应该是自有资金，而不能是高杠杆融资来的钱。如果房地产企业用自有资金买了地，抵押给银行得到贷款去建房，当房屋建到70%以上时即可预售，得到购房者的预付款。如此滚动，房地产开发的杠杆比已是1∶3、1∶4。如果房地产企业拿地的钱也是借款，房地产开发的过程就几乎成了百分之百的金融借债。赚了钱，就成了房地产开发商的暴利；坏了账，就是金融机构的危机。

因此，开发商拿地前要量力而行，企业有多少自有资金，能参与土地批租的挂牌竞争，要留有余地，其资金来源不能是银行贷款，不能是信托资金，更不能是乱集资、高利贷，以及各种互联网P2P平台的资金。从政府管理角度来看，核查一个城市本土的房地产企业资金来源是比较容易的，拿地的钱无论是来自信托、小贷还是银行理财资金，只要各专业部门相互配合，就很容易分得清。总之，开发商自己一定要洁身自好，管控好拍地资金来源，不滥用金融杠杆特别是高息、高杠杆资金拿地，不能热衷于搞"地王"炒作，这样就能防患于未然。

第五，避免高资产负债率的开发商搞开发。房地产开发是一个周而复始、滚动开发的重资产行业，希望的是资本投入、利润产出，最忌的就是高债务经营，在滚动开发中债务会越滚越大。过去，很多房地产开发企业的运营模式就是向银行借钱买地造楼，造好了抵押给银行借钱接着造，如此循环往复。但在这个过程中，企业积累了大量债务，风险日积月累、越来越高。比如，2017年中国排名前十的房地产公司资产负债率平均达到了80%。过去几年，我们不时看到、听到这些现象：有的企业有十几个甚至几十个银行、信托、小贷等账户，从各种银行、非银行金融机构融资借钱，有的资产抵押搞"一女多嫁"，有的甚至借高利贷、搞职工内部集资等。

总之，长期高负债率会带来高比例高利息负债、高比例短期贷款，一旦房地产市场销售不畅，一定会导致资金链断裂，最终陷入"拆东墙补西墙"过日子，身不由己地滑向灾难的沼泽地。在这方面，内地开发商要向香港学习，港系地产商尽管也持有大量商业项目，但它们的负债率比内地开发商要低很多，基本上在20%~30%，最低的只有10%左右，最高的只有40%左右。总之，内地优秀的房地产公司，要将资产负债率降低并控制在40%左右，一般的开发商也要将负债率的底线控制在50%~60%。从政府管理角度看，凡是房地产开发企业负债率超过80%、90%，甚至资不抵债的企业，土地部门应当停止土地供应，金融部门应当对其实行存量渐进稳妥微调、增量遏制约束的放贷措施。

第六，避免各种巧立名目、违规销售式地搞开发。中国房地产企业多，竞争很激烈，于是各种玩概念、吸引眼球的做法都有。一类是前期打着商业地产、工业地产、养老地产、旅游地产、医疗保健地产、智慧城市地产等旗号搞开发。一方面，因为这些开发带有公共服务的职能，希望通过这些概念说服政府，以低地价供地；另一方面，开发商想通过这些广告概念吸引老百姓，更好地销售自己的楼盘产品。

须知，这些名目其实都是专业性很强的领域，需要长周期研究、长周期提供管理服务，不可能大家都成为这些专业领域的开发商。一定要沉心静气，让这些专业领域的企业主动配套房地产，而不能是房地产开发商自己拉个名头、浮光掠影地搞一番。还有一类在销售环节，为了制造热销场景拉人头搞烘托；为了快销回笼资金，要么将一个房子划成几块搞碎片化销售，要么搞售后返租，要么与非银行金融机构联合搞首付贷以及首付贷的抵押，这些销售方式无异于饮鸩止渴，最终会伤害整个市场和大量老百姓，造成鸡飞蛋打的局面。

第七，避免不专注精品生产，在规划设计、建设施工上不下功夫。房屋质量，重在前期规划设计和建设施工。如果前期的产品设计不用心、不下功夫、无特色，不能结合当地的文化元素因地制宜地设计出高品位的房屋，就形不成品牌，卖不好房子。因此，规划设计千万不要一张图纸干全国。过去，有一个20世纪80年代就在全国知名的房产公司，21世纪以来还在用20世纪80年代的设计图纸在全国20多个城市使用，造成几百万平方米的楼盘销售不畅的局面。另外，如果不重视建筑施工安全、施工质量，偷工减料、粗制滥造，住的人要受影响几十年，口碑自然不会好。但是，现在许多楼房，要么在下沉地基上建房子造成塌陷，要么墙体里面裂缝剥落，要么电梯设备故障停机，要么小区下水道曲曲折折、容易堵塞，种种问题到处出现。总之，对企业来说，最重要的是产品，房地产开发商最重要的产品就是房子，房屋质量是开发商安身立命的本钱，也是市场竞争的优势所在，一定要加倍重视。

第八，避免售后服务简单化，不重视物业管理。近年来，老百姓的居住环境得到了较大改善，在满足基本居住的前提下，业主们有了更高层次的需求，更加注重居住环境的舒适性和小区人文的建设。我很赞成房地产行业发展五个阶段的论断，第一阶段以区位优势为卖点，然后依次是以特色、户型、小区环境、物业管理为卖点。因此，今后开发商不重视商品房的售后管理，没有专业化团队去做，做好的不会太多。目前，大开发商物业管理要么自有要么合作，总体是好的，但小开发商的楼盘大部分存在物业管理跟不上的问题。随着租售并举时代来临，越来越多的开发商将持有的商品房出租，物业管理面积逐步增加，对房地产住宅和商业项目的资产保值增值功能越发凸显。无论从自身盈利角度还是满足业主居住需求看，物业管理方面都应该是开发商下一个重点关注和推动的方向。

总之，新时代房地产开发商要积极主动适应时代需求，加快从过去高速扩展、粗放建设、高融资、高债务、高地价、高房价的运营方式转向让人民得更多实惠、享受更美好生活的运营模式，努力实现长周期、可持续、高质量的发展，不断为推动高质量发展，创造高品质生活添砖加瓦、再立新功。

房地产业未来趋势、运营方式和政府管控方式

●

当前,房地产市场亟待满足高质量发展的要求。从未来的趋势来看,房地产市场长效的、长期的、围绕基本面的趋势与供给侧改革的结构性趋势息息相关,可以从六个方面对房地产业供给侧结构性趋势进行概括总结。

一、趋势一:中国房地产市场的新房交易规模将逐年降低

回顾中国房地产市场过去 20 多年的发展史,1990 年之前,中国几乎是没有商品房交易的,那时一年的交易规模仅有 1 000 多万平方米。1990 年以后,中国房地产业蓬勃发展,启动了开发商土地批租、老百姓抵押贷款等市场化改革。到了 1998 年、1999 年的时候,中国一年新建房的销售量达到了 1 亿平方米。1998—2008 年这十年间,新房交易规模增长了 6 倍,实际上原本可能增长 8 倍,即十年翻了三番。这是因为 2007 年,新房销售量本来已经达到了近 7 亿平方米,但 2008 年在全球金融危机的冲击下,房地产交易量有所萎缩,降到

了6亿平方米。再到2012年，经过5年的时间，房地产交易量又翻了一番，从6亿平方米增长到12亿平方米。从2012年到2018年，房地产交易量又增加了5亿平方米。总而言之，过去20年间，中国房地产市场新房销售规模从1亿平方米增长到了17亿平方米，翻了四番还多。

那么，今后的十年，房地产新房交易量会如何变化？是保持现状一年17亿平方米，还是每5~10年再翻一番？我认为，未来十年中国新房交易总量不仅不会增长翻番，还会每年有比例地缩减，即呈现负增长趋势。十几年之后，房地产市场每年的新房交易量可能下降到不足10亿平方米，总体上萎缩大约40%。换句话说，房地产市场交易规模已经达到顶点，未来交易总量可能呈现趋势性缩减。

过去20年间，中国房地产市场交易总量之所以能够翻四番，有四个主要原因。

其一，城市化。过去20年时间里，中国城市人口在不断增加，常住人口城市化率上升了近26个百分点。不仅农民工进城务工，小城市的人口也转移到了中型、大型乃至超大型城市，大量人口在城市间迁徙。城市人口的大幅度增长、城市规模的不断扩大推动了房地产业的快速增长。

其二，旧城拆迁改造。在城市化进程中，为了城市功能的重新组合，会拆除一些工厂区、住宅区，建设一些商务集聚区、文化娱乐集聚区。各种因规划功能布局调整进行城市改造，也会产生较大的新房销售量。

其三，房屋质量需要提升。50年前的中国房屋，农村还是土坯房，城市还是砖瓦房。到了20世纪80年代以后，城市开始建造钢筋混凝土住房。土坯房一般不超过10年就会垮塌；砖瓦房一般15~20年需要重建；最初建造的钢筋混凝土住房，由于水泥、钢筋质量差以及建筑结构不佳，一般20~30年也要拆了重建。所以，旧城改造中的住房改造就有很多。

其四，人均住房面积逐渐增加。1990年，中国人均住房面积只有6平方米；2000年，城市人均住房面积仅有10多平方米；而到了现在，城市人均住房面积已达到50平方米。过去人均住房面积偏小，也会产生改善性的购房需求。

以上四个因素在今后十年会逐渐淡出。一是城市化进程将会放缓。中国城市化水平已经比较高，未来增速将会显著降低。城市化率预计将从现在的60%增长到70%，城市化率上升面临天花板现象，城市人口增速放缓，未来每年再增长几个百分点是不可能的，城市化的人口红利会逐渐消失。

二是旧城改造总量将会减少。经过20多年的城市建设，旧城改造"大拆大建"的状况会逐渐消失。

三是住房质量已大幅提高。2012年，当时的住建部下发了住宅质量标准，对住宅和写字楼等各种商品性房屋的建筑质量进行了规范，将原来商品房30年左右的安全标准期提高到了至少70年，甚至100年。这意味着，2010年以后城市新建造的各种商品房理论上可以使用70~100年，也就是说老城市的折旧改造量会大幅减少。假设一个城市有10亿平方米的存量住房，按照30年的折旧期来计算，每年大约3 000多万平方米的房子要拆了重建，如果折旧期变为100年，则每年重建的房屋平均只有1 000多万平方米了。

四是住房市场已基本平衡，人均住房面积不会再大幅增加。当前，我国人均住房面积已经达到50平方米，困难家庭住房改善的要求逐渐降低。未来尽管还会继续存在住房改善的需求，但只是局部性、结构性的，从总体上看人均住房面积不足的现象将逐渐消失。

从上述四个新形势来看，在今后十几年的长周期里，中国房地产市场每年"铺天盖地"十六七亿平方米的新房竣工销售的时代基本已经结束。2018年新房销售量仅仅比2017年增长了1.8%就是一个明显的信号。这与1998—2008年年均增长25%，2008—2012年年均增长15%，2012—2018年年均增长6%~7%相比，增幅已经大幅下滑。换句话说，今后十几年房地产业的新房销售量不会再由17亿平方米逐年增加，而是会逐年萎缩。当然，这个萎缩量不会是一年20%~30%，而是会呈现未来十几年逐步下降的趋势，十几年后每年新房竣工销售量将下降到10亿平方米以下。

二、趋势二：中国房地产的建设将集中在三大热点地带

过去十几年以来，无论是沿海发达地区还是中西部地区，无论是大中型城市还是小城市、区县城市，房地产市场可谓"全面开花"，我国经历了一个全民造房的时代。往后的十几年里，房地产市场不会再"四面开花"，不会再呈现"东西南北中全面发热"的状态，但房地产市场依然还会成为热点，并且新房的建设主要将集中在三个热点地带。一是中心城市，即省会城市和同等级别区域性的中心城市。例如，山东省除了省会城市济南市之外，还有区域中心城市青岛市；广东省除了省会城市广州市之外，还有区域中心城市深圳市。二是大都市圈。超级大城市会形成都市圈，都市圈里的一些中小城市也可能成为房地产发展热点。三是热点地区的城市群。城市群中的大中型城市往往也会是今后十几年房地产开发的热点。

按照我国的划分标准，人口规模在50万人以内的城市为小城市，50万~100万人的城市为中型城市，100万~500万人的城市为大型城市，500万~1 000万人的城市为特大型城市，1 000万人以上的城市为超级大城市。在省会城市中，已经有了一批人口超过1 000万人的超级大城市，比如郑州市、济南市、杭州市、南京市、合肥市、

武汉市、成都市、西安市等，这些城市还会继续发展，人口规模可能会超过 1 500 万人，甚至 2 000 万人。还有一些城市现在人口规模只有 500 万人左右，未来可能会向 1 000 万人口的方向发展。

一个重要的发展动力是，在中国的各省会城市中，大体上都会遵循"一二三四"的逻辑，即省会城市占据本省的土地面积不足 10%（一般是 5%~10%）；人口一般会占本省的 20%；GDP 一般会占到本省的 30%；服务业，无论是学校、医院、文化等政府主导的公共服务业，还是金融、商业、旅游等市场主导的服务业，一般会占本省的 40%。但一些省会城市的发展与"一二三四"规则相差甚远。例如，从郑州市的发展情况来看，目前拥有 1 000 万规模人口，1 万亿元的 GDP，10 家三级甲等医院，30 多万名大专院校在校学生。而河南省有 1 亿人口，5 万亿元的 GDP。按照"一二三四"功能，未来 10~20 年，郑州市发展到 2 000 万人口应该一点都不用惊讶，而目前郑州市 GDP 规模与 1.5 万亿元规模相比也相差甚远。

同样的道理，就服务业而言，一个地区每 100 万人应该有一家三级甲等医院，河南省 1 亿人口规模应该有 100 家三甲医院，郑州市应该有 40 个，但目前的三级甲等医院远远不够。每建造一家三甲医院需要投资 20 多亿元，一年产生的营业额大概有 20 多亿元。考虑到服务业营业额对增加值的贡献率在 80% 以上，一家三甲医院 20 多亿元的营业额差不多创造 16 亿元的 GDP，用 600 亿元建造 30 家三甲医院可能比投资 1 000 亿元的工业对 GDP 增加值的贡献都要更大，并且还能解决老百姓的生活问题。中心城市的发展要靠人口的增长，要靠服务业，当然也就会产生经济的发展，形成一个新的循环。

从这个意义上讲，如果关注最近 10 个人口规模跨入 1 000 万的国家级超级大城市，再根据各城市所在省份总的人口规模去推算，它们在十几年以后都有人口增长 500 万以上的可能。人口一旦增长，城市住宅需求就会跟上去。因此，人口规模在 1 000 万~2 000 万中的一批超级大城市还会扩张，超过 2 000 万人口后可能上限要封顶，但人口规模在 1 000 万~2 000 万时并不会封顶，会形成继续集聚的趋势。如果是人口规模超过 2 000 万的超级大城市，城市核心圈的人口规模就要触碰到天花板了，但还可能以城市为中心发展出大都市圈。

大都市圈不是行政覆盖范围，而是经济辐射范围。大都市圈的辐射范围一般会有 1.5 万~2 万平方千米。大体上，以超级大城市为中心、50~70 千米为半径画一个圈就构成一个大都市圈，其中当然也可能覆盖一些中小城市。这些中小城市，单独发展都不构成经济热门城市，但它们一旦进入大都市圈，发展速度会大幅加快。

以超级大城市为中心，400~500 千米为半径，范围内的城市还会构成城市群。超过这个范围，相隔太远的城市则不能构成城市群。例如，上海和天津不构成城市群关系，但上海和南京、杭州、苏州就构成了长三角城市群。在城市群中，一些大中型城市也会形成经济互动，促进资源优化配置，从而加快城市发展。

总而言之，未来十几年间中国房地产市场新房交易规模不会再翻番，2018 年的交易规模可能会成为历史高点，以后会逐年稳步降低。这也意味着，今后房地产开发不再是"全面开花"，而是会集聚在省会城市及同等级区域性中心城市、都市圈中的中小城市、城市群中的大中型城市这三大热点地带。

三、趋势三：中国房价平均增速将不高于 GDP 增长率

当前，人们普遍关心未来中国房价的走势。我认为，今后的十几年时间里，我国房地产价格会趋于稳定，既不会大涨，也不会大跌。房价的平均增长率将小于或等于 GDP 的增长率。1998 年，全国

城市新开发房屋的平均交易价格是2 000元，2018年上涨到了8 800元，大体上翻了两番。如果按照区域进行划分，则无论是东部还是西部地区，很多城市的房价往往翻了三番以上。例如，2000年成都主城区房屋均价是1 000多元，2017年增长到10 000元以上，翻了三番还不止。沿海城市，无论是北京、上海、深圳、广州还是南京、杭州，热点一线城市的房价基本上都翻了三番，有些城市甚至涨了十几倍。在一线城市中，普通家庭也许30~40年"不吃不喝"也买不了一套房，这些城市的房价收入比是很高的，与世界相比甚至是最高的。但应当注意到，过去十几年间中国房地产价格与新房开发数量呈现相同的趋势，基本都是五年翻一番，十年翻两番，十七八年翻三番。上述现象产生的原因，大致上可以总结为三点。当然，任何商品价格的涨跌往往都离不开这三个原因。

其一，商品的供求关系。供不应求价格上涨，供过于求价格下跌，这也是最朴实的经济学规律。过去十几年时间里，中国房地产市场是供不应求的，人均住房面积从只有10平方米逐渐增长到50平方米的发展过程正是短缺经济下"补短板"的过程。强烈的住房改善需求支撑着新房越建越多，房价越涨越高。

其二，商品的货币属性。房价上涨与货币发行有一定的关联，通货膨胀始终是一种货币现象。从广义货币的发行来看，2004年我国M2发行量仅仅20多万亿元，此后10年间保持10%左右的增长，个别年份的增长率甚至达到了20%左右，2018年M2发行量已经高达180万亿元，截至2019年6月，M2发行量更是达到了190多万亿元。十年间，M2发行量翻了三番，如此大量级的货币如果进入实体经济，就会引起商品市场的价格动荡。幸运的是，房地产市场吸收了一大块资金，成为M2超量增长的吸收器或蓄水池，使整个社会商品的物价指数增长平稳，但房地产市场却出现"五年翻一番"的情境。因此，货币超发也对房价上涨具有一定的推动作用。

其三，国际市场冲击。任何一个国家的房地产价格都会受到外部经济的影响，例如会受到汇率市场的影响，当然也会受国际经济危机的冲击。在美国经济比较好的时候，不但美国房地产价格看涨，也会拉动世界经济一起往上走，对他国房地产市场也是利好。而美国一旦出现金融危机，或者美元汇率大幅波动时，中国市场也会受到一定的冲击。此外，对人民币汇率升值的预期也会吸引一定量的外资机构投资或购买中国的房地产。过去十几年里，中国房地产价格总体翻两番、区域翻三番，正是这三个因素综合在一起的结果。

展望未来，在房地产供求关系方面，我国已经进入了"局部供不应求，总体供过于求"的阶段，房地产建筑总量出现过剩的现象。"供不应求"的时代结束了，推动房价上升的基本面动力已经严重不足。在货币属性方面，我国当前的 M2 发行量已经高达 190 多万亿元，未来十几年里 M2 几乎不可能再翻两番。近两年内，国家"去杠杆、稳金融"政策已经让 M2 增长率大体上等于 GDP 的增长率加上通货膨胀率。可以预计，未来十几年间，M2 增长率与 GDP 的增长率和通胀率将保持同步增长。房地产价格增速大体上不会超过 M2 增长率，也不会高于 GDP 增长率，一般会小于普通百姓家庭收入的增长率。

综上所述，中国的城市化进程还在继续，城市化率水平大概还有 10% 的增长空间，尤其是国家中心城市、超级大城市、城市群、大都市圈还在发展，土地价格不存在大幅下跌的可能，房价不会出现大幅度的向下坠落，尚不具备相应的经济基础。未来十年，房价会趋于平稳，既不会大跌，也不会大涨，总体不高于 GDP 增速。

四、趋势四：未来十多年中国房地产企业数量或减少 2/3

中国房地产市场有一个有趣的现象——房地产开发企业的数量

居世界之最。2018年，在美国50个州的工商登记记录中，注册的房地产开发企业不超过500家。这里不考虑二手房交易中介，那只是服务公司，只统计建房子、卖房子的企业。而根据中国工商局的统计数据，2018年我国房地产开发商一共有9.7万家。我国目前共有5亿多的城市户籍人口，外加3亿左右农民工进城形成的常住人口，8亿多的城市常住人口对应着9万多家房地产企业，差不多每一万人对应一家以上的房地产公司，这正是过去几十年房地产大发展带来的"过热效应"。

中国的房地企业具有三个主要特征。

其一，房地产企业"杂、散、小"。大到上万亿元规模，小到几百万元规模，各类企业"杂七杂八"的。

其二，子公司"盘根错节"。一个大的房地产公司注册后，如果想去各个省搞开发，就要分别在二三十个省注册省级开发公司。如果地级市有要求，又要在全国400多个市（区）注册子公司。400多个市（区）又对应着2 000多个县区，在那里搞开发一般都会被地方政府要求注册子公司，这样GDP和税收就可以在当地核算。因此，中国前五大地产开发商，无论是万科还是万达，几乎都有上百家子公司、孙公司，并且都是具有法人性质的公司，结构可谓"盘根错节"。

其三，"空壳公司"数量不少。从2018年数据来看，9万多家房地产企业中，规模排在前15%的公司房屋开发量（实际的施工、竣工、销售的面积）在17亿平方米中占到了85%，而剩下的近8万家企业房屋开发量只有2亿多平方米。大量的空壳公司在经济不景气时毫无作为，而经济一旦"过热"又会呈现"乱集资、乱炒地、乱发展"的乱象。这种现象也是过去几十年房地产市场粗放型发展的一个结果。

未来的十几年时间里，基于新房交易规模降低的趋势和房地产业高质量转型的要求，房地产开发企业必然会有一个大幅减量萎缩的过程。从数量上看，我认为至少会减掉2/3。也就是说，十几年后中国房地产开发法人企业的数量不会超过3万家。在整顿和调整的过程中，主要将通过四个轨道实现规模缩减。

一是子公司层次收缩。超大型的房地产企业会将自己的二级、三级、四级房地产子公司收缩，并将房地产投资集中到省会城市、大都市圈、城市群，特别是人口从1 000万人向2 000万人发展的超级大城市。房地产开发商已经不会再在全国各地铺摊子，搞行政性的分布，而会在层次上进行收缩。

二是工商年检注销。过去，由于入市门槛很低，很多房地产公司入市不久即成空壳公司。工商机构年检时，又不退市注销，这在过去就是一种"常态"。今后，工商机构管理会加强，年检一旦无法通过就立刻注销。届时，三年之内没有业务量、没有税收的空壳企业自然就注销了。

三是房地产企业转行。相当一部分房地产开发商在市场规模缩小、业务衰退的情况下，会主动寻求转行，不再从事房地产业，转行去做其他事情。

四是被兼并收购。未来一批中小型房地产企业难免在经营困难的情况下被一些大型房地产企业兼并。上述四个方面构成了未来若干年房地产开发企业数量大幅下降的重要原因。

五、趋势五：房地产开发企业的负债率将大幅下降

中国房地产企业的高负债率也堪称世界之最。2018年，9万多家房地产企业的总负债率高达84%。排名前10位、销售规模在1万亿元以上的房地产开发商负债率都在80%以上。中国整个房地产业的开发模式就是一个大规模基建、大规模贷款的开发模式，净资本水

平极低，难以像商贸流通公司一样总在周转资产。

中国房地产企业高负债表现为，企业在土地批租、开发建设、销售预售三个环节都在高负债运行。

首先，房地产企业买地基本不靠自有资金，而靠贷款融资，银行、信托公司是主要的支持。10亿元的地拍卖成20亿元，就会有银行、信托公司跟着贷款。开发商并不会受资金的流动性约束，只是热衷于将地价炒上去，炒成"地王"。地价越高，开发商储备地的价值越高，资产信用就越高。因此，房地产企业热衷"炒地"，买地就靠贷款融资。

其次，建造楼房也要靠融资，靠开发贷。这种贷款可以来自银行、信托公司，也可以由企业自身发债。一些信用差的小房地产开发商，借不到银行、信托公司的钱，也发不了企业债，就会搞乱集资、借高利贷、搞售后回租。售后回租，是指房地产开发商把房子卖了以后再向买方租回使用，租赁费每年15%，相当于高息揽储，本质上还是房地产开发商借高利贷搞开发。

最后，房地产开发商还会利用自己掌握的优势来套取客户的无息资金。以房屋预售为例，楼盘在刚刚打好地基后，就向客户收取定金；楼盘尚未封顶时就预售房屋。此外，楼盘施工过程中让施工方垫资施工，拖欠施工欠款，整个开发过程就是一个透支的过程。以上三个环节构成了运转透支模式，造成了中国房地产企业80%多的高负债率。

如此高的负债率，房地产开发商不仅不在意债务风险，还将自己的负债运行能力视为一种成就。从利息上看，银行贷款是正常利息，信托公司一般比银行高一倍，集资的利息往往会高达17%~18%。如果房地产开发商借到了高息贷款，那么它们如何平衡资金链上的利息呢？房屋预售、拿定金是不需要付息的；此外，让施工单位招投标的时候必须带资施工，也是不付利息的。一家房地产开发商负债里有30%~40%都是无息的债务，在这种情况下往往会顺势而上，不担心出现资金链断裂的情况。而一旦逆周期出现，资金回笼不到位，资金链断裂，高息负债会带给企业灭顶之灾。很多房地产开发商出现问题，都发生在逆周期、经济下行、房产销售困难的时候，问题还会一个接一个，引起连锁反应，这样的现象应该杜绝。

从全世界的情况来看，房地产开发商并不是这样的。作为中国近40年房地产模式和路径的发源地，香港房地产企业平均负债率一般在30%左右，在买楼的过程中，尽管也会向银行贷款，但企业一般都有更多的自有资本，净资产规模大体达到60%~70%。而香港的房地产开发商到内地来开发，负债率并不会变得很高。香港房地产企业在内地的负债率一般只有40%，远低于内地企业的80%，这是企业文化、企业制度、企业规定所决定的。我国的房地产开发商需要改变自己的行为，不能再肆意地借贷。

今后的十几年里，在经济"新常态"下，房地产市场将进入新格局，房地产企业高负债的情况会发生根本转变。一方面，从土地批租环节来看，企业买地的资金会得到更加严格的管控。早在15年前，国家就有相关制度规定房地产开发商购买土地必须使用自有资本，但近十几年来监管没有做到位。一旦监管到位，购地款不让金融机构参与筹措，土地批租的高负债率就会减少。另一方面，预售模式将会更加规范。从地基搭建到结构封顶，不能再进行预售，只有楼盘开始精装修时才能开始预售。

此外，对施工单位长期垫资的现象也会逐渐管制到位。这样一来，预售款、抵押贷款发生时间将明显滞后，建楼阶段房地产开发商的债务率也会降低，透支的现象将大大减少。最后，房地产开发商经营模式将逐渐转变。从"100%销售型开发"转型为"销售部分长租持有出租"模式时，也会出现资产负债率降低的现象。如果租赁型企业利用高利息长期贷款的方式来进行租赁，租赁费还不够支付利息，资金链一旦断裂就会导致破产。如果采用资本的形式，长期出租的租金又将以 REITs（房地产信托投资基金）的方式参与直接融资，实现资本形态的运转，这与商业银行贷款的融资模式有着本质区别。香港之所以有如此多的 REITs 企业，也正因如此。由此可见，中国房地产高负债的经营模式必然在今后的十几年时间里得到彻底的改变，负债率会从 80% 降到 50% 以下，大约会在 40%~50%。

六、趋势六：中国房地产企业经营的售租模式会发生变化

整个中国的房地产业在过去几十年里，房地产企业就像皮包公司一样不断地买地造房。造了房子以后就紧赶慢赶地把自己 20 万、50 万平方米的楼盘尽快脱手卖掉，是非常快的流水。大家有时候觉得中国最富的人、最发横财的人就是房地产企业，想象房价涨了 10 倍，那么房地产企业不是富得流油了吗？其实这是一种想当然的误解。由于房地产企业是像贸易公司一样快进快出、大周转的商务模式，一手进一手出，比如造了 50 万平方米，当时的造价成本是 1 万元，销售价格是 1.2 万元或 1.3 万元，如果最后扣掉一切成本有 15%的回报，可能已经是一个比较好的结果了。

近十几年，要说中国房价涨了 8 倍也好，10 倍也好，最高兴的是买下这 200 多亿平方米房子的老百姓，差不多有 1 亿多户居民。不管是 5 年前买的、10 年前买的还是 15 年前买的，这些居民都享受了这十几年房地产的发展，大家都很高兴，尽管这个房子一般是自己住的，看不到涨的部分的钱，但算算账心里也高兴。应该说在近 30 年的城市化过程中，广大城市居民分享了房地产市场化改革的红利。

从这个角度来看，整个房地产企业的经营模式，造出多少、销

掉多少，几乎是像滚雪球一样在滚。对房地产企业的运营模式来说，这其实是最笨的一种。但它之所以这么干，又是因为它白手起家，土地的钱也不是自己的，是借来的，造房的钱、开发的钱也是借来的。预售的周转资金也是从老百姓手里借来的，甚至还要拖欠工程款，还要拖欠买房人的钱。在这样的背景下，最好的房地产企业就是造好以后赶快回收，回收以后现金回流，还账，还完账转了一圈能够有10%、15%的利润就很高兴，但它也就无法获得10年以上的超级利润。

在这件事上，李嘉诚让我印象很深。1993年他在浦东搞了一个世纪雅园，因为是自有资金，所以2000年造好以后也不急着卖，先租10年，到2010年，这个房子已经从2000年的1万元/平方米变成15万元/平方米，他就把租赁合同到期的房子全部收回，然后每平方米花了1.5万元装修一下，统统按照15万元/平方米卖掉，立马全部卖光。500套别墅他赚了多少？

当期造了就卖的商务模式不一定是一种好的模式。可能是高比例向银行贷款被银行倒逼还款的需要，美国房地产企业基本上自己持有50%、60%的房产，另外有30%、40%比例的房子造好了就卖掉，所以负债率本身是在40%左右。自己持有的50%、60%的房产用于出租，出租三五十年后房价上升的好处就都归房地产企业所有了。但其出租以后也不会把自己的本金全套在里面，既然出租就有租金，有租金就可以用REITs的方法，用每年的租金来付REITs利息，然后有信托公司提供一笔资金。这个资金不是债务，如果信托公司发一笔信托是债务，一般是比银行利息高3~5个百分点的债务；但如果是REITs，就有点像是资产证券化一样，是以现金流作为抵押，比如房子值100亿元，信托公司把100亿元资金给房地产企业。这100亿元资金表现在房地产企业的账上，不是负债100亿元，而是一个资产转换。所以这件事是合理的，是可以做的。

今后中国的房地产企业长期持有租赁的比例会逐渐增加。我认为，十年以后中国的房屋结构中会有 50% 左右是租赁的，50% 左右是商品销售产权房。50% 的租赁里面会有 20% 是政府出资造的保障房、公租房，租赁给了低收入群体。低收入群体只要交的租金能够支付政府保障房款的利息就可以了。政府可以把这个本金给信托公司搞一笔 REITs，政府也不负债。REITs 的利息只要能按照老百姓付的租赁款保证平衡就行。

出租以后，如果老百姓因为各种原因周转到别的城市去了，房子退出来就给新居民中的困难户，形成一个平衡。这个应该占 20% 以上。现在我们租赁的保障房只占 5%，社会保障房的比例要增加到 20% 是需要的，还剩下 30% 是房地产企业的经营模块。也就是说剩下房屋里的 30% 是租赁房，50% 还是保持现有的产权销售房。

这里说的都是新增的房，与存量房不相干。中国存量房 90% 左右都是自己的产权房。中国的住房私有化、家庭产权化的房屋的比例世界最高，比新加坡、美国、欧洲都要高。但是住房质量结构不同。有的房屋是新的，有的房屋是陈旧的。大家结构性的需要还是会不断产生各种各样的调整。

现在说的是新建住房，2018 年新建 17 亿平方米中差不多 90% 多是产权销售。今后 10 年，比如到 2030 年新建 10 亿平方米，有可能 6 亿平方米是产权房，然后有 2 亿平方米是商品租赁房，有 2 亿平方米是政府造的保障房和公租房等。这样比例就调过来了。或者 50% 的房子是商品产权房，30% 是商品租赁房，20% 是政府保障房，大概按照这样的逻辑展开，开发商的租赁房都变成了不负债的房，开发商的负债率也会下来。

以上六个趋势性判断包含新房交易量、开发方向、房屋价格、房地产企业数量、房企负债率和租售并举措施等方面，涵盖了土地供给、企业供给、资本供给、货币供给等诸多内容。总的来说，供给侧的这些变化会影响到社会的方方面面，影响到房地产以及其他各个关联环节的变化。这是因为，供给侧的变化是根基型的、主干型的，它的变化会对房地产业的各个方面产生显著的影响。未来十几年房地产业这六个趋势性变化，是按照习近平总书记的要求实施宏观调控的关键方向。习总书记多次强调，"房子是用来住的，不是用来炒的"。房地产调控要在土地调控、财税调控、金融调控、投资调控、法律调控五个方面形成长效机制。中国房地产的这六个趋势正是我国房地产业实现高质量转型发展的必然结果，是符合当前国民经济发展的规律的，未来它必将成为"新时代"的一个"新常态"。

面对这六个趋势，房地产企业的发展方式是否应当予以调整？融资方式和杠杆管控应该有怎样的变化呢？目前来看房地产企业规范的融资渠道一般有 16 种。

第一，应该有自有资金。

第二，应该有银行贷款。

第三，预售房款。老百姓抵押贷款交的预售房款，也是一种借款。

第四，建设单位的垫款。如果合同里写上了，就是房地产企业很聪明地利用了建设单位的资金为自己服务。如果是强行拖欠的，那就是不合理的了。

第五，房地产信托。

第六，可以上市融资。

第七，房地产商品证券化。

第八，联合开发。让合作单位把钱一起打进来。

第九，房地产企业的贴息贷款，这相当于卖房信贷。房地产企业有意拿出10亿元，这10亿元是贴息贷款，引导老百姓购买房子。例如，房款100万元中首付30万元，另外70万元可以是银行贷款，银行贷款里面贴息3个百分点。如果贴息贷款成功吸引消费者购买房产，他们的房子就很容易周转了。

第十，售后返租。房地产企业卖房子后又找户主租回来，房地产企业去做酒店式公寓出租，保证给户主10%、15%的高利息，对买房的人来说是一个刺激或者诱惑。这在理论上有正常循环里的合理性，但到后来就容易变成高息揽储，最后形成一堆坏账。

第十一，境外融资。境外融资利息比较低，一般是1%、2%的利息。借了外国的债券或者资金，一般就是2%、3%的利息。从这个角度讲，非常划得来。但如果遇到人民币汇率突然贬值，汇率上的损失带来的冲击可能比利息上的损失还大得多，那么这就看房地产企业在什么周期借了。

第十二，融资租赁。

第十三，私募股权。

第十四，债券融资。

第十五，房地产企业不是用它的企业融资而是用项目融资，用项目做担保来融资。

第十六，夹层融资。夹层融资既是股权又是债务。亦即股票市场的债转股，里面有一个抽屉协议。

以上说的这16种融资方式在合理的信用"度"里面，都是规范的金融杠杆工具，是一个正常的房地产企业该有的融通工具。如果做得好，房地产企业有信用，那么每一种都是良性的，是正当的工具，但在房地产企业高杠杆运行、信用透支的情况下，在房地产企业把事情做糟、资金链发生断裂的背景下，这16种融资渠道每一种都会成为麻烦的来源，每一种都是魔鬼。

作为房地产企业，面对今后十年的房地产发展趋势，应该以什么样的运行方式，校正过去大规模发展、高杠杆举债的行为呢？至少有五条。

第一条，房地产企业要改变四面出击、盲目扩张的发展战略。21世纪以来的这十几年，许多房地产企业都像打了鸡血一样，四面出击，往往到各个城市圈块地，砸款，最后五六个楼盘四面开花，这种四面开花、四面出击的搞法，最后的结果就是自顾不暇，管不过来，最后形成烂尾楼，这是一个问题。不要因为别人的邀请，或者没有经过自己深入的思考、调研、市场分析就到处布点。

第二条，不要动辄去造三五百万平方米甚至一千万平方米的大楼盘。一个房地产企业造几百万平方米、一千万平方米，往往占地十几平方千米或者二十平方千米，实际上是在造一个城。政府管理一个城，有十几、二十几个委办局，涉及非常复杂的概念。一个房地产企业圈了几十平方千米，认为这几十平方千米里面的什么事都摆得平，最后往往就会因为各个环节中某一个环节没搞好而鸡飞蛋打。

第三条，总体上不要高负债，不要拖欠工程款，尤其是不要去借高利贷。不要跟身边的人借钱，房地产企业穷极无赖，甚至会把职工的钱都套来，高息揽储式的售后回租也要杜绝，等等。

第四条，不要去产能过剩、库存很大的地区搞新楼盘的开发项目。人不要在危崖下过日子，不要在危岩滑坡的地方造房子，总之要给自己留下安全的生态空间。

第五条，不要因为脚踩西瓜皮而滑向违法的深渊，不要以邻为壑，也不要粗制滥造造成安全事故。

同样的逻辑，面对今后十年房地产市场发展的这六大趋势，政府应当如何调控、管理房地产行业呢？

就应按照房子是拿来住的、要建立房地产市场化法治化的要求来调控。要建立房地产的市场化、法治化的调控机制，要从投资、金融、财税、土地供应、法治五个方面来解决好房地产的调控问题。但如果在操作的时候，对什么叫作市场的、法治的、税收的或者土地合理管理的具体逻辑不清晰，那拍脑袋一想还是行政手段最直截了当、简单明了，以至于限购、限贷、限卖、限价，带出许多歧义，这都是不应当的。

总之，对真正的有为政府来说，这一类行政性的限制，临时为之可以，但长远地把行政限制变成常态就是政府的手伸得太长。中央改革开放的决定反复强调，市场是资源配置的决定性力量。政府要做好服务，不能把政府变成决定市场配置的力量，政府的手伸得太长，反而有时适得其反。

但政府怎么调控呢？有六个调控原则，政府只要把它做好、做到位了，房地产业就一定能调控好。大道至简，这六条原则其实很简单，只要讲清楚、负责任就能管好。

第一条原则，管好房地产投资占城市固定投资的比例，高潮时占比不超过25%，正常时控制在15%左右。房地产投资项目的土地规划、设计、开工建设一般都是需要政府审批的。一个城市如果一年有1 000亿元的总投资，房地产在任何时候也别超过25%。如果房地产高潮过了，已经进入正常状态，每年折旧需要更新的投资占这个城市总投资别超过15%左右。这是一个控制。这个控制不是去控制老百姓，而是控制开发商的开盘量、投资建设量。如果这个比例已经超过了30%，那政府就应该约束房地产企业的开工建设量。

第二条原则，房地产企业买地不要负债，不能背着银行搞土地批租。管住这个，炒地王的事情就没了。地王的产生都是因为房地产企业背后有银行，所以政府的土地部门，只要资格审查的时候查定金从哪儿来，拍卖的时候资金从哪儿来，只要审查管住这个，一定就管住了地王现象的出现。而地王现象就是房价炒高的根本性原因，房价炒高的重要原因之一是政府没控制住地价，而地价控制不住的根本原因是开发商背着银行，高杠杆批租土地。

一般房价是地价的三倍。如果地价每平方米卖到3万元，那房价一般是每平方米9万元。假如某个地方现在的房子是3万元/平方米，如果楼面地价卖到1万元/平方米，批租以后这周围的房子不会涨价。但如果楼面地价卖成2万元/平方米了，人家一算账，地价2万元/平方米，房价可能以后有5万～6万元/平方米。那现在3万元/平方米的二手房闻风而涨。地价炒高了，政府的土地收入会增加，好像也是为老百姓谋福利的钱增加了，但整个社会房价上涨，工商产业的营商环境就会出问题，风气也会变坏。因此，要管住房地产企业买地的钱袋子。

第三条原则，管住政府卖地的地价。楼面地价不要超过当期周围房产价格的1/3。如果这个地方原来是2万元/平方米，现在已经到了3万元/平方米，政府卖的楼面地价的1/3就是1万元/平方米。总之政府不能推高，不要去主动地把1万元变成2万元。

第四条原则，管控好买房家庭的抵押杠杆。第一套房子可以20%或30%的首付，70%或80%的抵押，而且就应该抵押。不要因为限购有意地不让老百姓抵押贷款，否则会打击老百姓买房的刚需。现在很多地方的老百姓刚需买房要贷款，但贷不到款，这又做过头了，走极端了。第二套房往往是改善性的，可以有50%的首付、50%的贷款。第三套往往属于投资性的，基本上是不给按揭的，100%自有资金买房。

第五条原则，任何一个地方造房子要控制住前文提到的人均住房面积、写字楼面积、商铺面积这"三个"总量。

第六条原则，推动住房双轨制体系建设。形成产权房、租赁房和商品房、保障房体系。就是整个房地产市场形成 50% 左右是商品产权房，50% 左右是租赁房，租赁房里有 40% 是政府保障性公租房，60% 是房地产企业的商业化租赁房，这样形成双轨制的一种商业、零售、销售、经营的状态。政府用这些市场化的调控方法，将使整个房地产秩序良好。

总之，实际上就是实打实地按经济规律，把这几个方面坚决地、合理地调控住。房地产企业就应该按照上述六条调整运行方式和行为心态的原则来加强自我约束。政府则应该更好地按照党中央的要求，以市场化、法治化的手段进行房地产调控。

如果能达到上述这样，那我们国家今后的十年中，房地产还是支柱产业，房地产产生的 GDP 至少会占全部 GDP 的 6% 左右。另外，房地产在发展过程中，哪怕每年的建筑量小了，只有十亿平方米，也还是有十几万亿元投资拉动的过程。同时，房地产企业还带动几十个工业制造业的行业产品，是龙头行业。

从这个意义上讲，房地产和谐稳定，也是我们国家国民经济和谐稳定的标志。

第六章

国有企业资本运作
与地方政府营商环境改善

国有企业的功能、比重以及基本运作

国有企业的资本运作有几个方面特殊的性质，需要我们深入分析和探讨：一是国有企业在国民经济中的功能问题，二是国有经济与民营经济协同发展问题，三是国有企业在国民经济中的比重问题，四是国有企业的资本运营和资本投资问题，五是国有企业混合所有制的途径问题。

一、国有企业在国民经济中的功能问题

党的十八届三中全会审议通过的《中共中央关于全面深化改革若干重大问题的决定》为国有企业未来的经营发展方式指明了方向，也让我们进一步思考国有资本和国有企业存在的意义。一个总体的认识是，国有资本是社会主义公有制的经济基础，具体来看，国有企业在中国经济社会中的具体功能主要有以下五条。

第一，国有企业在我国基础设施、公共设施建设和公共服务提供方面起着引领性、基础性作用。基础设施、公共设施的投资建设

前期投入高、产出回报慢，不是短期市场行为，也不是急功近利者关注的重点。尽管现在已有一些基建项目可以通过 PPP 的方式让非公有经济参与，但相当一部分的基础设施、公共设施项目只能由国有企业来建设。例如，从投入产出的角度来看，高铁项目的资金量很大，回报不会很高、很快，但高铁项目对于改善居民生活、拉动地区经济具有重要的意义。目前修建一千米高铁轨道需要 1.5 亿~2 亿元，可能需要 40~50 年才能收回投入成本，操作中又必须要由企业主体去承担回报周期这样长的项目，这时国有企业就可以发挥其引领性和基础性作用。

第二，在国家相关产业发展进入危机和艰难的时刻，国有企业是稳定力量和中坚力量。在国民经济局部领域发生危机之时，政府不能仅仅作为市场的旁观者、守夜人，也应当有所作为，发挥政府在资源优化配置中的协调作用。在危机时进场托盘，危机过后择时退出，使危机中的企业摆脱困境、安然重生。当然，这样的协调工作有些不宜由政府直接参与操作，而由国有企业出面，采取一些准市场化的手段，往往能够起到事半功倍的效果。2018 年，政府在解决舆论热议的民营企业质押穿透平仓问题时，国有资本就发挥了重要作用。

第三，在落实宏观调控政策的时候，国有企业将是一股重要的支柱型力量。所有企业都要遵守国家的法律法规，积极响应和落实国家的相关政策，这对于国民经济的健康发展是至关重要的。国有企业不仅能够遵守调控政策的纪律，还能够成为帮助政府将调控政策全面实施到位的重要杠杆力量。这种传递功能不容忽视。

第四，国有企业在国家财力上也扮演着"准政府"角色，甚至可以说是政府第三财政的一个重要财力来源（比如新加坡的淡马锡公司）。一般而言，地方政府的财政收入由三个部分组成：其一，预算内税费收入，用于保障政府基本运行和公务员工资；其二，预算外基金收入，主要是土地出让金，用于保障日常建设需要；其三，国有资本预算收入。国有资本对地方财政的贡献往往有两种，一种是每年缴纳一定的利润给地方财政，也就是上面提到的国有资本预算收入。目前，国有企业上缴利润的比例是20%，这个比例最初是10%，再过几年可能会提高到30%。另一种是国有资本对地方财政的承担义务，这是不容忽视的。国有企业会帮地方政府做很多事，但地方政府有时并没有给足资金，实际上是国有企业用自己的效益来进行冲抵的。这相当于，国有企业替地方政府承担了一部分开支压力。在计算国有企业效益的时候，懂行的审计者会帮助国有企业算清这笔账，这部分效益损失实际上是对地方政府的一种支撑。

第五，国有企业是促进社会公平的一股重要力量。邓小平同志讲过，只要我国经济中公有制占主体地位，就可以避免两极分化。[1]现阶段发挥公有制经济的基础作用，也主要依靠国有资本的收益。

总而言之，国有经济是社会主义公有制经济的重要组成部分，是中国共产党执政的重要基础之一，并且在上述五个方面表现出了更为具体的功能。一方面，在国民经济建设发展过程中，按照常规的生产经营、投入产出概念进行的各种基建投资、公共服务、技术改进、生产力发展，都需要国有资本的注入。另一方面，国有资本规模非常庞大，更应该利用资本市场的手段来进行资本运作，资本运作和资产重组是国有资本优胜劣汰的基本常态，应该成为国有资本健康发展的一个基本手段。换句话说，掌握着几十亿元、上百亿元甚至上千亿元国有资本的企业管理者，除了考虑日常生产经营、采购影响等事情外，更重要的一点是抓好资本运营、资产重组。这

---

[1]《邓小平文选》第三卷第149页。

对于国有资本保值增值、优化配置、更好地发挥五大功能会大有助益。

二、国有经济与民营经济协同发展问题

在中国几十年的改革开放中，既坚定不移地搞好国有经济，也坚定不移地搞活民营企业，这两个"坚定不移"是始终不渝的。在这两个"坚定不移"推动下，我国的民营经济从1979年20%的比例，上升到了现在的60%，非公有制经济在国民经济中占比达到"5、6、7、8"，即50%的税收、60%的经济比重、70%的研发投入、80%的劳动力就业数，这个比重是这几十年改革开放取得的重大成果，是国有经济与民营经济各有分工，总体呈现出多种所有制经济优势互补、协同合作的良好局面。

21世纪以来，尤其是国务院国资委成立以来，国有经济布局有了战略性收缩和调整，为民营企业发展腾挪了市场空间。在国资委领导下，国有资本布局结构调整优化和国有企业重组整合步伐不断加快，国有资本坚持有进有退，有所为有所不为，推动国有资本从不具备发展优势的一般加工业等行业和领域稳步退出，切实解决了国有资本分布过宽过散的问题。以工业领域为例，全国国有及国有控股工业企业主营业务收入占全国工业企业比重由2003年的40.5%下降到2017年的23.4%，资产总额占比由56%下降到38.8%，企业数量占比由17.1%下降到5.1%。在此期间，国有资本逐步退出部分行业，比如石油加工业中国有企业主营收入占比从85.7%下降至56.2%，医药制造业从40.6%下降至8.7%，纺织业从16.6%下降至2.3%，造纸业从20.9%下降至4.6%。国有企业退出的市场空间很快被民营企业填补。在房地产行业，自2010年起，国有资本进行了较大规模退出，2018年，中国房地产综合实力百强企业中国有企

占比明显低于民营企业。国有建筑业企业总产值占全行业比重仅为12.3%。

国有经济与民营经济呈现共生共荣的良好局面。在国民经济发展中，国有经济与民营经济有着不同的经济定位，国有经济更"稳"，民营经济更"活"。一方面，国有经济与民营经济总体上存在着产业链上下游分工。对于那些投资周期长、投资量大、回报慢、风险大的基础设施产业和尖端产业，往往是由国有企业首先布局和投入，而民营企业面临更好的适合自身比较优势的获利机会，更多地投入中下游的相关产业中。另一方面，国有经济为民营经济发展提供了稳定安全的社会经济环境。国有经济发挥了国民经济发展的"稳定器"作用，整体看可以减轻经济波动的幅度，有利于社会经济平稳发展。分行业看，国有能源企业、交通运输基础设施建设等企业确保了能源、交通运输的安全及服务供给的稳定；国有电信企业推动我国信息通信领域的跨越式发展，为移动支付、共享单车等互联网应用的兴起奠定了基础条件。

三、国有经济在国民经济中的比重底线问题

最近几年，经常有人讨论"国进民退"或者"民进国退"的问题，有的认为国有经济布局调整比例过大，战线收缩过多，也有的认为这几年民营经济发展得不够快，国有企业、国有经济的比重增长得更快，挤占了民营经济的比重。我的观点是，这是对数据逻辑理解得不确切，缺乏基本概念而产生的一个误解。我认为，一方面，这么多年来，各级政府一直在不遗余力、坚定不移地支持和加快民营经济的发展。事实上，民营经济对中国的经济发展起着不可磨灭的、重大的推进作用，从20世纪80年代一直到现在，党和国家对此的立场和态度是没有变化的。另一方面，也确实有一个国有经济在

国民经济中的比重底线要厘清、要坚守的问题。

从数据上看,例如2000年广东省的GDP中,外资和民营等非公有制经济已经占到60%左右,如今广东省非公有制经济的占比则是73%左右。有人认为广东省在20世纪80年代到2000年非公经济比重每年增加2%左右,近二十年每年增长不到一个百分点,是现在政策的思路变了,放慢了非公有制经济的发展。这是不确切的观点。并不是非公有制经济要一直上升到90%以上才是正常的,美国都达不到这么高的比例。同样的情况,如浙江省、江苏省这几个中国改革开放最到位、发展最快的地方,20世纪80年代和90年代非公有制经济迅速崛起,比重也都达到了60%左右。近十几年,非公经济的比重也就达到70%左右,这种占比增长率的放缓并不是"国进民退",而是到了天花板。

从GDP各项占比的角度来看,每个国家都有占GDP 25%甚至30%的财政税收收入,政府每年必定把财政收入花掉,比如给公务员和事业单位的人发工资,这表现为当年的国民收入GDP的一部分。同样,政府用财政资金进行投资,例如教育、卫生、文化拨款投资,这也会产生GDP。大体上,一个政府如果财政收入占GDP的比重有30%,政府花完财政收入产生的GDP会有15%左右。任何一个国家都有15%左右的政府经济是固化的,美国、德国、法国、新加坡等都是这样。

比如,2019年美国的GDP中有13.5%左右是联邦政府以及州和地方的开支形成的,这构成了国有政府经济。2019年,美国各级政府的财政支出约8万亿美元,其中由美国联邦政府花掉的约为4.4万亿美元,各个州政府用掉了近1.9万亿美元,其他地方政府用掉了约2万亿美元,而美国财政收入约7万亿美元,差额1万亿美元通过发国债解决。

美国 GDP 采用"支出法"计算，政府 GDP 主要包括政府提供的商品、服务、总投资，还包含了固定资产、军事设备、知识产权等的支出。政府提供的免费服务算作政府 GDP（比如国防、免费教育、免费医疗），提供的非免费服务会算作个人或者企业支出。为了避免 GDP 重复计算，政府提供的服务中收费的部分都会在推算政府支出时减掉。所以美国政府支出 8 万亿美元减去其中由个人或者企业付费的部分，才是美国政府的最终 GDP，约 2.65 万亿美元，占美国 GDP 的 13.5%。这部分 GDP 不是企业创造的，是美国政府运行的行为创造的，欧洲也是如此，所有国家都是如此。

在这方面，中国政府的收入除了税收之外还多了一块非税收入，如土地批租收入，以至于中国政府花钱产生的 GDP 会比美国政府高一点，达到 20% 左右。其中，17% 左右是地方政府支出形成的 GDP，3% 左右是中央政府支出形成的 GDP。在这种情况下，如果非公有制经济有 70%，那中央加地方的国有企业产生的经济贡献实际上只能占到 GDP 的不到 10%。也就是说，对一个地方来说，非公有制经济到了 70% 差不多就达到了天花板；对全国而言，非公有制经济比重到了 60% 差不多就到了天花板。

中国坚持国有经济公有制为主导、多种所有制并存，坚定不移地推动两种所有制共同发展，这是我们的宪法精神和基本路线决定的。GDP 中约 20% 的贡献来自政府，加上央企和各类地方国企占 20% 左右的比重，整个公有制经济保持 40% 左右的比例是合理的，也是必要的。我们说公有制经济为主导，并不等于其在 GDP 的比重要占大头，但是也绝不能让国有企业所体现的公有制经济比重趋于零。从这个意义上讲，当非公有制经济占 GDP 比重达到了 60% 的时候，这个比例不会像之前一样保持持续增长的态势，比例不再增长或放慢增长，并不意味着是"国进民退"或者是政府对民营经济不够重视。

总之，从所有制制度的角度来看，理应确立一个公有制比重底线的概念。对具体的一个地方来说，由于中央政府的财政开支和中央企业经营所形成的GDP可能不统计在当地，其国有经济的比重可能小于25%，非公有制经济的比重达到75%都是可能的。但从全国来说，包含中央政府和地方政府财力运行在内的经济比重，再加上央企和地方国企的经济比重，达到40%是合理的。我们坚定不移地支持两种所有制并存、共同发展，但绝不可能让公有制企业在全国GDP比重连15%都没有。所以不管是混合所有制，还是资本运作重组，应该要有这个明确的概念，当今中国政府对非公有制经济的支持和推动可以说是诚心诚意、不遗余力的。正是这种推动，使非公有制经济的比重40年间从20%上升到了60%，可以说已经接近了天花板。因此，今后比重上涨的空间不会特别大了。

新加坡是资本主义国家，2018年新加坡GDP中不同所有制的比重是政府经济占18%左右，国有企业占30%左右，非公有制经济占52%左右。在新加坡的公有制国有企业里面，淡马锡、新加坡政府投资公司（GIC）和新加坡金融管理局（MAS）三大政府投资主体总资产有近万亿新元，近20年这三家企业每年形成增加值占GDP比重15%左右，其他的机场、港口等各种各样的国企每年产生的增加值也占GDP的15%。总之，尽管新加坡是资本主义国家，但新加坡的政府公共投资、公共消费占了GDP的18%，国有企业占了GDP的30%，公有制经济占GDP比重达到了48%，如果算上国有控股的上市公司或合资企业的影响力，更是占到60%以上，对我们不啻是一种启示。

总而言之，当今中国非公有制经济的发展步伐最重要的已经不在于占GDP的比重规模继续扩大，而是在产业结构、债务结构、资产结构上把效益和质量搞上去。同时，非公有制经济在国际竞争力上，在世界范围内的制造业和服务业的国际竞争上要进一步崭露头角，发挥作用，把企业的核心竞争力做强、做大。

四、国有企业的资本运营和资本投资问题

资本运营公司、资本投资公司的定义是资本重组和资本运营的基础性概念。党的十八届三中全会提出，要进一步加强国有企业的管理，增强国有经济和国有企业的活力、控制力、影响力，这是很重要的一个目标。同时，党的十八届三中全会还提出，国有经济的管理，要从资产管理转化为资本运营。三中全会报告在资本管理、资本运营上提出了两个概念，一个是国有资本运营公司，另一个是国有资本投资公司。大家有时候望文生义，认为资本运营公司和资本投资公司的意思差不多，认为在强调加强资本运营的时候和强调做大、做强、做好资本投资的时候，意思都是一样的。这其实是对党的十八届三中全会提出的这两个概念理解得不深、不透导致的。搞资本重组和搞资本运营的人，如果不理解这两个词的重要区别，就是忽悠或是不求甚解的"马大哈"。

资本运营公司是不举债运营的公司，公司的总资产等于总资本。而且资本运营公司只投资，不管被投资公司的人财物，类似于私募基金，私募基金投资某个公司后，不会参与管理这个公司的人财物，也不管这个公司的子公司、孙公司的事，更不会去管市场、营销、产品开发等。所以资本运营公司本质上是一个财务投资者，可以称其为股权投资公司。例如淡马锡，淡马锡有5 000亿新元，约等于4 000亿美元左右的资本，淡马锡把4 000亿美元中的1/3投在美国，1/3投在欧洲，1/3投在中国和亚洲地区。淡马锡管理了相当于几万亿元的投资，但是包括在全世界办事处的人，公司总的职工人数只

有800人。常规来看，产业类投资公司拿出几千亿美元投资各种工商企业，如果实质性参与这些公司各项人财物的管理，包括招聘工人，那么公司规模可能要达到几万人。而资本运营的公司，相当于一个理财公司，哪怕投资了1 000亿美元，可能只需要500人，一个人管2亿美元。党的十八届三中全会提出的资本运营公司就是这样的公司，类似于淡马锡，采用私募基金的基金管理方式。

巴菲特的投资公司也是一种资本运营公司。巴菲特在股票市场投资各种企业，例如可口可乐，但是巴菲特并不管理可口可乐公司里的人员，而是用脚投票，被投资公司干得实在不好，就把股票卖掉了，当然资本运营公司会参与被投资企业的董事会，进行审计和监督。按这个目标，我们国家现在有150多万亿元的国有资产，资本金近60万亿元，极大部分以国有资本投资公司的形式投资在工商产业各行各业中。如果拿出10万亿元甚至15万亿元的股权资本，形成若干个资本运营公司，聘用高明的投资人做管理人员专门经营股权投资，这正是党的十八届三中全会文件所提议和期望的。

在党的十八届三中全会审议通过的《中共中央关于全面深化改革若干重大问题的决定》文本里，资本投资公司是指产业类公司或者伞形控股类公司。产业类公司是分为三级的资本投资集团。第一级是集团级，集团级负责资本运营、投资决策等；第二级是产品开发、市场竞争营销的子公司；第三级是工厂，负责全面质量管理、劳动人事管理、职工运作和市场各方面的管理。例如中石油、中石化这样的公司，上层是集团，中间是各种各样的公司，基层是很大的工厂，哪怕是10万亿元产值，也是在这么几个层次的框架里形成一个产业集团。还有一种是伞形控股类公司，整个公司并不聚集于某一个产业，有的子公司做房地产，有的子公司经营百货商店，有的子公司从事工业制造，例如美国的GE（通用电气），GE有差不多

5 000亿美元的资产，投资于银行、房地产、飞机发动机、电子制造业等，集团管理着方方面面。方方面面是由资本投资公司管理和控股的，形成一个伞形的控股公司。这两种公司，不管是产业类的还是伞形控股类，一般都叫作资本投资公司。

目前国务院国资委下属的集团公司基本都是产业类或者伞形控股类的公司，也就是资本投资公司。现有近60万亿元左右的国有资本里，资本运营公司的资本金不到1万亿元，应该说距离落实党的十八届三中全会决定精神还有较大差距。总的来说，国有资本管理从单一的资本投资公司管理转变为资本投资与资本运营双重管理，是国有资本管理方式改革的一个重要方向。

在这个意义上，当下中国政府各级的国有资本管理，无论是省级还是国家级的，资本运营都是很重要的一部分，应该把一部分的国有资本改变成资本运营类的，可以是公司形式或者基金形式。总之，就是将一部分资本用私募基金的方式，或者是巴菲特投资、淡马锡投资这一类的公司投资方式，进行股权投资，不带任何债务，做一个财务投资者，起到保值增值的作用。淡马锡在整整20年间，平均资本回报率达到15%，这是对国家最大的报答和贡献。对于这一点，新加坡总理李光耀曾经很自傲地说："新加坡政府之所以能够以较低的税率对企业征税，使企业整体税负较低，是因为有淡马锡这样的股权投资公司，以每年高比例的投资回报，作为国家资本利润，弥补了财政开支。"

所以，把资本运营和资本投资公司区别开来，搞清它的定义，然后把这两类公司都好好运营起来，这是十分重要的。如果近60万亿元的国有资本中有2/3作为产业投资类，1/3作为资本运营类，那么这20万亿元的国有资本从实体产业中的退出，一方面就为民营企业腾出了几十万亿元营业额的产业市场空间，有利于民营经济进一步发展。另一方面，这20万亿元资本形成的资本运营类公司并不是"脱实向虚"，运营类公司管理的20万亿元的资金作为股权投资，可以投到民营的、外资的、国有的工商产业公司里，投进制造业、商业等实体经济。但是这个时候资本运营公司作为第三方，成为一个战略投资者，使被投资公司的股权多元化，资本运营公司的国有资本还是在国资委管理体系中，表现为各种各样的另类的股权投资。总之，逐步形成资本投资公司和资本运营公司的国有资产运行体系，并处理好两者关系，这是当前我们国家国有资产管理从管资产转变为管资本的重要方向。

五、国有企业混合所有制的途径问题

党的十八届三中全会决定了要通过混合所有制，使国有的、集体的、民营的，包括外资的股权交叉形成资源优化配置，起到杠杆放大的作用，给经济带来新的活力。发展混合所有制，不能从概念出发，为混合而混合，混合的过程一定是有目的的，站在国有的角度讲，一般就是以下五种目的。

第一，为了完善法人治理结构。一个国有独资集团产权很清晰，但由于法人治理结构中缺少各方面的平衡，容易缺少监督，产生内部人控制问题。所以为了转制的需要，要推进混合所有制，使集团公司董事会变成多元的股权董事会，这种混合所有制是为实现法人治理结构的现代化而形成的混合所有制。

第二，为了资源优化配置。国有企业的一块资源和民营企业，甚至外资企业的某块资源有互补性，企业一起合作，在股权上互相划转，就形成了混合所有制。资金混合后不仅资金实力变大了，而且这两个企业中的技术或者其他市场资源互补了，形成了资源优化配置，起到了一加一大于二的效果，这也是推进混合所有制的一种目的。

第三，为了化解困难。国有集团公司在发生困难时，通过混合所有制引入战略投资者，把自己的困难甩掉。这不是破产重组，而是通过资产重组化解客观存在的困难，这也是推进混合所有制的一种目的。

第四，为了超常规的发展。通过集团公司之间换股的方式，子公司等值收购，母公司换股混合成一个多元的股权制公司，实现了企业的超常规发展，这也是一种目的。

第五，为了把握机遇，更好地发展。时代和政策在不断发生变化，整个市场的运行基础也在发生变化，这个时候适应性地与关联企业进行资产重组，也是一种目的。总之，混合所有制绝不是书呆子式地为概念而混合，是有一定目的的。

另外必须明确的是，国有企业集团在推进混合所有制的过程中，基于公司的性质、特点，在混合深度和程度上是有区别的。至少可以分为五大类。

第一类是需要保持国有独资形态的公司。比如特定的国有资本投资公司，由于涉及的业务是保密和特殊性质的，这类公司必须独资，它就不参与混合所有制了。又如资本运营公司，因为是运营公司，永远不会有别的资本成为公司的股东，淡马锡4 000亿新元都是财政部投资的，其他国家的资本或者民营资本不可能往淡马锡集团层入股，虽然淡马锡连续20年保持了15%的回报率，很多资本都想入股，但是淡马锡始终独资。也就是说资本运营公司一定是独资的，资本运营公司可以和别的基金或企业合作，共同投资某个企业，但是资本运营公司本身是法人独资。

第二类是可以引入战略投资者，但应是国有资本控股的公司。战略投资者不控股，在董事会没有决定权，投资的目的仅有财务回报，成为财务投资者。一般来说，凡是政府国有独资，资金规模极大的企业想要引入战略投资者，基本上混合的对象都是战略性基金，也就是国资委的资本运营公司，或者是和国资委没关系，但和国家有关的社保基金理事会，类似中投这样的投资公司。当然，也包括民营企业里非常有实力的财务性基金投资公司，这样的战略投资者就是财务监督者，这样的法人治理结构是货真价实的董事会，战略投资者在董事会里提意见是真刀真枪、绝不含糊的。

第三类是有些集团本身引入战略投资者之后股票上市，之后遵循上市公司的规则。

第四类是有些集团虽然资本金高达几百亿元，但所处行业是市场竞争类行业，只要资产价格性价比合理，完全可以放手市场化运作，集团可以将控股权转让给其他参与投资的非公有制经济或外资的资本，可以将股份转让一部分，也可以全部转让掉。

第五类是国有资本对外资企业或民营企业参股投资，也是一种混合所有制。不管是资本运营公司，还是资本投资公司，都可以参与投资非公有制经济的集团，在投后做财务投资者。资本运营公司不仅是投资国有资本的公司，也可以投资到市场上各种类型的企业，只要效益好、有前景就可以去投资。

除此之外，由政府主导的、直接推动的基础设施和公共设施类PPP项目，也是一种混合所有制经济的概念。

综合上述四个方面，归根结底就是一句话：要全面贯彻落实党的十八届三中全会对国有企业的功能定位、运行方式的原则要求。党的十八届三中全会对国有企业改革发展的要求，从根本上讲有两条。一是坚持两个"毫不动摇"。必须毫不动摇地巩固和发展公有制经济，坚持公有制经济的主体地位，发挥国有经济主导作用，不断增强国有经济的活力、控制力、影响力；必须毫不动摇地鼓励、支持、引导非公有制经济发展，激发非公有制经济活力和创造力。二是发展和改革中不忘初心和宗旨。国有企业属于全民所有，是推进国家现代化、保障人民共同利益的重要力量。国有企业总体上已经同市场经济相融合，必须适应市场化、国际化总形势，以规范经营决策、资产保值增值、公平参与竞争、提高企业效率、增强企业活力、承担社会责任为重点，进一步深化国有企业改革。

地方政府推动高质量发展的六个抓手

供给侧结构性改革中,供给包括产品供给、产业供给、技术供给、企业供给,也就是说形成生产力的系统供给,这一块供给可以表现为新产品,也可以表现为非常有竞争力的行业。比如,新兴行业、战略性支柱产业、战略性新兴产业等,还可以表现为非常好的各种各样的好企业。深化供给侧结构性改革,要求我们有新的动能,要求我们高质量的发展,要求我们高效益的发展。

作为地方政府,应当在以下六个方面高度重视、持续发力。

一、着力从企业产品端改善供给结构

习近平总书记在主持召开中央财经领导小组第十二次会议时明确指出,推进供给侧结构性改革,要"从生产领域加强优质供给,减少无效供给,扩大有效供给,提高供给结构适应性和灵活性,提高全要素生产率,使供给体系更好适应需求结构变化"。在具体工作中,需要着重抓好以下几个方面。

（一）谋划符合时代特征的主流产品并抓住支撑这些主流产品的战略新兴产业

从经济发展规律中，我们不难看到，每过二三十年都有进入千家万户的主打产品，谁能成为这些产品的生产基地，这个城市就会成为经济发展的领跑者。比如20世纪六七十年代，进入中国家庭的主打消费品是自行车、手表、缝纫机、收音机这"老四件"。在这一方面，北京、上海、广州等城市就拔得头筹。到了20世纪八九十年代，空调、冰箱、洗衣机、彩电等又成为新一个时代的主打产品，珠海、合肥、青岛等城市就脱颖而出。21世纪以来，汽车、电脑、手机、平板电视等产品则逐渐走进平常百姓家庭。过去十几年，凡是瞄准这些主打产品的、全力以赴的省市，就能抓住机遇，走到全国前列。

人无远虑，必有近忧。任何产业都会有市场饱和的时候，都会碰到"天花板"，即便原来的结构再好，也会出现青黄不接的状态。这样持续五年、十年，它的增长率就会掉头向下。因此，这就有了主打产品升级换代、与时俱进的时候。那么，今后10~20年，进入千家万户的主打产品会是什么呢？从世界范围看，包括VR（虚拟现实）和AR（增强现实）在内的穿戴式智能终端、物联网智能终端将进入家庭生活，机器人、3D（三维）打印机、新能源智能化汽车等也可能成为主打产品，应该成为我们产业发展的方向。除了要谋划并抓住这些时代的主打产品外，更要重视支撑这些主打产品的战略性新兴产业。考虑到这种情况，2014年8月，国务院制定了相关文件，重点关注以下产业，包括：集成电路、液晶面板等电子核心部件，物联网、机器人及智能装备，石墨烯及纳米新材料，轨道、通用航空等高端交通装备，新能源及智能汽车，综合化工，生物医药，节能环保产业等。这些产业的市场空间极大，很多是中国市场短缺的。比如，在中国的两万多亿美元进口中，集成电路进口了近3 000多亿美元，液晶面板进口了1 700亿美元，天然气和原油进口了2 000多亿美元。也就是说，这些产业是国家长远的进口大项，也是世界市场需求增长较快的产业。对地方政府来说，结合实际，做大做强其中一两个产业领域，在全国甚至全球形成独特的优势，就一定能在区域竞争发展中立于不败之地。

（二）围绕产业链形成集群化发展格局

怎么做大做强所瞄准的产业领域并形成竞争优势呢？按照集群发展理论，集群式发展，不仅可以使产业链的上中下游企业之间的资源要素实现有机整合，避免行业内的供需错配，使供给更加精准有效，还能通过产业链条上生产技术和工艺的良性竞争，推动企业不断创新，促进优胜劣汰，延长产业的寿命周期，实现产业能级的快速跃升。更具现实意义的是，能够有效降低物流等成本，补齐创新等短板，形成核心竞争力。产业集群发展模式，能为地方政府调结构、转方式起到核心支撑作用，是不容易垮掉的。具体方式上，要推动以下三种集群。

一是产业链上游、中游、下游的集群。比如说汽车产业，一辆汽车有上万个零部件，要形成支柱，就要把上游零部件产业的70%~80%都实现本地化生产。又如，搞电子产业，笔记本电脑有2 000多个零部件，就要本地化几百上千家零部件企业，从集成电路到液晶面板，从印刷线路板到机壳，各种各样的关键零部件都能实现本地化生产。这样上游、中游、下游产业链就能形成集群。

二是促使同类产品、同类企业扎堆形成集群。当一个大产品产业链集群形成之后，它的上游原材料、零部件配套产业既可为龙头企业服务，也可为其他同类企业服务，这就有条件把同类产品、同类企业扎堆落户，形成集群。打个比方，就像一个地方有希尔顿也有喜来登，有可口可乐也有百事可乐，这样就使这个产业"东方不亮西方亮"。否则，如果只有一个世界级企业，今年它订单多了，就可能大发展，明年如果丢了几个大单子，就可能出现20%、30%的负增长。这样会使一个地区的经济大起大落，进出口也大起大落。只要形成了这种同类企业集群，即使有个别龙头企业遇到困难，但就产业整体而言是稳定的、持续向上的，整个产业集群就能健康发展。

三是生产性服务业和制造业形成集群。产品销售过程中，会产生结算和物流等环节。比如，产品在全球销售、在全国销售，就会使与结算、物流相关联的各种服务型企业集聚扎堆，围绕着制造业集群来布局产业链。

（三）建立健全产业"微笑曲线"

一个产业领域中，有研发、生产、销售、结算等多个环节，单个企业不可能"大而全""小而全"。过去几十年由于交通工具便捷化推动世界变成平的，产生了水平分工的发展模式，也就是龙头企业和品牌企业抓住品牌、研发和销售结算体系，把各种零部件制造和整机组装以水平分工分包给各类企业。这种分工对一个龙头品牌企业来说是合理的，能降低成本、提升效率，形成良性的竞争力。但对地方政府而言，世界并不是平的，如果产业发展没有形成全产业链，重点招引的组装等制造环节可能处于"微笑曲线"低端，除了提供了大量的就业岗位，没有太高的附加值，同时加工基地很不稳定，随时可以拎包走人，企业很容易转移到其他地方。

所以，一个地方要形成国际化主打产品的核心竞争力，就要在全产业链上下功夫，以垂直整合的方式，把研发、材料与零部件制造、物流、仓储、结算、销售等高端环节与整机组装制造集于一地，占据"微笑曲线"全产业链，就能形成集群化竞争能力，这样做对品牌企业而言还是水平分工的加工贸易模式，但对地区制造业来说则是垂直整合的产业集群。这样，整个产业的"大厦"就能拔地而起，我们就能掌控整个"微笑曲线"，真正"微笑起来"。

二、着力加大小微企业供给力度

众所周知，大企业强国，小企业富民。供给侧结构性改革的成效，很重要的标志是小微企业活不活跃、非公有制经济繁不繁荣。近年来，各国政府无不在推动大企业发展的同时，高度重视小企业发展。就我国而言，小微企业贡献了我国60%以上的GDP、80%左右的就业和50%以上的税收。可见，小微企业对有效抵御外部经济风险，激活内部经济需求，增加居民收入，促进社会和谐稳定至关重要，已成为培育经济社会发展新动能的重要源泉。

发展小微企业，其政策支持与大型企业有显著差异。对大企业而言，由于有比较良好的资本信用和竞争实力，融资能力一般都比较好，融资成本也相对较低。在政策诉求方面，更多地追求准入前国民待遇、同等国民待遇、负面清单管理，市场门槛平等就行。对小微企业而言，更需要的是投融资体制机制保障，解决融资难、融资贵问题。微型企业是百分之百的草根经济。政府解决好小微企业的融资难、融资贵问题，使社会产生更多的小微企业，带动更多人就业，可以减少失业保险费的支出，长远看还能增加税收，推动整个社会步入良性循环。这实际是变"输血"为"造血"，把买"棺材"的钱用来买"补药"，从投入产出效果看也是非常划得来的事。

在具体扶持上，要采取针对性举措，努力提高政策措施的有效性，关键要建立"1+3+3"的政策体系。

"1"是一个创业者、带头人，用10万元资本金创业，带动七八个人就业。这是一个底线，资本金如果能够多一点当然更好。

第一个"3"是三笔资金。一是各行各业各种创业者的群体中，对鼓励类的小微企业，比如返城农民工、下岗工人、复转军人等七八种群体，政府给予3万~5万元资本金补助。二是经营过程中给予资本金等额的税费减免。三是给予至少和资本金1∶1的贷款融通扶持。同时，各种民营企业、中小企业的普惠性优惠政策都叠加上去。这样创业者就会有20多万元启动资金，能创办一个像模像样的企业。对于这三笔资金，扶持归扶持，但绝不放纵，监管上做到不抽逃资本金、不搞空壳公司、不炒股票和房地产。

第二个"3"是三个平台。一是创业培训平台，农民工、下岗职工、新毕业大学生、技术人员并不是天生就能创业的，为此开展三五天或两三周的创业基础知识培训，然后再让他们到市场上去摸爬滚打。二是创业孵化平台，主要是利用旧厂房、旧仓库等改造成创业基地，为创业者提供租金低、配套好的办公经营场所。三是与龙头企业的对接平台，包括大企业外包各种订单给微型企业，龙头企业外包产业链上的各个环节给微型企业，政府采购微型企业的产品和服务等，帮助微型企业打开经营局面，不断发展壮大。

总之，对微型企业的发展，除了上述"1+3+3"的扶持政策外，还应形成一整套的管理措施，比如微型企业经营的行业涉及食品安全、易燃易爆等公共安全的，理应严格管理。这样的政策体系，既符合市场原则，很宽容、很宽松，又很有效率，有助于微型企业成长，有助于微型企业占领市场、接单子，而不会成为微型企业成长的束缚，是市场主体长期有效的供给。

三、坚决去产能、去"僵尸"、去杠杆

过剩产能、"僵尸企业"和高杠杆企业沉淀了大量的厂房、土地、设备、劳动力和资金等生产要素，使生产要素无法从过剩领域流向有市场需求的领域、从低效率领域流向高效率领域，降低了资源配置效率，"劣币驱逐良币""旧的不去，新的不来"，导致整个经济基本面低效运行。去无效供给是绕不过的坎，是必须做的外科手术和经受的阵痛，必须壮士断腕，以当前的短期阵痛换取未来的长远发展。

（一）把握市场竞争法则去产能

在市场机制作用下，产能过剩或者短缺是一种常态，但必须有一个度的把握。就一般情况而言，如果行业过剩10%~20%，市场优胜劣汰，这属于良性竞争；一旦过剩超过20%，恶性竞争就会出现；过剩超过40%，几乎所有企业都泥沙俱下，形成行业性亏损。实际上所谓去过剩产能，就是要把这个行业超过30%以上的部分坚决去掉，对超过20%~30%的就把那些技术差的消灭了或收购兼并了。

（二）按照"五个一批"去"僵尸企业"

推动"僵尸企业"市场出清，主要有五大途径。第一类，破产关闭。对不符合国家环保、能耗、质量技术、安全生产等控制标准和扭亏无望的企业，依法启动司法程序，实施破产关闭。第二类，兼并重组。对仍有发展前景的企业，鼓励龙头企业开展跨地区、跨所有制兼并重组，支持企业通过兼并重组压缩过剩产能、延伸产业链、促进转型转产。第三类，债转股。依托资产管理公司等平台，打包承接一批银行债权和企业债务，以市场化方式实现平稳出清。

第四类，集团重整。在企业内部采取合并、股权收购、资产收购、资产置换、债务重组等多种方式，优化资源配置。第五类，组织调整。对一些由于管理不善而成为困难企业的，调整一下领导班子和组织体系就救活了。对不同类型，要坚决采取不同方式处理，否则时间久了就会积重难返。

（三）"四管齐下"去杠杆

目前，全国各地企业杠杆率很高，是去杠杆的重点，但操作上既不能一刀切地想两三年就解决，这容易造成糟糕型的通缩去杠杆，也不能用一种办法孤注一掷，应该多元化去杠杆。

从宏观上看，地方政府至少可以用四种办法一起着力。一是核销破产。这对企业来说是破产关闭，对银行来说是坏账核销，宏观上说是债务减免。二是收购重组。这可以实现资源优化配置。在这个过程中，企业没有破产，但是会有一些债务豁免。比如，2000年前后的我国国有企业改革，实施了1.3万亿元的债转股、债务剥离，当时的债转股重组中，对活下来的企业减免了5 000多亿元的债务。三是提高股权融资比重。如果我国全社会融资中股权融资比例提高到50%，那么一年就增加8万亿元、10万亿元的股权，这样企业债务3~5年相当于会减少30万亿～40万亿元，一年10万亿元的话，三年就是30万亿元。四是控制好房地产公司的债务率。在我国企业类债务中，负债率最高的是房地产公司，平均达到了85%左右。比如，2017年中国排名前十的房地产公司资产负债率平均达到80%，有的甚至达到90%。

在这方面，内地开发商要向香港地区学习。几十年来，港系房地产商负债比内地房地产开发商要低很多，基本上在20%~30%，最低的只有10%左右，最高的只有40%左右。为此，地方政府金融部门要将房地产公司的资产负债率控制作为去杠杆的重要方面，优秀的房地产公司，要将资产负债率降低并控制在40%左右，一般的开发商也要将负债率的底线控制在50%~60%。从政府管理角度看，凡是房地产开发企业负债率超过80%、90%，甚至资不抵债的企业，土地部门应当停止土地供应，金融部门应当对其实行存量渐进稳妥微调、增量遏制约束的放贷措施。

四、科学合理地供给城市基础设施、公共设施和商业设施

城市布局一般要以大都市连绵带为基础打造城市群。城市群或大都市连绵带一般有四个基本特征：一是城镇化水平较高，城镇化率在70%以上；二是大中小城市规模协调，相邻等级城市人口比例大多在1:5以内，最高不超过1:10；三是以交通为重点的基础设施网络完善，各城市之间交通便捷、信息畅通；四是城市功能布局合理、分工明确，产业优势互补。

城市各类设施中，基础设施的重要性不言而喻，基础设施最重要的是完善的综合交通网络。一是承载区域枢纽功能的大交通，包括铁路、机场、港口通道等，这是城镇群提升辐射带动能力的基础要件。二是承载城市群各城市之间连通功能的交通，如城际铁路、高速公路、快速干道等，是城镇群的动脉血管。三是承载市民日常出行功能的城市内部交通，要通过城市道路、地铁轨道及公交站场建设，确保城市平均车速达到每小时30千米，高峰时段不低于每小时15千米。四是承载各种交通方式衔接过渡的换乘枢纽。

按照大都市连绵带的框架，每个城市管理者要心中有"数"，应该掌握一些宏观的、战略性的城市规划数据，在决策时体现出经济学逻辑。比如建成区面积，国际惯例是，城市人均占用100平方米左右，包括住房、工厂、交通、商业、公共服务等用地。100万人口的

城市，建成区面积大体就是 100 平方千米，低了就会拥挤，高了就是浪费。住房建设方面，发达国家人均住房面积一般在 30~40 平方米。我国人多地少，人均 30 平方米比较合理。这样算来，1 000 万人口的城市建 3 亿平方米住房就可以了，再多就可能出现泡沫。商业设施方面，每 2 万元的商业零售额可配置 1 平方米的商铺，每 2 万元 GDP 可配置 1 平方米写字楼。垃圾、污水设施方面，每人每天约产生 1 公斤垃圾，综合用水 0.3 吨并产生 0.25 吨污水，相关基础设施应按此配建。总之，总量控制是门学问，要求总量平衡、动态调整，只有明晰这些参数，才能收放有度。

五、有效管控土地和房产供给

土地是供给要素中最为重要的资源。一方面，我国人多地少，在城镇化进程中既要坚守 18 亿亩耕地保护红线，又要努力保障合理的用地需求，城市用地矛盾尤为突出。另一方面，土地涉及房产买卖、租赁、抵押等交易活动，土地收入一般占到地方财政收入的 1/3，是地方政府名副其实的"第二财政"和平衡城建资金的主要"钱口袋"。因此，必须精打细算，规范管理，优化配置，节约集约用好每一寸土地，管好用足每一笔土地增值收益。

综上所述，加强土地供给管理，应把握五条原则。一是坚持深度规划后出让，开发地块尽量做到控制性详规、形态规划、专业规划全覆盖，这能使土地出让价格提高 30%，最多可达一倍以上。二是坚持生地变熟地后出让。由政府土地储备机构负责动迁、拆迁，土地整治好后再出让，不仅能保障依法拆迁、公平补偿，确保各方利益，还能大幅提高土地资产价值。三是坚持招拍挂出让。这是国家三令五申的要求，体现了公开、公平、公正原则，既能预防腐败，又可避免协议出让导致国有资产流失。四是坚持依法收回闲置土地。

对久划不拆、久拆不完、久拆不建、久建不完的"四久"工程土地，必须依法收回，挽回不必要的经济损失。五是坚持土地储备制度。加强土地储备是国务院的明确要求。建立土地资源配置"一个渠道进水、一个池子蓄水、一个龙头放水"的良性机制，可以为经济社会发展提供有力的用地保障，也能防止公共资源增值收益流失。

具体到土地储备环节，也有五条原则。一是一步到位储备，细水长流使用。土地储备是有技巧的，必须在城市起飞阶段一次性完成，然后细水长流。二是储备权集中，储备收益各级政府共享。相对集中储备权，有利于土地整体开发利用，但土地储备不应改变公共财政收入分配比例，收益应在各级政府间合理分配。三是储备地使用兼顾公益事业和商业开发，大体对半开。四是做好两个循环。第一个循环，即土地储备手续办完后，成为有价资产，通过银行抵押融资，搞征地动迁和"七通一平"，生地变熟地；第二个循环，是"七通一平"后，及时完善规划并分批招拍挂出让，回笼资金用于清偿贷款，抵扣一级开发的成本后，增值部分纳入财政预算，用于滚动开发或其他片区建设。两个循环正常滚动，不会诱发泡沫和债务危机。五是严格设置风险"隔离墙"，即做到"大对应、小对口"。"大对应"就是做到土地收入与城建资金需求长期总体平衡；"小对口"就是当期单个地块开发与一捆重大基础设施项目时间对应、资金平衡，"一个萝卜一个坑"，确保微观平衡、风险可控，以免形成糊涂账。

六、加快创新，创造新供给

本质上讲，创新就是通过创造新供给来催生新需求，一旦资本、资源、人力资本开始向新供给集中，老产业的生存空间就会受到挤压，产能过剩才能根本消除，而整个经济不但恢复平衡，而且能级会有一个大跃升。现在各城市、各大学、各开发区都在推进各类孵化器，推进过程中要把准它的脉络，如果关键环节把握不住，干到后面乱糟糟的，事倍而功半。做好创新驱动，关键是抓住五大环节。

（一）分类指导，把握好"0~1""1~100""100~100万"三大阶段财政、金融的科研投入

做好创新驱动，关键是针对性推动创新的三个阶段分类施策，分别予以财力资本和金融资本的投入。

第一阶段是"0~1"，是原始基础创新，是原始创新、基础创新、无中生有的科技创新。这是高层次专业人才在科研院所的实验室、在大专院校的工程中心、在大企业集团的研发中心搞出来的，需要的是国家科研经费、企业科研经费以及种子基金、天使基金的投入。

第二阶段是"1~100"，是技术转化创新。技术创新，是基础原理转化为生产技术专利的创新，包括小试、中试，也包括技术成果转化为产品开发形成功能性样机，确立生产工艺等，这是各种科创中心、孵化基地、加速器干的活儿。这方面就要调动各类智商高、情商高、有知识、肯下功夫钻研，又接地气、了解市场的人，建立各类小微企业，在各种科创中心、孵化基地、加速器做好技术转化创新工作。目的是形成让人看得见摸得着的产品生产过程。

第三阶段是"100~100万"，是大规模生产力形成，是将转化成果变成大规模生产能力。比如一个手机雏形，怎么变成几百万台、几千万台最后卖到全世界去呢？既要有大规模的生产基地，这是各种开发区、大型企业投资的结果，也要通过产业链水平整合、垂直整合，形成具有国际竞争力的产业集群。这个阶段的金融服务重点是各类股权投资机构跟踪投资、企业IPO上市或者大型上市公司收购投资以及银行贷款发债融资等。

总之，创新有不同的阶段性，投融资的需求和性质各不相同，"不能胡子眉毛一把抓"，要在"0~1""1~100""100~100万"三个阶段以不同的金融工具和金融品种分类指导、分类施策。

（二）三个"1/3"的专利股权分配体系，是做好科研成果转化的关键

有效的知识产权激励政策和专利收益分配，能够激发科技人员和机构的巨大创造活力。比如，斯坦福大学、麻省理工学院周围吸附了数千个专事成果转化的创新型中小企业，形成了近万亿美元产值。很重要的原因是科研成果收益分配的三个"1/3"。美国《拜杜法案》规定，凡是使用政府科技或企业资本投入产生的成果，其知识产权获得的收益"一分为三"：1/3归学校或公司，1/3归研发团队，1/3归负责转化成果的中小创新企业。

这跟我国有哪些不同？以前计划经济的时候，一切专利归国家和集体所有；2000年以来随着科研体制的改革搞活，成果发明人可以获得25%~50%的专利权；最近两年进一步放开，成果发明人可以享有50%甚至75%的股权。政策的着力点主要是针对研发人员的知识产权加强激励。但仅仅这样还是不够的。要知道，能搞出"0~1"的不一定搞得出"1~100"，基础创新的设计发明人与将科研成果转化为生产力的人、生产工艺转化者、生产制造组织者是两个完全不同的体系。这也是我们给了发明人50%、75%的股权，最后好像没看到太多的百万、千万、亿万富翁出来的重要原因，因为尽管他们占有50%~75%的股权专利，但由于没有太多的成果转化为生产力，专利效益最终体现不出来。根本原因是缺少《拜杜法案》这样的规定，缺少对转化专利的企业予以激励，创新成果没有转化为现实生产力。我们应该好好学习《拜杜法案》，把科研机构、研发人员、科

技企业三方积极性都调动起来,加速科研成果转化和产业化。

(三)符合六个特征的孵化器是抓好转化基地的关键

一些地方搞孵化器,往往拿出一栋楼不分青红皂白地免除几年房租,用低租金成本吸引一批科创类企业或中小企业。"捡进篮子都是菜"的搞法,除了热闹,效果不会好。美国硅谷之所以孵化能力强,更关键的是,这些孵化器集合了六个特征。一是项目甄别。聚焦专业领域,把好准入环节,分门别类,不能散而杂。生物医药孵化器,不能弄一堆机器人或其他行业的孵化企业。二是培训指导。创新创业者经过培训,成功率一般可从 10% 提高到 30%。三是共享服务。公共实验室、专用设备或专业设施,由孵化器提供。四是股权投资。有种子基金、天使基金、风投基金、引导基金等多层次投入体系,覆盖企业生命周期的不同阶段。五是收购转化。通过上市、集团收购、合资合作、成果转让等措施将成果转化为生产力。六是资源集聚。孵化器应成为行业信息传递、知识交流、人才汇集的窗口。

总之,归纳美国硅谷地区办好孵化器的上述六项措施,可以启发我们:搞孵化器、加速器不是搞房地产开发,一个省的创新平台不在于各级市(区)、县开发区大批量和排浪式地搞几十个上百个平台,关键是要少而精地搞出若干个集聚上述六大功能的创新平台。一个符合要求的平台可以孵化出上百家甚至上千家优秀高科技企业。

(四)在"100~100 万"阶段抓好"独角兽"企业的培育工作

从经验看,"独角兽"企业往往有五个特点:一是"独角兽"企业通常是产生于"100~100 万"阶段发展的高科技企业;二是成长之后市值巨大;三是成长过程不断吃钱,多轮融资,融资规模大;

四是技术含量和商业模式代表了先进生产力，发展趋势好，成长潜力巨大；五是产品有时代意义、全球意义和巨大市场。因此，发展"独角兽"，应当重点在"100~100万"这些大规模产业化成长阶段的高科技企业中，选择有成为"独角兽"可能的予以支持。

（五）政府要为金融服务科技创新建立良好环境

主要有五个方面工作。一是发挥股权投资市场在推动科技创新方面的积极作用，包括出台参考《拜杜法案》的政策、VC和PE服务科技创新政策、上市公司"独角兽"制度等。二是完善股权投资的政策环境，比如，对高科技股权投资，其企业所得税可以按照15%予以征收。三是发挥政府引导基金的引领作用，与各类VC、PE结合，当好母基金。四是完善以资本市场为主的多层次股权投资市场，畅通股权投资的退出通道。五是推进提升VC、PE企业的品质，约束规范阻挡创新的不利因素。

改善营商环境的两个关键

●

供给侧结构性改革的一个重要目的,就是要改善营商环境。"三去一降一补"中的"降成本"和"补短板"是改善营商环境的重要内容。改善营商环境,具体要从改善政府服务方式和降低要素成本两个方面着手。

一、改善营商环境的关键在于改善政府的服务方式

改善政府的服务方式,要从降低制度成本、提高政府办事效率、不断拓宽准入范围、加强知识产权保护、全面实行准入前国民待遇和负面清单管理制度五个方面下功夫。

其一,降低制度成本就是指政府在为社会、企业服务时,尤其是在政府审批的过程中,能够有越来越低的成本和越来越高的效率。在过去的很长一段时间里,企业经常需要缴纳各种各样的费用。目前,从中央国家机关到省级政府,再到市、县级政府,都在分批次降低各种收费的标准,并取消了一大批收费项目。这

些行为都是在降低制度成本，这对于企业生存、发展的重要性不言而喻。

其二，提高政府办事效率就是要简政放权。最近，从中央部门到省级部门，行政审批权都在一层层下放。3~5年前，一个地方政府的各种审批事项能够达到1.2万~1.5万项，仅经济类审批事项就有2 000项之多，还包括行政类、民事类等。政府在行政审批的过程中具有很大的权力。随着中央明确要求"简政放权"，各级政府都在清理审批事项，清理数量能够达到5 000~7 000项。其中，各级政府经济类审批事项大概能够清理掉2/3，仅保留600项左右，效果尤为显著。

在"简政放权"的过程中，难免会存在一些问题。例如，一些碎片化的、细枝末节的、无关痛痒的权力尽管被下放，但从企事业单位的实际感受来看，似乎跟以往相比并没有呈现出明显的差别。一个重要的原因就是大家看问题的角度不同。从政府部门的角度看，一些碎片化的、不重要的、冷门的审批权确实被取消了；但从企业的角度来看，它们平时就与这些精简事项接触得并不多，因此很难获得实实在在的感受。我相信，很多政府部门负责人如果全面审视一下这几年"简政放权"的实际工作，都会有这样的感觉。

真正的放权，是要把影响企业办事效率的重要审批事项下放或取消。例如，对于企业经营发展无关痛痒的，只有不到1%的企业涉及的小政、小权，其下放、取消的意义就不大。而对于一项与成千上万家企业的经营发展息息相关的、重要的权力，其审批事项的简化就会让大多数企业受益并提高效率。又如，原本一些需要走审批流程的事项，后来让备案处理。看起来似乎简化了流程，但有时候备案涉及的环节极其烦琐，比正式的审批制一点都不少，这种备案处理实际上还是"换汤不换药"。

再如，很多事项的审批流程是串联的，为了办成该事项，企业需要跑五六个部门，如果平均一个部门等待审批的时间是一周，那么整件事办成就需要花费一两个月。最好的方式是，审批流程只有一个窗口，只盖一个公章，这样一次性就可以把事情办成。在这个方面，我国诸多地区都进行了有益的尝试。其中，浙江省委省政府在全国率先提出了"办事只要跑一次"的理念，非常有推广价值。对于涉及五六个部门审批的事项，"只跑一次"并不意味着其他部门放弃审批，实际上只是将五六个部门原来的串联审批改为并联审批。办事企业主需要进入任意一个部门，其他部门就配合进行并联审批，从而提高办事效率。只有这样的办事方法才能真正促使制度成本下降，政府工作人员才能真正成为老百姓的公仆，政府机关才是真正为市场服务、为企业服务。

其三，不断拓宽市场准入范围。20多年以前，外资不能开百货店、办银行、办保险、开财务公司。不仅是外资企业，民营企业甚至一般国有企业也很难进入上述领域。这说明过去的监管是非常严格的，市场准入门槛也非常高，每个行业都有这样或那样的"不准"。我国正式加入WTO以后，制造业领域、商品贸易领域的各个方面，都向外资、民企和国有企业逐步放开。

最近，服务贸易领域，包括教育、卫生、文化等领域，各种原先不允许的领域都逐步放开。也就是说，随着我国对外开放的逐渐深入，开放的领域将越来越宽，准入的门槛将越来越低，越来越多的市场将被逐渐打开。无论是双边的还是多边的，自由贸易协定一经签订，国家之间都将敞开大门，在服务贸易领域或者说第三产业领域，对外资、内资全面开放，并且开放门类将不断拓宽。

2018年4月，习近平总书记在博鳌亚洲论坛发表《开放共创繁荣　创新引领未来》主旨演讲，宣告了我国政府加快对外开放的决心。很多原来外资不能控股，只能参股25%以下的领域，现在都放开了外资持股限制到 50% 以上，甚至 100%。例如，以前外资企业在中国汽车行业控股股权不能超过 50%，而现在控股 50% 以上甚至全资都是可以的。对外开放程度的提高反映了营商环境的改善。随着改革开放的逐渐深入，我国对外开放程度必将越来越高。

其四，加强知识产权保护。在一个良好的营商环境中，知识产权应该获得充分尊重。这里所谓的知识产权，包括各种专利、品牌等。知识产权作为一种财富和资源，必须得到法律的充分保护，绝不允许有偷盗知识产权的现象出现。我国既需要尊重其他国家的知识产权，其他国家也需要尊重我国的知识产权。

在这个意义上，积极保护好知识产权，不仅是我们逐渐适应世界游戏规则的过程，也是保护我们自己的经济创新成果的过程。目前，我国每年的研发费用投入高达两万亿元，位居全球第二，仅次于美国。随着我国科技研发投资的逐渐增大，越来越多的发明创造会涌现出来，形成大量的知识产权。这种知识产权必须得到尊重。一个企业花费了成百上千万元甚至数亿数十亿元研发出的成果，如果被另外一些企业不花费代价就悄悄盗走，这对于我国科技创新环境将是极大的破坏。保护知识产权不仅需要制定严密、周到、覆盖各个领域的法律，而且要加强执法，严厉打击违法犯罪的案件。

总之，现在国与国之间开展经贸合作谈判，知识产权保护是各国政府都非常重视的一点，这是融入国际经贸大家族的前提。改革开放 40 多年的历程，也是中国不断加强知识产权保护的历程。中国从落后走到今天的发展水平，知识产权的重要性越来越高，要充分遵守知识产权规则，这也是全世界都有的共识。

其五，全面实行准入前国民待遇和负面清单管理制度。首先，对不同产权性质的企业要实行同等国民待遇，而且要在准入前实行同等国民待遇。准入前国民待遇，是指在投资发生前，公司注册登记，项目立项申请，不论是外资、内资、国有、民营，都将享受同等国民待遇。如果同样从事某一类型业务，国有企业可以准入注册登记而民营企业不可以，或者国内企业可以而外资企业不可以，这就是准入前的不同等国民待遇。当然，如果准入前都实施了同等国民待遇，那么准入后，在同一个市场环境里，不同类的各种企业更应实行同等国民待遇。

在中美贸易谈判中，美国提出我国应在不同类型企业之间保持竞争中性的态度。实际上，这一条我们是完全可以接受的，因为所谓竞争中性，正是我国近十几年一直在投资领域倡导的同等国民待遇。在政府的主观意识里，不应该对哪一类企业有所偏私，也不应该"拉偏架"，要遵照同等规则、法律制度等措施来对待所有企业，这是很重要的一点。

有时候，我国为了招商引资，会给予外资企业优惠待遇，这表现为对外商办事效率较高、流程相对简化。但是，对国内的民营企业却给予较差的、不同的待遇。有时候，一些单位对于国有企业办事还是较为放心的，但对民营企业却不太放心，这就会造成不同等国民待遇。例如，我国商业银行在对企业放贷时，如果国有企业出现违约问题，一般不会追究行长的工作责任。然而，民营企业一旦出现一笔坏账，行长就很有可能被追责。这样一来，商业银行给民营企业放款就会有阴影，行长难免会非常担心，所以对民企贷款的标准卡得很严格，对国企则松得多。总之，要做到竞争中性、同等国民待遇，尽管在认识上容易统一，但实际操作中的结果往往千差万别。政府机构不仅要在认识上高度统一，更应该在办事的细节上付诸实践，时时表现出同等国民待遇。

其次，要实行负面清单管理制度。负面清单管理，就如同寺院的戒律、部队的军法，与军人遵守的"三大纪律、八项注意"是一个意思。每个行业都会有特定的负面清单，但负面清单并不是越多越好。真正管得住、管得好的负面清单，就那么3~4条。每个行业都要认真研究负面清单，并形成规章性的制度。随口就说出10条、20条甚至50条的负面清单并不是什么好事。2013年9月，上海自贸区刚起步的时候，我印象里负面清单有200多条，现在已经简化到几十条了，这是非常大的进步。

最后，要实行证照分离，先照后证，这对于营商环境的改善也十分重要。以前，市场监督局审批营业执照前，要由不同部门盖章，多的时候涉及十几个部门，一个部门还有可能涉及多个处室，办下来一个执照需要盖几十个、上百个图章。而实行先照后证，意味着给予外资准入前国民待遇。但营业执照办下来以后，事中、事后要对外资进行监管。监管并不是随心所欲的，而是要根据负面清单进行。各类企业，包括外资、内资，国企、民企，在拿下执照后，在经营过程中一旦违反了负面清单，就要被监督处罚，严重的甚至可能被清除。因此，负面清单的重要性就在于成为政府事中、事后监管外资的依据。

当然，在这个过程中，有三类企业需要引起市场监督局的重视，不能什么类型的企业都事先批复营业执照。这是因为，市场监督局先发了执照，有关部门却并不知道企业的存在，一旦发生了问题，产生了不良后果，便很难追究责任。

第一类是金融类企业。这类企业具有辐射性、穿透性、渗透性，一旦产生不良影响，便可能涉及千千万万的老百姓，尤其涉及乱集资、金融坏账等问题，影响更加恶劣。这类企业应该实行先证后照，有较高的资质证照的门槛。金融主管部门、银行商会或地方金融办应当对企业经营人员、工作人员有能力资格的许可。

第二类是社会安全类企业，例如加油站、地下采矿或易爆易燃的高危化工产业等。这类企业涉及老百姓的安全，一旦监管不当，便会危害社会公共安全，必须实行先证后照。

第三类是社会公共服务类企业，例如办一所学校、开一家医院等，这类企业涉及千家万户的公共服务。比如，筹办一所大专院校，如果没有教育部门在资格、能力上的事先认定，市场监督局就给予企业营业执照，三年过后，第一批招生的数百名学生临近毕业，发现学校资质存在问题，因此拿不到毕业文凭，这就不仅是赔款的问题了，而是耽误了几百个学生前途的问题。这类事件定然会在社会上引起轰动，并引发群体性上访事件。近些年，很多地区出现教育类社会事件，往往就是教育部门事先没有经过审核而乱办学校造成的恶果。

再如，筹办一家医院，在未经资质审核的情况下给予企业执照，一旦医生乱开药方，甚至将病人治死，便会造成严重的社会后果。因此，在跟老百姓的人身生命、学历教育息息相关的医疗体系、教育体系方面，人们会非常关注负面新闻，一旦发生不良事件，都有可能演变成为恶性群体性事件，绝不能掉以轻心。

总而言之，实施准入前国民待遇和负面清单管理，要让一般的企业先照后证。但对于涉及金融类、社会安全类、公共服务类企业，还是要事先审批，提高门槛，严格监管。这是对老百姓和社会负责，将可能出现的严重后果扼杀在摇篮里。

如果这五个方面的工作做得比较好，政府服务方式就将获得极大改善，政府主观服务的营商环境也会比较理想。一旦如此，无论是遭遇国际贸易争端还是国内经济纠纷，我们都能够以"比较阳光"的方式进行处理。

二、改善营商环境的重点在于降低企业的运营成本

一个地方的营商环境好不好，一条很重要的标准就是企业运营

成本低不低。企业在低成本环境下经营，更容易产生比较优势、竞争优势，而降低税费成本、融资成本、物流成本、要素成本和劳动力成本是其中的重中之重。

第一，降低税费成本。税收是营商成本的重要组成。但减税的政策是由中央来制定的，地方政府不能胡乱作为。如果有比较好的减税想法，应该跟国家税务部门研究后报送国务院审批，甚至可能需要全国人大常委会批准并通报，这是因为税率的任何变动都可能触及法律的更改。因此，地方政府税费成本里的税，尽量不要乱说乱干，这是违法的。要降低营商成本，一方面要按照中央精神，用足用好中央对一些高等技术、新兴产业等鼓励类行业的税收优惠政策，多发展一些中央鼓励的产业，这样既能够贯彻中央政策，又能够让企业切切实实分享税收优惠红利。另一方面，地方政府应该认真研究自己能够做主的收费项目，能降的尽量降，能豁免的尽量豁免，尽力为各类企业尤其是困难企业降低成本。

第二，降低融资成本。人们普遍认为，降低融资成本是地方政府无能为力的事情。这是因为，贷款的基准利率由中国人民银行统一管理，浮动利率又是由各地商业银行管理。然而，全社会融资成本不仅由利率决定，还受到融资结构、管理激励措施的影响。地方政府为降低地区融资成本至少有三个方面可以着手：其一，改善地区融资结构，降低企业高利息融资比重；其二，发展产业链金融，以增强中小企业的融资能力；其三，通过优惠政策增加小微企业的资本信用。

在改善融资结构方面：如果一个地区融资中，银行贷款占比不到50%，其他的都来自小贷公司、信托公司，融资难、融资贵就会成为这个地区的大问题。这是因为，非银行类金融机构的贷款利率可能普遍超过10%，甚至达到15%~18%。在这种情况下，地方政府就应当有所作为，优化该地区的融资结构。

具体来说，就是要平衡好三种融资渠道的比重，例如银行贷款占到60%~70%，资本市场股权融资或债权融资占到20%~30%，非银行金融机构融资控制在10%~20%，这样的比例就是合适的。众所周知，股权融资是不必支付利息的，单纯只是资本金的投入。而在证券市场发行企业债券，利率也要比商业银行贷款利率低2~3个百分点。假如企业借了100亿元，每年只需要支付3亿~4亿元的利息，比银行贷款利息还要低2亿~3亿元。

还有一个市场是银行间中票市场，这些年中票市场贷款也可以视为一种债券。商业银行在银行间市场购买该类贷款，都是由当地银监会、人民银行审批的，利率与债券一样，也比商业银行贷款利率低1~2个百分点。这些市场的贷款功能应当充分被发挥。如果地方政府有意调控，让自己管辖地区成千上万家企业的融资比重符合上文的标准，那么最多只会有10%~20%的企业融资来自非银行金融机构。即便这些融资的利率高达15%~20%，由于份额只有10%~20%，对整个地区融资成本提升的影响就不那么明显了。如果地方政府对上述三类融资市场放任不管，对企业融资行为不调节、不引导，中小企业就将成为"无头苍蝇"，银行的钱借不到，只能到小贷公司借高利息资金，甚至去地下钱庄融资，最后往往会由于支付不起高额的利息而濒临倒闭。

总之，对一个地方政府来说，要改善企业的融资环境，最重要的一件事就是要加快发展债券市场、中票市场、股票市场、私募基金市场，让企业有机会从直接金融体系的渠道融资。直接融资市场一旦全面发展起来，地区融资成本也一定会降下来。在这方面，地方政府一定要有所作为，做好引导、服务工作，将高利息贷款的比重压缩得越低越好。从现实情况来看，一个地区每年新增融资中，非银系统占比一旦达到40%~50%，这个地区的金融环境一定会很糟糕。这时候，融资结构调整势在必行，并且中央在政策上也是支持地方政府的这种结构性调控的。

在发展产业链金融方面，应当充分认识到帮助企业解决"融资难"问题并不是抽象的，要具体问题具体分析。在我国很多地区，中小企业往往是给大企业提供配套服务的。在提供服务的过程中，大企业有时会拖延支付资金，这将对中小企业的账期管理带来极大的挑战。例如，一家小企业为大企业提供零部件供货服务，并给大企业提供了价值100万元的零部件。但大企业要在三个月以后才支付100万元。如此一来，小企业的资金就被拖死了。一旦资金链断裂，小企业又很难到银行去融资，这将严重影响小企业的经营发展。

这个时候，政府是可以有所作为的。具体而言，就是帮助小企业与产业链龙头企业配置产业链金融，让商业银行和其他各类贷款机构围绕着核心企业、大企业的产业链，进行融资配套服务。

一个大企业背后或者说中下游之间产业链配置的中小企业可能有数百家之多，这数百家中小企业将货物提供给了大企业，银行、保险公司和其他贷款机构应当敢于把钱借给这些中小企业。因为这笔钱实际上是大企业延期支付的，属于大企业的封闭信用环。中小企业一旦交货，相当于获得了大企业的信用担保，获得相应的贷款也是理所应当的。此外，这类小企业交货后获得融资的利率也不应当太高，按照基准利率上浮5%~10%足矣。这样一种结构性信贷配置，也使金融市场服务实体经济不再是抽象的。当金融机构为产业链金融提供配套服务时，既扩展了业务范围，又是相对安全的。中小企业由于有大企业做担保，更容易成为融资客户；而大企业和中小企业之间的产业关系、资金流关系、信息链关系也更加密切了。通过大企业和中小企业的配备融资服务，融资难问题就得到解决了。

在通过优惠政策增加小微企业资本信用方面。对于小微企业而言，发展的关键在于资本金问题。根据国家法律定义，小微企业就是指一个小老板带领着八九个人创办的企业，这类企业解决了自食其力发展的问题。这种企业在发展初期，政府不需要帮助其解决融资问题，而需要关注其资本金问题。任何个人创办新企业，产生10人以上的就业，都应获得政府补贴。这是因为，如果这些人不就业，一个人每年的失业保险就要花费6 000元，3年时间就要花费近两万元，10个人就要花费近20万元。政府与其3年支付给这些人20万元失业保险，不如拿出其中的一部分，例如30%也就是6万元，给小微企业进行补贴。作为一个创业者，如果拿出了10万元创办小微企业，政府可能会补贴40%~50%，让企业拥有15万元的资本金。有了这样的资本金保障，企业再去跟银行或其他金融机构融资就会容易得多。银行一般愿意配套资本金的50%给予企业贷款，对于小微企业可能比例会卡得更紧。

总之，一旦企业有了15万元的资本金，银行配套7万~8万元就会比较放心，而政府内部也不会造成财政坏账。如果一年中有上千家小微企业诞生，政府也不必对每家企业都提供帮助。地方政府可以针对当前国务院有关鼓励中小微企业创办的6大门类，给予资本金补助，例如复员军人或者下岗职工创业、农民工进城创业等。同时，地方政府为加大鼓励自主创业，可以在国家规定的6类基础上再自主增加5类，总共变成11类。对于这11类创业企业，都给予资本金补贴，企业自有资金加上资本金补贴，再加上商业银行融资就容易实现快速发展。总而言之，政府对小微企业的资本金补助或贴息支付要分门别类，结构性地化解小微企业的融资困境，同时要组织担保公司提供担保，激励银行给予小微企业信贷扶持。

第三，降低物流成本。我国的物流成本高早已是社会共识。中国全社会各种物流成本占到了GDP水平的15%，而美国只有GDP的7%，欧洲、日本在6%~7%，甚至连东南亚地区的发展中国家也只有10%左右。中国的物流成本高居全球第一，这是不争的事实。2014年，中央在供给侧结构性改革的文件中特别提到了"要降低物流成本"，各级政府都达成了共识。

物流成本的下降，实际上都掌握在各级政府手中。首先，中国物流成本高的首要原因就在于铁路运输没有利用好。我国拥有如此发达的铁路轨道，但在2018年铁路货运量只占到总货运量的6%。而美国虽然高速公路汽车运输、空运、海运也很发达，但每年所有的物流货运量中20%由铁路负责提供运营，这与我国形成了鲜明对比。铁路的运费只有高速公路汽车运费的1/3，如果我国有15%的货物由铁路运输，这部分货物的运输成本就至少降低了2/3。铁路运输之所以占比低，一个重要原因是"最后一千米"的铁路终端建设不到位。目前的情况是，大多数开发区物流运输的"最后一千米"都没有铁路，企业如果走铁路运输，需要将厂里的货物先装到卡车上，再开几十千米运送到附近火车站的货场上，再经过火车"七转八转"，非常麻烦。

其次，物流成本高还有一个原因，中国缺少铁路、公路联运，铁路、水路联运，或者铁路、航空之间无缝对接的多式联运。多式联运不是硬件问题，而是软件问题，是资源优化配置的问题。多式联运系统我们搞得很差，各个地区基本上没有这样的物流指挥部和多式联运公司，最后企业可能要白白增加15%~20%的物流成本。

最后，我国企业布局不够合理，缺少产业链集群。一家企业坐落在城市的东边，但所需原材料、零部件却在城市的西边，公司在几十千米甚至数百千米的路程频繁地运输货物，看起来很繁忙，实际上都是浪费。从这个意义上讲，我国城市发展需要有产业链的集群布局意识。

例如，在德国的莱茵河边，一些化工项目企业，无论属于哪个州，无论处在产业链上游、中游还是下游，都规划布局在5平方千米的区域内，原材料、中间品、产成品互相连通。这类企业之间的物流运输可能连汽车都不需要，只要由管道运输即可。下游企业的产品直接送到中游企业的车间，加工后再成为上游企业的原材料，整个产业链都是通过管道运输，实现物流一体化。德国企业的产业布局一向如此。企业之间哪怕没有任何资本关联，只要产品之间有联系，就应该向集群布局发展。

我们有一些企业，明明可以将若干个生产环节集中在一起，直接将产成品出口到全世界，但由于各地政府招商热情都很高，企业不好意思拒绝，就人为地将各个生产环节割裂，分别布局在不同的县市。然后，中间产品在企业各子公司之间相互运来运去。尽管高速公路比较发达，运输也比较便利，但这实际上是在徒增物流成本，因为企业的空间布局极不合理，企业在获得了不同县市招商优惠的同时，也造成了物流成本的极大浪费。

铁路物流占比较低，多式联运系统不发达，企业空间布局不合理是我国目前物流成本畸高的重要原因。但上述分析也表明，降低物流成本的关键既掌握在企业的手中，也掌握在地方政府手中，大家都可以在降低物流成本上积极动动脑筋。

第四，降低要素成本。要素成本包括土地成本、房地产成本、天然气成本、煤油成本、蒸汽成本、电力成本等。这些要素尽管都是上游资源，政府似乎难有作为，但实际上是可以协调的。政府可以充分发挥主观能动性，将要素成本降下来。以房地产成本为例，地方政府如果"唯利是图",完全可以让土地出让金高一点,这样财政收入也上去了。但这样一来,投资环境就被破坏了。华为集团将部分产业从深圳市搬迁到东莞市,跟深圳的地价和房价有很大的关系。总之,包括要素成本在内的各项企业经营成本,70%~80%都掌握在地方政府和企业自己手中。一定不要等着中央有关部门来降成本,尽管打破一些成本需要中央部门下定决心,但更多的成本实际上与地方政府和企业自身运作方式有关。

第五,用好人才红利,降低劳动力综合成本。最近10年,尽管中国劳动力成本逐渐提高,人口红利逐渐消失,但这并不意味着中国的工业发展失去了机遇。因为许多地方的企业,劳动力成本固然高了2~3倍,但是产出往往上升了5~10倍。当前,全球经济已经步入新的发展阶段,往往不再依靠蓝领工人进行大规模生产加工,而是依靠人工智能、机器人、高科技产业发展驱动经济增长。在战略性新兴制造业,一个年产出300亿~500亿元的企业,实际工人可能只要几千人。以前,在人均年产出50万元的行业,一家100亿元产值规模的企业需要2万员工,300亿元产值规模的企业需要6万员工,现在只需要几千人。但这些人主要是白领和大学生。从这个意义上讲,全球产业结构已经发生了深刻变动,下一轮产业发展需要更多比例的大学生。幸运的是,当中国蓝领工人的人口红利开始减少的时候,每年大专院校毕业生却增长到了800万,已经拥有全球最丰富的人才资源,刚好可以平衡全球产业结构变化对大学生的需求缺口。南亚及东南亚国家,包括越南、印度在内,当前有大量的蓝领劳动力释放出来,但却生不逢时,当前的世界已经不再需要那么多的蓝领工人,需要更多的是白领人才,这正是中国的国运所在。

总而言之,做好上述五个"降成本"工作,将明显改善一个地区的营商环境,这本身也是落实供给侧结构性改革的关键环节。其要害在于地方政府和企业自身,对地方政府的决策能力和企业的管理能力都是极大的挑战。

地方政府招商引资的十种有效方式

●

招商引资是地方经济发展的不二法门。招商引资不仅能为一个地区带来资本，还能带来技术、产品、市场、管理方法，是对外开放的举措、地区发展的动力，也是40多年改革开放的基本经验。同时，招商引资应遵循同等国民待遇、准入前国民待遇、尊重知识产权等原则，完善管理系统设计，实现互惠互利、资源互补。

当下招商引资呈现三大特点。第一个特点，在经济"新常态"下，真正有效供给的工商产品和工商项目并不多。如今各地都把好不容易得来的项目紧紧抓住毫不放松，所以从内陆地区到沿海地区，"挖墙脚式"招商很难，从沿海小城市到如深圳、广州、上海等沿海大城市招商也很难。而过去经济高涨时，经济大浪潮带来各种各样的"鱼虾"，沿海大城市去捕捞"大鱼"，剩下的"中鱼""小鱼""虾米"对大城市来说意义不大，往往会主动转让给内陆地区，所以过去互助招商引资的现象很常见。然而在现阶段这种互助招商引资的现象鲜有发生。

第二个特点,"大呼隆"式的招商引资已成为过去式。以前各地通常把全世界的厂商聚在一起开大会,领导发言介绍投资环境。但现在这种粗放式的活动已不奏效,而且最近这类活动在各地大幅减少,不是大家失去热情,而是这类活动已经不实用了。

第三个特点,低成本、粗放型招商已不适用。过去"砍胳膊砍腿"式招商引资通常在税收、土地和劳动力成本上进行大规模让利,而如今真正优秀的企业已经不再需要这类恶性低成本的招商。

20世纪八九十年代的招商引资一般是各地领导带队外出招商,但这类招商引资的老套路在各个方面显然已不合理,需要避免和杜绝。目前,大多数支柱产业项目、战略新兴产业项目、战略新兴服务业项目等优质项目都具有鲜明特点,需要产业集群化发展。例如,制造业上游的原材料、零部件体系,下游的销售服务、物流体系,可以与制造业共同构成一个集群。这类利用产业集群进行的招商引资方式可以吸引几百亿元甚至上千亿元的产业链。

招商引资的关键不是一味强调当地良好的营商环境、优惠的政策措施等,这些普惠待遇的政策简明扼要地写成材料发给对方即可。现在的招商引资不是以前经济百分之十几增长时的那种状态,也不是全世界的外资都到中国来,中国沿海又有许多资金要到内陆找出路,形成内陆招沿海的商、沿海招外国的商,或者跑到香港地区、台湾地区等地去招商的状态。现在招商引资难度大,即使低成本竞争式、"砍胳膊砍腿、自残式"地降低身价,请人家来、求人家来,招商引资的效果都未必会好。

招商引资的第一要义是了解并研究招商对象的短板,即招商对象的短板是什么,最缺少的东西是什么,最需要解决的问题在哪里。通过"问题导向采取措施"的方式,把握招商对象的命脉问题,直奔主题地告诉对方其存在的问题以及解决措施。任何一个负责任的企业家都是希望解决自身问题的，如果抓对了对方命脉，帮助其解决了问题，让企业产生效益、优化资源配置进而实现经济规模的发展，对方也会很乐意将产业转移到当地进行合作，这样双方一拍即合、互惠互利。

所以，招商引资既不是居高临下的恩赐，也不是磕头跪拜乞求，而是平等的战略伙伴关系，其中帮助招商对象解决问题是撬动招商引资成功最容易的一个支点。

在招商引资工作不断推进的过程中，需要改变过去已不适用的招商思路，以下十种有效的招商引资方式可为地方政府提供新思路、新方法，助力吸引优质项目落地。

一是产业链式招商。产业链式招商是指，如果招商对象生产上游产品，而本地具备中游和下游产业，引进该对象就可以打通上中下游的市场资源，形成产业链集群，优化配置，提高效益；如果招商对象生产中游产品，地方政府就可以向其表示本地有上游原材料相匹配，或者有下游市场相衔接，只要招商对象进来本地市场就能够形成产业链。即使本地还没有形成有效的产业链，也可以与对方打赌：只要对方进入本地市场生产中游产品，政府保证在一两年内配套相应的上下游市场；只要对方引入核心企业，就保证在两三年内上游原材料、零部件等为之全部配套，如果配套不了，那么地方政府就要做出赔偿。总之，一个能与上下游互相配套的、有较大市场规模的产业链体系往往具有较强的产业集聚能力，从而实现资源优化配置、降低运行成本，成为吸引世界级巨头企业的撒手锏。

一个成功的例子是重庆市政府对电子产品企业的招商引资。2008年，内陆地区尚不存在电子产业，电子产品生产企业都分布在沿海地区，而且主要以加工贸易为主。这是由于当时原材料零部件从全球运到国内进行加工生产后再销售到全世界，内陆对这种"两头在外、大进大出"的加工贸易毫无优势，因为把零部件、原材料从沿海运到内陆要历经2 000千米，需要付出高昂的物流成本和时间成本。因此，地处内陆的重庆要发展电子产品，就要把零部件、原材料本地化，实现企业上中下游产业链集群一体化。思考清楚这个模式以后，我认为这种大事就要找跨境巨头公司进行合作。于是我就到美国面见了惠普董事长。我在谈话过程中承诺对方，如果对方把3 000万台电脑的生产订单转移到重庆，就保证两年内在对方厂址的1小时路程之内配套1 000家零部件厂，共同形成最强产业链集群。在与惠普达成默契之后，我又到中国台湾与富士康的郭台铭进行谈判，承诺对方千万台电脑零部件的生产订单，前提是富士康将对应数量的零部件厂商引进重庆。郭台铭说："只要你给我1 000万台的生产订单，我当然会带过来1 000万台的零部件企业。"事实上，零部件企业只要到了重庆，当然就可以为1 000万台生产订单以外的更多生产企业服务。过了一个月，郭台铭到重庆签约，除了带来了富士康，还带来了台湾的一批零部件企业。两年内，重庆达成了当时承诺的目标，拥有了1 000多家电脑零部件厂商，并相继吸引了除惠普外其他六七家世界知名品牌的电脑厂商，每年生产6 000万台电脑，多年保持产量稳定，占全球电脑生产总量的1/3。重庆成功打造了一整条齐全的产业链，相应的物流成本大幅降低，品牌商和产业链相互配合，中心零部件企业和供应链纽带无缝对接，成为一大核心竞争力。由此说明，现代产业发展除了资本和核心技术的竞争，产业链、供应链和价值链的竞争同样重要。

特朗普要求美国企业回归美国，比如要求苹果回归美国，为什么这些企业都没有跟进、没有响应？是它们对自己的国家不忠诚吗？并不是。美国国内没有形成产业链，即使一个孤零零的总装厂回归美国，也需要将1 000个零部件厂从中国转到美国建厂。等到三年以后其将各个零部件的生产厂配齐，美国市场就相当于被放空了三年时间，无疑将失去市场竞争力。由此可见，产业链的概念至关重要，任何产品的生产都与产业链有关。用产业链集群相互平衡、帮其补链，是招商引资的一招。

二是补短板式招商。一个企业或产品的发展需要资本、技术、市场三方面一个都不能少。对于有资本、技术却找不到市场或者进不去市场的企业，放开当地市场可以让技术和资本随之落户，形成资源优化配置；对于有技术，国内也有市场，但需要几百亿元投资资金周转的企业，帮助其解决资金来源也会形成资源互补。

重庆在2014年向液晶面板生产企业京东方招商，当时京东方技术世界领先，拥有上万个专利，市场空间足够宽阔，限制其拓展市场的唯一短板是缺乏资金。而重庆每年生产6 000万台电脑、2亿部手机，需要大量的液晶面板。因此，当时我承诺帮助其筹集资金，希望能够成功引入京东方。具体方法是，作为上市公司的京东方可为重庆项目定向增发，如果京东方向银行贷款100亿元，重庆企业再通过购买股票投资200亿元，那么共计300亿元的资金就可以帮助京东方进入重庆市场生产液晶面板。京东方落户重庆之后，定向增发100亿股股票，每股2元多，由重庆企业买入实现了200亿元投资，再向银行贷款140亿元，共计筹资340亿元。京东方的落户使重庆又增加了一个300多亿元产值的企业，并且京东方在重庆发展得相当成功，2018年京东方70多亿元的利润中重庆项目公司贡献了30多亿元。由于企业效益好、利润高，京东方的股票由最初的每股2元多涨到了每股4.5元，最高的时候甚至到了每股6元。在其股价为4.5元时，重庆企业将100亿股卖出，收回了200亿元，另外的250亿元并未由市政府征用，而是继续投资京东方，用于研发第六代柔性液晶面板。据悉，第六代柔性液晶面板的研发项目需要480亿元投资，京东方上市公司投资200亿元，重庆企业将京东方项目赚来的200亿元也跟投进去，加上银行贷款80亿元，基本能够满足项目资本金需求。这一案例体现出，补短板式招商可以实现资源互动、优势互补，关键是要切中对方真正的需求。

三是因势利导式招商，即顺应资源市场配置招商。利用本地的稀缺资源优势进行招商引资，因势利导、顺水推舟，实现资源优化配置。比如重庆的地下蕴藏着丰富的页岩气，潜在的储气量达到12万亿立方米，已探明可开采的储气量达到2万亿立方米，重庆可因地制宜利用页岩气资源优势向石化企业定向招商。每年我国对天然气的总需求可达4 000亿立方米，加上我国煤炭污染、能源污染问题也需要天然气来解决，但国内自产加上国际进口的实际供应能力只有2 500亿立方米左右，而且我国天然气仅占全部能源消费的7%，相比之下美欧等地区达到20%。所以重庆吸引中石化、中石油几百亿元资金用于页岩气投资，现已成为全国页岩气投资开发的主战场，产量占全国总产量的2/3。2016年全国页岩气总产量60亿立方米中重庆占50亿立方米，2018年全国总产量100亿立方米中重庆占70多亿立方米，预计2020年全国页岩气总产量可达200亿立方米，重庆至少产出100亿立方米。页岩气本质上是天然气，是很好的燃料和化工产品，当重庆页岩气业务继续发展、产量持续增加时，未来凡是要用天然气做燃料的工业或者以天然气做原料的高科技化工厂，都可以成为重庆继续招商的对象。

四是给予对赌式支持。这种支持政策与过去"砍胳膊砍腿、自残式"的粗放式优惠政策不同，而是与招商对象设立互为前提的边界条件，我方赋予某些特定的支持政策的同时，对方必须完成相应高水平产品投资和产量的目标。如果一个项目是绝对有意义的战略性投资，那么地方政府综合研究以后做出集体民主决策，也是值得一试的。比如上海吸引特斯拉投资100亿美元在南汇投产电动车，称得上是近几年中国国内招商引资最具典型意义的战略性高科技项目。上海政府在土地成本、资本融资等方面，为这个项目量身定做了极具吸引力的优惠政策。作为优惠的前提，特斯拉必须在两年内形成相应的电动车产量，上缴相应的税收。这就形成了互为前提的对赌式招商。

五是收购兼并式招商。对现有国有、民营企业资产，转让部分或全部股权引入战略投资者是国内外流行的发展方式。对在本地发展不佳的企业，可以通过引进国内外战略投资者进行兼并收购，一方面能盘活企业，另一方面还引进了新的资本。对在外地或国外发展困难的企业，在对该企业的行业特征、核心技术、市场前景、财务状况都有实质性了解的情况下，也可以直接买断对方的控股权，将对方企业整体转移到本地来生产。

六是牌照资源补缺式招商。一些企业愿意到当地发展，当地政府也欢迎，但这些企业有特殊的需求，比如希望获取某种资源或牌照。这种情况往往地方政府掌握着牌照发放权或其他某些资源，或者地方政府需要为企业向国家申请，那么政府帮助企业获取特定的牌照或资源，是一种平衡。

利用上市公司、金融牌照、现代服务业牌照等重要的政府许可性资源，吸引没有这种资源的内外资企业，通过捆绑项目或其他资产方式"投桃报李"，互相优化资源配置。尤其对差一口气就谈成的项目，在企业需要这类政府许可性资源的情况下，承诺帮助对方向国家争取所需牌照也是一个推进项目成功谈判的办法。比如，一个大型企业集团在全国有几十个工厂，每年几千亿元产值，如果一个这么庞大的系统没有财务公司，当地政府就可以支持该企业办理一个财务公司的牌照，帮助做好企业与人民银行、银保监会的具体沟通，以期相关部门的批准，这也是招商引资的合理措施。当然这种招商方式不能成为权钱交易，必须都是公开的政府合理运作。

七是PPP合作招商。在保障公平公正、风险共担、利益共享的前提下，允许社会资本参与政府公共服务项目，也是合作共赢的一种招商方式。此种招商方式要做到以下五种"平衡"。

第一，凡是市场化收费可以平衡投资的项目，应完全放开由市场主体来做，如高速公路项目。第二，凡是当期收费较低、暂时无法平衡的项目，可以通过逐步调价的措施使项目最终形成投入与产出基本平衡，如供排水、停车场项目。第三，凡是由政府提供的免费公共服务的项目，应通过政府采购、分期付款的方式把一次性投资变成长周期的公益服务采购，以时间换空间，形成长周期的投入产出平衡。第四，凡是无法以采购方式推进运作的大工程投资项目，政府应配置土地等相应资源使其平衡，比如地铁项目。第五，凡是高收益的公共服务项目，政府要限定投资者的收益幅度，杜绝利益输送、损害公共利益，如土地开发整治项目。

在推进PPP合作招商的过程中，要注意严防"明股实债"的PPP，不得以任何方式承诺回购社会投资的投资本金，不得以任何方式承担社会资本的投资本金亏损，不得以任何方式向社会资本承诺最低收益，不得将项目融资偿还责任交由地方政府承担。并且要防范社会投资方在实际经营中乱收费，防止同类项目不同标准，防范灰色交易，防范项目因自然灾害等不可抗力因素出了问题撒手不管。

八是产业引导基金招商。产业引导股权投资基金具有"四两拨千斤"的功效，一般会产生1∶3或1∶4甚至更高的杠杆比。比如政府出资30亿元，凭借其良好信用可吸收100多亿元社会资本参与，整个投资基金规模可达150亿元。通过这种杠杆放大效应，有限的财政资金可以投入更多技术改革、科研成果产业化过程中，还可以推动企业重组和并购。同时，股权投资基金本身是一种市场化选择机制，具有优胜劣汰的功能，由基金管理人选择项目投资，总体上会选择那些技术含量高的、市场前景好的优质项目，从而助推产业结构调整和优化升级。

九是问题导向采取措施式招商，即通过帮助企业解决它们特别想解决的问题来招商。比如提供企业所需要的产业环境或制度环境。目前一些大规模生产全球化产品的产业链和供应链都需要对应的全球化物流大通道。重庆虽地处内陆，但却能够吸引电子产业厂商，除了前文提到的垂直整合外，还依靠重庆重点发展的"渝新欧"国际运输通道，满足了内陆几千万台产品市场对北美（30%）、亚洲（30%）和欧洲（40%）的分销，极大地节省了时间与物流成本。如果产品在重庆生产后运到上海、广东等地，再通过船舶运到欧洲，一方面耗时需两个月，另一方面物流成本也很高，至少增加了2 000多千米内陆到沿海的距离。

这条"渝新欧"国际联运大通道同时解决了三大难题：一是六七个国家的海关一体化，实现关检互认、执法互助、信息共享；二是各个国家铁路部门运行统一编制的时刻表，形成"五定班列"——起点定在重庆、终点定在德国，中间的100个火车站只停12个，至于哪12个则需细致讨论；三是敲定铁路运费价格，压低运输成本。2011年，铁路价格是一个集装箱每千米1美元，1.2万千米距离就需要1.2万美元，这是极高的运输成本。到2012年我们将价格谈到每千米0.8美元，2014年降到每千米0.7美元，2015年降到每千米0.6美元，现在降到了每千米0.5美元，那么1.2万千米距离只需要6 000美元运费。不管是从连云港还是从上海、深圳等地出发，一个集装箱运到欧洲大约需要3 000美元运费；如果一个集装箱里面的货物价值500万元，一个月的利息就要3万~4万元，相当于四五千美元，3 000 美元运费加上四五千美元利息就变成七八千美元，肯定会高于"渝新欧"国际联运大通道的 6 000 美元运费，所以现在大家都愿意用铁路进行运输。

重庆帮助企业直接通过铁路运输将产品运送至欧洲，这是实现了战略格局的表现。由此可见，地方要帮助企业解决那些关键的命脉问题，只要这些问题是客观的、经济的、对企业发展有利的，地方政府都应积极发挥特有的服务功能进行相应的资源配置。

十是争取国家的特定政策。国家在一些新区、开发区、特区、自贸区、保税区等平台实行的优惠政策，能够对招商引资起到重要作用。比如重庆对任何外资企业包括实体经济的工商企业采用15%的所得税，与中国香港、中国台湾、新加坡、欧洲发达地区等大多数国际自由贸易区、自由港、开发区采取的优惠税率相同。相比之下，我国经济特区的所得税税率从之前的 15% 上调至 25%。但重庆并不是地方违规，而是利用了国家给予西部大开发战略 15% 所得税率的优惠政策。

综上所述，在招商引资过程中，地方政府首先要有服务于企业的愿望，把是否有利于产业结构调整和带动就业作为重要条件，坚持"三不招"与"五不搞"原则：不符合产业政策的不招，过剩产能和产出强度不达标的不招，环保不过关的企业不招；不搞血拼优惠政策的"自残式"招商，不搞众筹招商，不搞 P2P 招商，不搞"炒地皮"招商，不搞炒房招商。在避免"捡到篮子都是菜"的同时，防止招商引资的恶性竞争和乱象。

第七章

⦿

全面开放：应对国际新格局

新时代我国开放的新格局、新特征

●

一、改革开放40多年来中国对外开放的特征及成效

中国改革开放已有40多年。在过去的40多年里,中国的对外开放有五个方面的特征。

第一,在国际贸易方面以出口导向为主,利用国内的资源优势推动出口发展,带动中国经济更好地发展。

第二,在国际资本方面以引进外资为主,用外资来弥补不足的资本,推动经济发展。

第三,在区域开放方面以沿海开放为主,沿海地区先行设立各种开发区、特区、新区和保税区,中西部内陆逐步跟进。

第四,在开放领域方面主要以第二产业开放为主,工业、制造业、房地产业、建筑业等行业先行开放,服务业开放的力度较低,发展的速度也比较慢。

第五,以开放倒逼改革,中国最初几十年的开放以适应国际游

戏规则为主，用国际经济规则倒逼国内营商环境改革，倒逼国内的各种机制体制变化。

这五个特征符合中国经济发展的实际要求，使对外开放在中国改革开放的初期阶段起到了重要的推动作用。经过30多年的发展，在2010年以后，中国已经成为世界第二大的综合经济体，第一大的进出口贸易国，第二大的外资引进国。中国的制造业已经形成世界第一大规模的制造业集群体系、产业链体系。中国改革开放初期的五大特征对中国改革开放事业及中国经济发展起了极大的推动作用。

但是进入21世纪以后，尤其是2008年全球金融危机后，中国的开放遇到了越来越多的贸易摩擦，国际上逆全球化的势力也愈演愈烈。随着中国成为世界第二大经济体，中国原有的开放模式变得不适应中国经济发展的情况。例如，2012年以前中国劳动力人口过剩，劳动力的人口红利很高，比较优势很充分；2012年以后中国每年退休的人员平均在1 500万人，但每年新生的劳动力是1 200万人左右，实际上最近五年，中国每年减少约300万劳动力。也正是这个原因，最近五年中国GDP增长率从11%下降到6%。一般来说，GDP每下降1%，就会产生200万失业人口，GDP的下降原本会带来上千万的失业人口，但是大范围的失业并没有出现，这是因为人口供应和需求发生了动态均衡，GDP的下降和新增劳动力不足形成了平衡，但实际上中国劳动力的基础性条件发生了变化，人口红利在逐步减少。另外，中国土地成本越来越高，油电煤气运等要素成本也越来越高，社会环境保护要求也越来越高，大规模出口的发展模式与中国内在高质量发展要求出现了矛盾。正是在这种情况下，党中央审时度势，在党的十八大以后，在习近平总书记的领导下，推出了新的开放方针和路线，形成了中国新时代对外开放的新特征。

二、新时代中国对外开放的五个新特征

（一）中国的开放不再以出口导向为主，而是既鼓励出口，又努力扩大进口

近五六年时间，中国每年出口增长率为6%~7%，从2000年以来10%甚至20%以上的两位数的增长下降到了一位数的增长，但是中国进口的平均增长率保持了两位数增长，这使中国贸易逆差的数据发生了变化。之前顺差最大的时候，进出口总量为3万多亿美元，但是顺差高达5 000多亿美元，现在中国进出口总量为4.3万亿美元，顺差已经降到3 000亿~4 000亿美元，可见基数扩大的同时顺差数量变小了，所以顺差比例就降低了。要注意的是，出口大国不一定是经济强国，因为出口大国可能是来料加工型、劳动密集型经济，出口的商品可能是原材料、农副产品等，但是如果一个国家连续在10年里都是世界靠前的进口大国，那这个国家一定会成为世界经济的强国。

进口大国和经济强国有很强的关联。美国是世界第一大进口国，同时也是世界最大的经济强国。原因是：第一，进口大国的人口消费外国产品能力很强，否则进口的商品会卖不掉；第二，进口大国有比较强的外汇支付能力，也就是有比较多的国际贸易硬通货货币；第三，进口大国在世界上具有商品、大宗物品定价权，因为大规模进口国对卖方来说，有定价的能力；第四，到一定阶段，进口大国的货币影响力会越来越大，使用本币就可以在国际市场购买商品和服务。

比如未来中国企业用人民币直接进行对外支付，这也是人民币国际化的一个途径。10年前，中国跨境人民币贸易结算量一年只有几百亿元，2018年已经达到了7万亿元，人民币作为国际贸易中的

清算、结算货币已经成了趋势性现象。人民币国际化不仅是靠大量出口赚取大量外汇形成的。虽然国内大量外汇储备对人民币国际化有好处，因为信用好了，人民币的可接受性就强了，但是人民币的强势如果仅仅来自外汇储备，那么人民币的强势只是外在的状态，就像太阳光反射形成的月亮光。而进口大国产生的人民币强势将是内在的禀赋。进口大国在进口各种商品的时候，会逐步形成以本币计价支付的格局。由此，人民币会支付到国际市场上。国际市场使用人民币成为习惯后，甚至在其他国家间做贸易也将人民币作为计价货币，这时人民币就被这些持有人民币的国家国际化了。这意味着，其他国家不仅是和中国做生意用人民币，与别的国家做生意时也用人民币，就像中国人除了和美国人做生意用美元之外，与别的国家做生意也用美元，这就是美元货币强势的表现。同样，当人民币达到这样一个境界，就是强国的象征了。

所以进口大国是中国要成为世界经济强国的必由之路。我们在30年前说这个话就说得太早，但是眼下审时度势，是开始进入这个境界的时候了。

（二）中国从引进外资为主，转变为既鼓励外资进入中国，也鼓励中国企业走出去投资

近五年，中国平均每年引进外资1 300亿美元，五年下来就是6 500亿美元。这几年我们国家走出去投资是多少？这几年中国各类企业到境外投资7 200亿美元，走出去投资总量大于引进来的总量，这是近五年很重要的一个新特征。在1979—2012年这33年里，中国境外投资一共5 000亿美元，但是近五年的对外投资就达到了7 200亿美元，既大于过去33年的投资，也大于中国近五年引进来的外资，这种双向投资的特征已经很明晰地显现出来了。这种特征不是一个

概念，不是一个想法，不是一个要求，而是已经实现了中国经济的新特征。

（三）中国从过去的沿海开放先行、内陆逐步跟进，转变为沿海与内陆同步开放、东南西北中共同开放

2000年以前，我国各类国家级的开放措施都从沿海进行：20世纪80年代初期推出的14个沿海开放城市、27个经济技术开发区，都在沿海；20世纪80年代中后期推出的五大特区，深圳特区、海南岛特区、珠海特区、汕头特区、厦门特区，都在沿海；20世纪90年代推出的新区开发，浦东新区、天津滨海新区，也都在沿海。党的十八大以后的五年，中国任何新的开放措施，都是东西南北中一体化开放。

比如，20世纪90年代以来，新区政策对上海、天津两个直辖市的开放发展起到了特别巨大的作用。但是新区政策差不多有20年一直局限在沿海，没有推广开。党的十八大以后，东中西部地区同步推广，中央一下子在中西部批准了10个新区，沿海增加了5个，再加上原来有上海和天津，现在全国一共17个新区，每个新区差不多1 000平方千米。

又如，保税区也从沿海推广到了中西部地区。2010年以前，中国所有70多个保税区跟中西部无关；2010年以后，全国海关特殊监管区域增加到138个，中西部内陆地区新批了60多个保税区。其中，重庆就批准了7个保税区，东中西遍地开花。

再如自由贸易试验区，由上海市先行半年，之后推广到了东中西11个省市，2018年批准了海南，2019年又新批6个，现在全国东南西北中一共有18个自贸区，其中中部和西部10个，沿海8个。

本质上，开放是一种理念、一种制度、一种办事的方式，和区

位无关。德国在西欧的中部,谁能说德国社会开放度比西班牙开放度要低?瑞士在北欧的中部地区,不靠海,谁能说瑞士比挪威不开放?欧盟国家是一样的开放,一体化的开放。开放和地理位置无关,之前认为和地理位置有关,是因为中国过去是封闭的,要从沿海开始慢慢开放,现在如果要开放,需要东西南北中因地制宜一起开放。

(四)中国的产业开放领域从工业、商业、建筑业开放为主,转变为工商产业、金融业、服务业、服务贸易全方位开放

1990年以后中国的金融业已经对外开放了,第一个外资银行、外资保险公司、外资证券公司和外资百货商店都在浦东。2001年我国加入WTO之后,外资金融机构在全国各地概念上都放开了。但实际上这只是在形式上开放了,在市场准入前同等国民待遇上,在外资金融机构的股权比例限制上,以及在外资金融机构的营业范围上,内在的约束还有很多。比如外资银行在分支机构的审批上总是要两三年,导致这些外资银行有头无脚,做不出业务,和开办事处没有区别,而且只允许外资银行开展一部分业务,使外资银行各项业务间不系统、不平衡,业务也很难展开。

正是由于这些束缚,近30年,外资金融机构在我国境内发展得比较缓慢,其资产总量在中国全部金融资产里只占1.8%。而同一时期,中国的工商产业中外资企业的总资产占我国境内全部工商企业总资产的30%左右,这也从一个侧面说明,工商产业领域开放度是充分的,而金融领域开放度是不足的。这些问题正在加快解决。党的十八大以后,党中央国务院要求对服务业、金融业和工商产业里面的外资企业实行准入前国民待遇、负面清单管理、竞争中性等,各种限制都要取消,实现全方位、宽领域、多渠道开放。现在中国开放度越来越高,今后这方面会有更大的提升。

（五）中国的开放已经从适应国际惯例、国际游戏规则为主，转向为开始参与国际规则的制定

中国已经是世界第二大经济体、第一大国际贸易国，不管是投资领域还是贸易领域，中国都有巨大的影响力和发言权。从这个角度来看，中国要积极地参与对国际贸易规则的修改，一起参与谈判确立国际贸易规则中新的制度，所以中国不仅是适应现行的国际贸易规则，而且开始介入国际贸易规则的制定和修订，这是一个很重要的变化。具体表现在两个方面。第一，中国现在是WTO的全面支持者，也是WTO改革的重要推进者。第二，在FTA（双边或者地区间自由贸易协定）新的贸易规则讨论谈判当中，中国既是双边贸易谈判的推动者和积极参与者，同时也为了中国人的利益和国际贸易规则的公平合理，进行各个贸易规则的讨论、谈判。另外，"一带一路"倡议涉及世界上130多个国家和地区，这其中游戏规则的导向制定，都是中国起主导作用。

以上就是这五年来中国在开放过程中形成的国际贸易的新格局和新特征。和过去40多年的五个特征对比，一方面中国继续保持了原来的五个特征，另一方面五个单向性的特点变为双向性特征，这五个双向性特征是强国之路，是中国走向世界经济强国的开放特征，也是引领中国今后二三十年开放的战略方针。

从改革开放到2050年，这70年的开放特点可以分成两个阶段：第一个阶段，从1979年到2012年或者2015年，这30多年时间呈现出的是原来五个特点；第二个阶段，从2018年到2050年，这30多年是新时代，在习近平总书记引领下形成五个具有新特征的开放特点。总之，我们对中国进入这样的开放格局充满信心，充满向往，沿着这条道路，中国一定会为人类命运共同体做出重大贡献，成为

人类命运共同体的重要推进者。

三、新时代开放的任务重点

这些新特征将贯穿我国社会主义现代化的全过程，推动我国以更高层次的开放格局参与和引领经济全球化，推动世界经济朝着更美好的方向发展。展望未来，新一轮对外开放从何处发力？习近平总书记在第一届中国国际进口博览会开幕式上的讲话，从激发进口潜力、持续放宽市场准入、营造国际一流营商环境、打造对外开放新高地、推动多边和双边合作深入发展五个方面阐明推动开放合作的中国方案，宣布中国进一步扩大开放的重大举措，展示了中国与世界互利共赢、携手前行的胸怀与担当。

第一，"激发进口潜力"体现了我国对外开放的担当和风范。习近平总书记明确指出，"中国主动扩大进口，不是权宜之计，而是面向世界、面向未来、促进共同发展的长远考量""中国将进一步降低关税，提升通关便利化水平，削减进口环节制度性成本，加快跨境电子商务等新业态新模式发展"。从曾经的着力鼓励出口，到现在的积极增加进口，体现出我国对外开放的思维和意识在不断提升，敢于面对激烈的市场竞争，敢于与对手携手合作，这是一种大国的风范和气度。

比如，2018年我国出口2.3万亿美元，进口1.9万亿美元，顺差4 000亿美元。顺差多了会加剧国际贸易摩擦，而且长期顺差也会造成本币升值。因此，进出口贸易的平衡既能减少国际贸易摩擦，也不会使人民币过分升值。我们是以追求货币稳定为目标的。一个货币长期稳定的国家和一个国家拥有长期稳定的货币都是一种良好的信用，有助于人民币国际化，让人民币成为国际上的硬通货。

激发进口的潜力还有一个目的，就是要让老百姓更多地在国内买进口货，不必再到欧洲、美国、日本、韩国等去买很多商品背货回来。据测算，每年中国老百姓出国旅游购买商品的总价值超过1 500亿美元，几乎是1万亿元人民币。如果将这1 500亿美元的产品通过贸易进口投放到中国市场，在国际贸易中我们就有了1 500亿美元的进口。如果我们顺差是4 000亿美元，因为多了这1 500亿美元的进口，就只有2 500亿美元的顺差了，国际贸易摩擦也会减少。所以，我们要把关税降下来，让老百姓不必利用出国旅游背东西回来，而是在国内就能买各种商品。

减税对国民经济发展是一举多得的好事，实际上从2017年到2018年各种商品的关税已经下降了许多。目前，就几千种商品的平均关税而言是7.5%，已经比2000年刚加入WTO时的15%左右降低了约一半。今后几年还会逐步下降，这个降税的过程也是激发进口潜力的过程。

第二，"持续放宽市场准入"体现了我国更加开放包容的气度和自信。习近平总书记明确指出，"中国已经进一步精简了外商投资准入负面清单，减少投资限制，提升投资自由化水平，正稳步扩大金融业开放，持续推进服务业开放"。这些措施，是新时代我国利用外资的重要突破口，对提升产业竞争力、推动创新发展、提高实体经济水平、把握发展主动权，具有十分重要的作用。

对我国企业而言，尽管会面临竞争加剧、迭代冲击等诸多挑战，但这种挑战正如当初加入WTO时所经历的那样，并没有造成农产品、纺织品等国内企业的溃败，反而是越来越欣欣向荣。相信伴随着市场准入的持续放宽，这些调整必将转化为发展机遇。我们的企业应该有这样的自信和底气。

第三，"营造国际一流营商环境"体现了我国从制度上打造权利平等、规则平等、机会平等发展环境的鲜明导向。改革开放以来，出于吸引外国资本、先进技术和管理经验的需要，我国对外商投资给予了以税收优惠、土地优惠为主的一系列激励政策。当前，全球引资竞争日趋激烈，不少国家要素成本比我国更低、政策优惠力度比我国更大。随着我国要素成本不再具有明显的比较优势，优惠政策空间不断压缩，传统招商引资模式不再有生命力，必须转向更多依靠改善投资环境。习近平总书记提出，"加快出台外商投资法规，完善公开、透明的涉外法律体系，全面深入实施准入前国民待遇加负面清单管理制度""将尊重国际营商惯例，对在中国境内注册的各类企业一视同仁、平等对待"，必将有力地推动营造稳定公平透明、法治化、可预期的营商环境，促进外资稳定增长，提高利用外资质量。

第四，"打造对外开放新高地"体现了我们着力推动高层次改革开放新格局的意识和责任。过去，我国为承接开放，搞了工业区、开发区、保税区等开放条件，为探索自由贸易发挥了试验田作用。当前，开放水平越来越高，需要更高的平台承载高水平的开放。自贸试验区、自由贸易港是开放的最高境界，加快中国特色自由贸易试验区，深化改革创新，探索建设自由贸易港的进程，将是中国扩大开放的重大举措，将带动形成更高层次改革开放的新格局。

中国对外开放新高地的建设，关键在于内陆，在于中西部地区。中西部怎样才能具有"沿海优势"？内陆开放高地一定要做好以下五件事。

其一，开放高地一般是与大城市相关的。比如，上海、北京、深圳、广州以及杭州都是大城市。内陆的开放高地一定跟内陆的省会城市有关。如果一个省的省会城市不能成为开放高地，那它下面的某个地市州或县成为这个省的开放高地就不太可能了。所以，首先是齐心协力把省会城市、内陆的大城市发展成为开放高地，然后再辐射延伸到省下面的地市州县。

其二，开放高地一定是四通八达的交通枢纽，其铁路、港口、航空、高速公路也许是区域的枢纽，也许是国内的枢纽，甚至是直通世界的枢纽。如果一个机场有100条国际航线，那么它一定是国际的航空枢纽。如果这个省会城市的机场能够有50条、60条、70条国际航线，再过5~10年就有可能发展为100条国际航线，也就成为国际航线枢纽了。如果一个内陆省无法与其他国家和地区直接连通，但它与国内其他大城市（比如北京、上海等）的国际枢纽有非常便捷的通道，那么它也能成为开放的高地。

其三，开放高地应该是一类口岸。一类口岸就是海关在这里设关检，进口货物在这里经关检就放行，出口货物经关检后交了税就出境。过去一直认为关检一定是在沿海、沿边、沿疆。一二十年前，内陆所有的海关基本不搞关检，属于二类三类口岸，一类口岸都在沿海。最近5年，中国内陆的一类口岸增加了十几个。一旦确定某地属于一类口岸，这个地方的海关人员便会大量增加。每1亿美元货品就需要有一个关员，如果这个地方有1 000亿美元的货物进出口，则至少需要1 000个海关工作人员。天下海关是一家，内地海关与边关之间关检互认、执法互助、信息共享，只要在内陆地区的一类口岸关检了，上海、深圳就不再重复关检，只是核一下而已。而且内陆地区某地如果有500亿美元进出口，并经过自己的一类海关关检了，再到上海或深圳转口出去，这个进出口量就统计归属内陆某地，不归属沿海城市了。

其四，内陆开放高地要有大平台，就是保税区或者新区这些国家特别开放的区域。保税区属于境之内、关之外，相当于一个没有关税的地区。2008年以前，中国内陆没有保税区，2010年之后，中西部的重庆市和郑州市开始有了保税区，并由此起步迅速发展。到

2015 年，整个中国内陆地区保税区、保税物流园区等海关特殊监管区域已经发展到 60 多个。如果没有保税区，大量的产品进出都要经海关关检，还涉及加税、退税等程序，无谓地增加了劳动力、时间和成本。所以一般来说，开放高地要有保税区大平台。

其五，开放高地要有与国际市场密切相关的大产业，方能让其生产的产品在国际上大进大出。

从大概念上说，如果哪个内陆省份具备了这五个要素，那么假以时日它就有可能成为内陆地区的开放高地。从现实角度讲，中国必须进一步对外开放，只有扩大、深化对外开放，我们经济结构调整中出现的各种困难与问题才会逐步迎刃而解。

第五，"推动多边和双边合作深入发展"体现了我国秉持人类命运共同体理念的道义之举。历史和现实都告诉我们，开放合作是增强国际经贸活力的重要动力，是促进人类社会不断进步的时代要求。推动多边和双边合作，建设一个更加美好的世界，就应坚持开放融通，拓展互利合作空间；坚持创新引领，加快新旧动能转换；坚持包容普惠，推动各国共同发展。

总之，习近平总书记在第一届中国国际进口博览会开幕式上的演讲，将中国的开放勾画了全新的高度、广度和深度，必将推动和引领我国今后一段时期的现代化建设进程。

应对中美贸易摩擦，中国要打好五张牌

●

2018年以来，在全面深化对外开放的历史进程中，中美贸易摩擦不断升级，中国所面临的国际经贸局势趋于严峻。美国挑起中美贸易摩擦，试图通过贸易加关税、市场搞封锁遏制中国的崛起。对于中美经贸关系，我们既要看到它作为压舱石的重要性，又要充分认识中美经贸摩擦的必然性、长期性和复杂性，从而做到冷静观察，沉着应对。

一、中美贸易摩擦具有必然性、长期性和复杂性

中美贸易摩擦绝对不是偶然发生的，也不是大家在互联网上"热议"的一些因素能够左右的。

一种似是而非的说法是，中美贸易摩擦是因为某位教授发表了诸如"厉害了，我的国"这一类观点，刺激到了美国主流社会的政客而发起的。这种说法显然是幼稚的、上不了台面的。即便"厉害了，我的国"在表述上存在片面、不妥当、有失偏颇的地方，但也

绝不至于引发中美贸易摩擦这么大的动作。大国之间的经贸关系绝不会因为媒体报道的几篇文章而受到影响，它是由内在的利益关系决定的。

还有一种常见的观点是，我们要对美国友好一些、默契一些，两国之间多一些配合，当美国人提出各种要求时，我们稍微软弱一些、委曲求全一些，就可以避开贸易摩擦。但这种观点同样是站不住脚的。日本自第二次世界大战以来，一直是美国在国际社会政治上的附属国、经济上的附庸国。即便如此，当日本经济不断发展，与美国的竞争加剧的时候，美国对日本的贸易制裁也是毫不留情的。20世纪80年代，负责日美贸易谈判的美国贸易副代表正是当前负责中美贸易谈判、担任美国贸易代表办公室负责人的罗伯特·莱特希泽。莱特希泽如今已是70多岁高龄，负责日美贸易谈判时年仅30多岁，因狠辣的表现而声名鹊起。签署《广场协议》之后，日本经济"一蹶不振"，再也无法与美国抗衡。这段历史充分证明，无论对美国的态度是否友好，只要两国之间的核心利益发生了冲突，美国一定会果断出手实施制裁，此事根本不是"示好"就可以解决的。

（一）中美贸易摩擦具有必然性

中美贸易摩擦发生在现在，具有历史必然性，我们需要从发展路径和转嫁危机两个方面分析必然性问题。

第一，中国经济发展的模式、道路和美国资本主义发展的模式、道路产生了不同的质量和效果。

在改革开放初期的1979年，中国GDP仅占全球GDP份额的1%，只有美国GDP的4%。40年后的2019年，中国占全球GDP的份额已经上升到16%，大约是美国GDP的66%。如果两国都保持当前的增长速度，再过10年，到了2030年左右，中国的GDP规模可能会再翻一倍，达到 200 万亿元，大约是 30 万亿美元。而美国即便保持最近 10 年的最高增速 3%，到 2030 年也难以达到 30 万亿美元的经济体量。这意味着，如果保持当前的发展环境不变，中国的经济总量可能会在 10 年后赶超美国。

事实上，从 40 多年的发展历程来看，中国特色社会主义市场经济体制主要呈现出五个方面的优势。

一是中国始终坚持改革开放的发展理念，每一年各级政府发布的重要文件实质上都在强调"改革开放"。通过变革生产关系，国内生产力得到了更好的发展；通过扩大开放，中国的经济不断融入世界。可以说，改革开放是中国经济得以持续发展的最强音，是中国社会不断进步的主要动力。反观美国，作为一强独大、统领全球化的国家，似乎是开放的，但几十年来对于国内经济积累的各种问题鲜有体制性、机制性的改革，多是头痛医头、脚痛医脚的措施，致使产业结构空心化越来越严重。

二是中国始终坚持"以经济建设为中心，兼顾社会公平"的发展理念，这与资本主义制度存在根本不同。在资本主义社会里，资本的两极分化极易造成社会摩擦、阶层冲突。而中国政府在坚持"以市场为主体"的发展过程中，十分注意讲求公平，每年通过各种各样的政策措施对城乡差别、贫富差距等问题进行调节。这些措施并不是修补式的，而是具有战略性的。最近几年，中国共有 7 000 万人脱贫，这就是一个相当了不起的成就。由此可见，我们的社会公平性并未因为发展市场经济而丧失，这是社会主义制度的一个重要特点。

三是中国历届政府的发展理念始终秉着同一张蓝图。在中国共产党的领导下，中国选举的领导班子呈现出"代代相传"的特点。新一届政府执政，并不会全面否定前面的政府，在执政理念上出现 180 度的大转向。每一届政府都会沿着上一届政府确定的发展目标、发展方向持续推进，把相关工作落实好，但每一届政府又会有新的作为，这与西方的选举制度存在重大差别。在西方国家，一届新政府上台，无论前一届政府做的工作是对是错，总是倾向于否定，很多政策甚至180度转向。例如，奥巴马执政8年的工作成绩，特朗普一上台就试图全部推翻。这种内在冲突使政府的政策执行难以呈现连续性，工作效率必然有所缺失，国家经济的发展效率也会受到影响。我国经济在过去40多年以来持续高速发展，政策的延续性是重要的原因。

四是中国经济总是能在危机中实现自我修复，避免大起大落，避免出现颠覆性的经济危机。纵观全球经济发展史，凡是选择资本主义经济模式的国家，无论是欧美发达国家还是其他发展中国家，总是免不了每隔7~10年发生一次经济危机的命运。反观中国过去40多年的发展，始终较为稳定。年复一年，经济发展的矛盾在需求端总能通过逆周期政策得以调节。在供给端，中国政府总能主动出击，通过推进供给侧结构性改革调整经济结构，实现要素优化配置，提升经济发展质量。经济发展的潜在问题总会得到及时的、有针对性的解决，绝不拖延矛盾造成风险的长期积累，以至于酿出经济危机、金融危机。

五是我国一党执政、多党合作的政治体制具有明显的优势。国家的政治制度与历史、文化相连，如果政府执政的目标是为大多数人谋利益，这就是其合法性来源。在中国共产党的领导下，我们国家的民主和自由在各个方面都表现出协同性，有助于增强我们作为14亿人口大国的凝聚力，可以集中力量办大事，形成明显的道路优势、制度优势、体制优势，这也是中国经济持续、稳定发展的根本所在。

正是这种道路优势、制度优势、体制优势，使中国强势崛起，已经稳稳占据全球第二大经济体的位置。美国担心中国会取代其世界老大的地位，因此处心积虑采用各种方式强力打压中国。许多美国政客认为，当前是美国打压中国最后的窗口期，此时不作为，以后可能再也没有办法制约中国的发展。

第二，美国正处在潜在经济危机可能爆发的前夕，需要主动挑起经贸争端以转嫁风险。自2008年国际金融危机以来，美国经济在近10年的时间里似乎"蒸蒸日上"。但表面光鲜的背后，潜伏着非常沉重的包袱，这便是美国政府的债务危机。截至2018年底，美国政府债务水平高达22万亿美元，而当年的GDP水平只有20万亿美元，政府债务水平是美国GDP的110%，这还仅是计算了联邦政府债务。美国50个州，包括下属诸郡县，还有6万亿美元的债务。两项加起来足足有28万亿美元之多，是美国GDP的140%，这其中隐含着巨大的风险。

众所周知，美元之所以"称霸天下"，有五个原因：一是历史因素，美元作为世界主导货币已有70年历史；二是物资存载，20世纪30年代，美元开始称霸世界时，GDP占全球50%，工业产值占全球45%，黄金储备占全球80%；三是贸易结算，利用SWIFT掌握着以美元计价的全球贸易清算网络；四是维护美元地位的军事力量；五是信用支撑，70年中的最初30年是以黄金为锚发行美元货币，近30年是以美国主权信用、以美国的经济和税收作为支撑。但是最近十年来，情况发生变化，为了缓解2008年的次贷危机，美国政府印发基础货币，实施QE。美元发行的货币之锚，泡沫不断增加，信用开始下降。美国政府国债余额在2018年已达22万亿美元。而美联储则通过发行基础货币购买美债，并将货币超发的泡沫转移给全球。一般而言，美国GDP的30%左右是税收，美国20万亿美元的GDP大体上对应着6万亿美元的税收，其中40%是50个州及郡县的税，

60%是联邦政府税，约3.6万亿美元。税收作为政府主要的财政收入，对应着政府债务，或者说对应着美联储基础货币发行的信用基础。因此，对于债务和基础货币的发行，美国国会大体上要遵循三个原则。一是政府债务余额不能超过美国GDP的70%，这也是国民经济的安全线。在2008年金融危机之前的70多年时间里，一直可以倒推至1930年，美国政府的债务水平从未超过GDP的70%，安全线守得很稳。但金融危机以后，美联储为了救市印发了大量美元，可谓"直升机撒钞票"，债务占GDP的比重从2007年的69%，直升到2008年的80%，2009年快速突破了90%，2012年奥巴马连任美国总统当年更是超过了100%。

二是政府债务余额一旦超过GDP的100%，国会就要严格限制发债，因为这是发生重大金融危机的警戒线。然而在2013年，预算方案未能通过导致政府面临资金紧张，联邦政府部分机构被迫停摆近3周，约80万政府职员强制休假。时间久了，国会承受的压力越来越大，连议员的工资都快发不出来了，于是不得不又批准发行国债。奥巴马政府和特朗普政府都经历过政府停摆，主要原因都与政府债务规模过高有关。

三是联邦政府债务余额如果超过美国GDP的150%，美债发行就会陷入困境，美元就会发生严重的信用危机。假设美国一年的税收占GDP的30%，按分税制，约40%由美国州郡县分走，联邦政府可以拿到的税收只能占GDP的18%。这种情况下，美元必将面临崩盘的可能。由于政府债务平均分10年来偿还，则每年需要偿还GDP的15%，而全部债务余额每年的利息哪怕只有2%，总量亦会达到GDP的3%左右，加起来就超过了GDP的18%。这意味着，仅偿还债务的本息就将覆盖整个税收，而政府开支、军费开支以及社会保障经费都没有来源，国家信用将濒临崩盘，只能被迫发行更多的政府债，但整个世界都会预期到美国没有能力偿还本息，不愿意再来购买美债，这样一来美元就将濒临崩盘，届时将会出现一场巨大的危机。

近期，美国许多大型企业家、金融人士、前政要都在不同场合强调，美国将要迎来一场新的经济危机，暴风雨要到来了。这并不是杞人忧天，而是对美国经济潜在危机的客观看法。要缓解债务危机，无非有三种办法。

一是不负责任地发行100年期的债券，并通过负利率政策缓解利息支付压力。发行100年期的债券，实际上是把眼前的危机推向未来，但核心的问题是"谁来买单"。100年后，我们的子孙后辈可能依然收不到美国的还款。这类方案一经提出，就是"要出事"的前奏。事实必将证明，100年期的国债是发不出去的，大范围地实施负利率政策是行不通的。

二是以邻为壑，通过制造贸易争端"抢夺资源"。但如果只是"抢"一些非洲小国，只有几十亿美元的规模，对美国而言毫无意义。而与中国发生贸易摩擦，美国认为几年内可以"抢夺"上万亿美元的资金，这个体量是值得一做的。更为过分的是，美国一些政客想钱想疯了，甚至想着拿清朝发行的铁路债务，例如当时武汉为修铁路发行的几十万两白银的铁路债券，向中国现任政府讨要100多年算下来的连本带利1万多亿美元，这是极其可笑的。当前的贸易摩擦属于这种逻辑在执行层面的具体体现。

三是实施供给侧结构性改革，这才是真正解决问题的办法。目前，美国每年有动辄上万亿美元的军费开支，维持其"世界警察"的霸权地位。通过结构性改革，如果一年能够节省5 000亿美元的军费，才能切中财政开支的要害。美国国民经济供给侧有许多不合理的结构性问题，需要进行基础性、制度性改革。现任政要应该学习美国里根总统、英国撒切尔夫人执政期间的魄力，真正地去实施结构性改革。然而，伤筋动骨式的改革措施在美国两党制政治体制下是很难行得通的，因为这种改革措施势必会伤及国内部分阶层的利益，导致"丢失选票"，这一成本是巨大的。

总而言之，回顾中美两国乃至全球各国的发展历史，中美贸易摩擦的爆发，或许是忌惮于中国社会主义制度和道路所产生的冲击力而实施的限制性措施；或许是自身处于危机边缘，又不想"伤筋动骨"从根本上解决问题，而是通过制造经贸摩擦"抢夺"资源、转嫁风险。从这个意义上讲，不是简单的妥协就能解决当前的问题。美国此举既是要中国的"钱"，更是要限制中国的长期发展，希望中国永远停留在"世界第二"的位置上，无法超越。但在舆论上，美国则是大肆渲染，站在道德高地上冠冕堂皇地给出各种各样的说辞。从本质上看，脱离不了国家利益的考量。

（二）中美贸易摩擦具有长期性

我们既要看到中美贸易摩擦的必然性，也要看到它的长期性。即便中美两国在某一阶段谈判达成了共识，签署了合约，也仅仅是度过了短暂的危机。即便此刻贸易争端的"硝烟"消失了，但几年后或许会"卷土重来"，美国又会以别的理由对中国展开新的制约。今天是"关税战"，明天可能是"汇率战"甚至"金融战"，各种各样的冲突都会接踵而至。因此，中美贸易摩擦的长期性不言自明。

（三）中美贸易摩擦具有复杂性

除必然性、长期性以外，中美贸易关系还具有一个显著的特点，那便是它的复杂性。中美贸易关系不仅简单地表现为尖锐性、敌对性，还表现为中美两国在经济和社会上广泛的、战略性的互补关系。

从分工的角度来看，美国所擅长的领域往往是中国的短板领域，反之亦然。两国之间，合则两利、斗则两败，这是产生复杂性的根源。我们不能光看到两国之间由于制度体制、经济模式、意识形态差异而产生的尖锐性、敌对性，更要看到利益格局上"合则两利"的基础性、内在性。正是由于这种复杂性，有时我们看到两国关系紧张了，但过段时间又会有所缓和，所谓"柳暗花明又一村"。

事实上，美国对中国的制约意图早就存在，早在2000年中国加入WTO之前，美国就试图通过各种手段阻拦中国。然而，美国在2001年爆发了互联网金融危机，再加上"9·11"事件使美国国内局势"雪上加霜"，股市在年内暴跌了40%多，经济遭受重创，极度需要与中国在国际政治上、军事上、经济上开展更好的合作，需要依靠中国力量来支持本国发展，无暇再与中国展开新一轮冲突。在那一阶段，中美之间合作多于摩擦。

到了2006—2007年，美国互联网危机已经度过，经济恢复到了比较好的状态，于是美国又站出来多次指责"中国不是市场经济国家"的基本问题，时至今日还在讨论的"中国市场经济地位""市场经济国家"等概念，其实都是在那一时期提出的。美国强调，如果中国不是市场经济国家，在WTO中就不能享受最惠国待遇，WTO是市场经济国家的贸易组织。美国试图从基本定义出发，推翻中国在WTO中的地位。随即，该问题也引起了一场又一场的辩论。偏偏到了2007年美国又爆发了"次贷危机"，在2008年发展成一场全球性"金融海啸"，论影响力要比2000年的互联网危机大上十几倍，直接摧毁了全球十几万亿美元的资产。此时，美国已然无力再对中国实施打击，因此两国又度过了"平稳的十年"，直到2018年，美国经济从危机中有所恢复，便再次挑起了针对中国的贸易争端。

所以中美关系不仅有尖锐性、针对性一面，更有复杂性、合作性一面。2009年，哈佛大学教授尼尔·弗格森发表了一篇文章，提出了一个概念，即"中美共同体"（Chimerica）的概念。基于中美之间在六个方面的互补，他提出，未来几十年时间里，世界将不再是G20（二十国集团）、G7（七国集团）的时代，而是G2（两国集团）的时代。

他认为中美两国之间有六个结构上的互补。第一，美国的金融资本和中国的市场规模是互补的。美国资本丰富，中国市场广阔，资本市场与商品市场相结合，能够更有效地配置资源。第二，美国的高科技成果和中国的规模化制造业是互补的。美国掌握高科技技术，但高科技必须有大规模的制造基础才能形成生产力，否则高科技的作用近乎为零；而大规模的制造业如果没有技术支持也如同"丧失灵魂"。中美两国的科技优势和制造业基础相结合，能够打造全球最强的制造体系。第三，美国的农业生产力和中国人口大国、土地资源不足是互补的。第四，美国人精于企业管理、营销和金融，中国人则擅长工程设计和制造。第五，美国的货币储蓄少和中国人生活节约、储蓄量大是互补的。美国的储蓄率是GDP的1.8%，而中国的储蓄率是GDP的40%。第六，美国人乐于消费，他们消费大量中国的商品，热衷于房地产抵押透支；中国人则热爱储蓄，购买房子。一个流传已久的案例是中美两国居民对购房的态度，中国人习惯于少贷款或者尽量早点还掉贷款，留给子孙后代没有债务负担的房产；美国人则倾向于透支消费，甚至祖辈留给他们的房产都可以抵押贷款拿来消费。两国消费和储蓄习惯的差异形成一种互补。

这篇文章的观点是非常客观的，说尽了中美两国"你中有我、我中有你"的格局。两国之间谁也离不开对方，也难以战胜对方。两国之间长期互补，谁也没有吃谁的亏，这是一种基础性、结构互补性的利益格局。因此，无论某一个时期多么敌对，长期来看中美关系为了共同利益会趋于缓和。我们常说，贸易关系是中美关系的压舱石，中美之间的深度合作不仅对两国经济十分重要，对整个世界的发展也至关重要。因此，我们既要理解中美经贸冲突客观上的斗争性，也要理解战略上的复杂性。

总而言之，中美经贸摩擦具有必然性、长期性、复杂性三大特征，我们应当从上述三个角度来深刻理解中美关系。

二、应对中美贸易摩擦，中国应坚持四条原则

时至今日，我们的媒体将中美两国的这次经贸冲突叫作"贸易摩擦"，并没有向"贸易战"去延展。我的理解是，在截至2019年年末的近一年半时间里，美国所宣布的对中国实施的各种关税壁垒并未完全操作到位。中美两国的贸易冲突还留有余地，更多还是停留在声明谈判阶段，美国并没有把5 500亿美元商品的关税一次性加征到位。无论宣布加征关税的税率是25%还是30%，在全部征税行为付诸实现之前都只是"贸易摩擦"的范畴。

而一旦全部关税加征到位，必将是"贸易战"真正的开打之时。"贸易战"一旦全面开打，可能会衍生出五种打法。一是我们比较熟悉的"关税战"，两国继续相互竞争性地加征关税，这也是最常规的形式。二是"非传统壁垒战"，除了上面提到的传统关税壁垒，两国之间还有可能设置绿色壁垒、技术壁垒，甚至实施贸易脱钩，相互之间不再进行买卖，断绝贸易往来。近两年来，这种行为也时有发生，例如美国对华为公司芯片断供、停止其使用操作系统等。三是"汇率战"。四是"金融战"，这也是"贸易战"的升级形式。五是"长臂管辖战"，即美国将国内法国际化，扩大管辖范围。

一旦中美"贸易战"全面开打，上述五种打法或许会同时并举。中国必须对中美经贸冲突的各种可能性前景做好充分的准备，不仅

是征收关税，我们对贸易封锁、汇率指控、金融冲击、长臂管辖都要做好预案，形成充分的对策。应对中美贸易摩擦，我们要坚持好四条原则。

其一，丢掉幻想，准备斗争。这句话是借用毛主席的表述，既然中美经贸摩擦具有必然性和长期性，我们就要果断地"丢掉幻想"，为长期应对贸易争端做好充足的准备。

其二，保持定力，增强信心。很多国人认为，中国若与美国长期争斗，我们会吃很大的亏，因此"未战先怯"。还没打仗，先偃旗息鼓、"软骨病"发了。我们一定要充分理解国家的制度优势、体制优势，充分了解我们国家的发展潜力和优势，对我们国家遇上困难时候的韧劲、回旋余地要有充分的信心。总的意思就是保持定力，增强信心。

其三，坚守底线，灵活应对。在中美贸易摩擦的过程中，事关国家核心利益、民族尊严和原则性的问题，我们坚决不退让、坚决不妥协，这是我们需要守住的底线。灵活性就是应对中美关系复杂性，这种复杂性不仅表现为对方有两党之间的角逐，政治家或企业家有跟中国友好的，也有跟中国敌对的，有务实的、经济的，也有纯搞政治的政客。纵观最近几次美国总统竞选，不同阵营的执政理念无不表现出上述复杂性，这本身也是中美关系最根本的一面，即"你中有我，我中有你"和"互相之间谁也离不开谁，谁也替代不了谁"。这个意义上会产生复杂性，这个复杂性就要灵活应对，有时候就要利用这种矛盾的多样性把我们的问题化解掉。

其四，聚焦关键，补齐短板。我国的科技水平相对于美国而言尚存差距，要聚焦科技领域中的关键环节，自力更生，集中力量办大事，尽快将这些薄弱环节、瓶颈环节自我修补。应对中美两国的冲突、争斗、较量，最关键的事情还是要做好自己的事，尽快补好短板。只有将我们的科技短板、体制短板、金融短板等全部补完，才能形成更为强大的发展动力。

上述四条原则是应对中美贸易摩擦时最为重要的、关键的指导性原则。

三、应对中美贸易摩擦，中国要打好五张牌

根据以上四条原则，在应对中美贸易摩擦时，中国应当着力打好"五张牌"——市场是王牌，产业链是王牌中的王牌，金融是盾牌，科技是关键牌，开放是底牌。

（一）第一张牌，市场是王牌

作为一个拥有14亿人口的大国，中国占据了全球70亿人口的大约1/5。当前，我国的人均GDP已经突破1万美元大关，在向着2万~3万美元方向发展。假如十几年以后，我国的人均GDP水平翻番，正式达到2万美元，那么就会发展成为一个28万亿美元经济体量的大国，无疑也将形成巨大的消费市场。

中国消费占GDP的比例已经从十年前的35%提升到现在的50%，再过十年，其占GDP的比例将达到70%左右。这背后是四亿中产群体的崛起。中国这个"世界工厂"正逐步蜕变成"世界市场"。

目前，在我国每年4万多亿美元的货物贸易中，有2万多亿美元是进口，15年累积起来就是大约30万亿美元的进口量。而服务贸易每年的贸易总量是7 500亿美元，其中大约5 000亿美元是进口，15年积累起来也有7.5万亿美元，考虑到正常的增长惯性，或许会积累到10万亿美元的服务贸易。这样一来，未来15年我国对全球其他国家而言，就是一个40万亿美元的庞大市场，这就是我们的第一张王牌。哪个国家若与中国进行贸易脱钩，或许会影响到中国的出口，

但更主要的还是会影响到该国自身的出口。

可以说，当今世界，一家企业如果不深入参与中国市场，是谈不上拥有全球竞争力的。进入并占有中国市场，正是跨国公司梦寐以求的。

以芯片为例，2018年，全球主要国家，包括美国、欧洲诸国、日本、韩国在内，共生产了5 000亿美元的芯片，其中有3 000亿美元卖给了中国，中国在全球芯片市场中占据了60%的份额。然而，中国自己用掉的芯片，即芯片进口后装在本国消费终端产品中的份额是800亿美元，其余2 000多亿美元的芯片，中国在进口深加工以后，会再度出口到世界其他国家，形成1万多亿美元的出口额。进口3 000亿美元芯片，出口1万亿美元的加工产品，当然会表现为我国高额的贸易顺差，但1万亿美元出口的背后，也包含了3 000亿美元芯片的进口加工，实际上是给芯片生产国提供了市场。如果断绝了与中国的贸易往来，很多国家等于把芯片销售60%的市场给"丢掉了"。

可想而知，这些国家的芯片厂如果突然减少60%的销售，利润可能就会全部丢失，甚至变为亏损。波士顿咨询公司（BCG）2020年3月9日发布的关于芯片行业的报告做了一个重要而确切的分析：73%的中国芯片需求可以被美国以外的供应商替代。如果中美贸易争端持续或者演变成为科技脱钩，则美国芯片行业的全球份额将从目前的接近五成下降至三成，进而引发行业螺旋式衰退。

事实上，美国试图提出脱钩威胁与中国形成决裂，并希望欧盟国家、日本、韩国都不再跟中国开展贸易往来。但如果上述威胁真的实现了，则对于上述国家而言，中国每年4万多亿美元的进出口、15年货物贸易和服务贸易累积的40万亿美元的进口市场就会"丢掉"一大块，因此脱钩是很难实现的。从这个意义上讲，市场就是王牌，中美贸易摩擦并不是北约、华约两个军事组织进行代理人战争，也不是冷战时期美苏两个超级大国统领的两大阵营的对抗，而是"你中有我、我中有你"的摩擦与合作关系。美国扬言要脱钩，粉碎脱钩威胁最好的武器就是市场这张王牌，中国一定要利用好这张王牌，合纵连横，形成利益平衡。

当前，世界经济共有五大板块。美国独立成为一个板块，GDP规模超过20万亿美元；欧洲诸国形成一个板块，GDP达到17万亿美元；日本、韩国、东南亚10国再加上澳大利亚等亚太国家［多是CPTPP（全面与进步跨太平洋伙伴关系协定）成员国］形成了一个板块，GDP规模大概接近20万亿美元；中国也单独成为一个板块，拥有16万亿美元的经济体量；"一带一路"倡议沿线发展中国家、非洲诸国、阿拉伯世界国家等形成一个板块。在五大板块中，中国、美国都是独立形成一个板块，其他三个板块的国家选边站，既不会都跟着美国"走"，也不会都跟着中国"走"，市场在维系中国与其他国家经贸关系时会成为重要的筹码与纽带。

（二）第二张牌，产业链是王牌中的王牌

近40年以来，全球贸易格局发生了深刻的变化。

一是国际贸易的产品结构出现了根本性变化。20世纪80年代，全球贸易总额的70%左右是工业制成品。到了2010年，全球贸易总额的60%是中间品，包括零部件、原材料等，工业制成品只占到40%的份额。截至2019年，全球贸易的70%是中间品贸易。

数据的背后伴随着一个现象，即世界上主要的贸易品，不再由单一国家、单一地区的企业负责生产。一件产品往往是由几十个国家、几百家企业生产的上千个零部件互相组合而成的。唯有在这样的过程中，才会产生巨额的中间品贸易，并会带动生产性物流、生

产性服务业、产业链金融，以及包括各种各样科研开发和研究设计在内的服务贸易的飞速发展。40多年前，在全球贸易中，服务贸易与货物贸易的比例大概是1∶19。而现在，两者的比例关系大概是3∶7。

也有部分研究认为，当前全球服务贸易总量在统计上被严重低估，实际上已经占到了全球贸易总量的接近一半。由此可见，过去几十年里，全球贸易的产品结构发生了两大变化，中间品贸易比重大幅上升，服务贸易比重明显提高。这既是全球制造业水平分工和垂直分工不断演变的结果，也是全球服务贸易加速发展的结果。整个生产力体系的变化正在影响和产生新的世界贸易规则。

二是生产企业的组织形式和管理方式发生了深刻变化。当前，一件产成品的生产过程可能涉及几千个零部件，由数千家企业在几十个国家、几百座城市形成一个产业链条。在产品生产过程中，哪家企业成为灵魂、成为牵头者，哪家企业在负责管理，把产业链中成百上千家中小企业组织在一起，哪家企业就是世界制造的领导、产业链群体的核心。因此，现在看全球制造业，不再像几十年以前只关注单个企业规模的大小，当前重点要看产业链的集群、供应链的纽带、价值链的枢纽在哪里。谁控制了这个集群，谁就成为纽带的核心。谁作为价值链的枢纽，谁就是制造业的龙头。

例如，生产一部苹果手机共涉及1 000多个零部件。全球有几百家企业为苹果公司进行零部件加工，涵盖几十个国家。在整个生产过程中，苹果公司不可能掌握全部手机零部件的发明专利，并将各项专利交给相应的零部件厂、中间厂商等配套企业，让它们为苹果公司进行零部件加工。事实上，这条产业链上的中小企业，各有各的专利，各有各的所长。这些专利、长处往往都不是苹果公司所掌握的。但苹果公司制定了零部件标准，这就产生了纽带，它自然就成为整个产业链的核心。从这个意义上来看，当今世界产业链的竞争不仅是核心技术和资本的竞争，更是产业链控制能力的竞争。谁能提供行业标准，谁就能更好地控制产业链，成为行业龙头。

产业链的行业标准之所以如此重要，是因为各种各样的零部件专利发明都离不开标准，只有符合标准的专利才会被市场采纳。标准制定的基础取决于产品的整体设计，包含产品的性能、结构、形体外观、生产工艺等诸多方面。因此，能够提出行业标准、产品标准的企业往往是产品整体设计环节中最大的技术发明者。能够控制供应链的企业实际上就是整个供应链的纽带，这类企业在组织整个供应链体系时，会有成百上千家企业跟随，在什么时间、什么地点、交付什么样的产品，一天的时间间隙都不差。在几乎没有零部件库存的情况下，几百个加工厂能够协调、高效地在世界各地形成组合，这是非常难得的。从这个意义上讲，供应链的纽带非常重要。

与产业链相关的另一个概念是价值链。当全世界成百上千家工厂生产的大大小小的零部件在组合加工的过程中时，就产生了国际贸易。在如此复杂的过程中，几十个国家（地区）、数百座城市的成百上千家企业是否会在每单交易时都会进行企业之间的相互结账呢？答案是否定的。现实中，诸多企业之间会通过互联网通信系统在某个自由港形成一个结算点。例如，苹果公司的所有零部件加工厂都与苹果的结算中心有着网络化联系，苹果一年上万亿美元的销售总额会通过结算中心与各厂家进行结算，结算选择地往往是某个自由港。

跨国公司之所以会选择在自由港进行结算，主要有三个原因。首先，方便外汇交易。跨国公司的结算对象分布在全球不同国家，使用的结算货币各不相同，外汇交易往往采用离岸交易，很多离岸中心恰好设置在自由港。其次，降低交易成本。自由港的税率一般只有15%，甚至低到12.5%，能够明显降低结算税费。最后，发挥人才优势。自由港往往聚集着高层次的金融、会计和精算人才，能够更好地提供结算服务。

由此可见，跨国公司并不是与数百家企业在不同的活动点上单独进行结算，而是利用现代通信系统汇总在某一个结算点进行结算。这就意味着，结算产生的税收，包括所得税、专利税、版税，以及结算产生的高附加值的服务贸易，都不会发生在零售加工商所在国境内。综上所述，当今世界跨国企业之间的竞争，不仅在于产业链的竞争，还在于价值链的竞争。谁拥有了价值链的阶段枢纽，谁就将拥有整个产业链的财富中心。

还有一个与产业链相关的重要概念是供应链。过去几十年时间里，数十个国家、上百家企业共同生产一件产成品，由此形成了上中下游的产业链集群。集群中的企业相互之间要提供零部件、原材料和金融服务，整个服务贸易将会通过供应链展开。供应链的纽带同样会对产品生产起到关键性的枢纽作用。谁掌握了供应链枢纽，谁就更容易掌控产业链集群，成为全球贸易中的产业巨头。企业一旦掌握了产业链、价值链、供应链之后，各种私募基金、产业资本都会涌来，因为有市场前景，有利益可图，有技术人才进行优质的服务。整个产业链条中，有些核心的部件可以由企业自己生产，也可以由供应商提供。例如，苹果公司从不生产芯片和液晶面板，这些零部件都是由各国公司提供的。

由此可见，产业链是在全球分工中产生，并在世界贸易互动中形成的。在这样的过程中，新的贸易格局又促进了跨国企业新的生产方式的形成，控制产业链的核心凝聚在三个要素中——价值链、供应链、产业链，即产业链的集群、价值链的枢纽和供应链的纽带。这正是跨国公司在适应世界贸易新格局的基础上，产生的组织形式和管理方式的新模式。每个国家都在关注产业链、供应链、价值链的全球布局，深刻影响了中间品在国际贸易中的份额变化。不同国家之间的制造业、服务业相互依赖，"你中有我，我中有你"。

在这样的背景下，美国反而倒行逆施，通过加征关税、设置壁垒等手段试图搞贸易脱钩、产品断供、经济封锁，实际上就是在跟全球化过不去，跟已经形成的产业链、供应链分工格局过不去。这种做法既伤害了中国，也伤害了美国自己，更损害了全球利益，可谓"损人不利己"，是非常幼稚的行为。现如今，中国已经成为世界最大的工业制造国，拥有世界上配套最为齐全的产业链和供应链。这正是应对贸易摩擦王牌中的王牌。在全球化的产业链面前，任何贸易摩擦举措，往往都是"伤敌一千，自损八百"，就如同金庸小说里的"七伤拳"。

基于产业链视角，具体分析美国对中国 5 500 亿美元进口商品加征 25% 关税这一举措的影响，可以观察到如下特征。

首先，这接近 1 400 亿美元的关税绝大多数都会由美国消费者自己承担。表面上看，美国对中国加征关税，会导致中国出口商品销量下降，中国只能被迫降价。但发生这种事情要有一个前提，那便是中国的出口商品在美国存在替代品，美国大可不必从中国进口。如此一来，中国便没有太好的办法，为了保护市场只能被迫降价。然而，这些商品如果在美国并没有替代品，本身的需求又十分旺盛，那么中国就无须大幅降价。

其次，在美国征税的 5 500 亿美元商品中，有大约 3 000 亿美元商品的生产涉及近 20 年美国企业在中国布局的网点，这些产品的生产实际上只是为了返销美国。这个商品结构是我们需要格外注意的。也就是说，在 5 500 亿美元的加税商品中，只有 2 000 多亿美元是我们需要重点跟美国谈判的，两国之间你来我往、相互抬价，最多放弃美国市场，卖到别国市场。但有 3 000 多亿美元的商品涉及美国在华企业的利益，美国如果不买了，本国公司也会受到巨大冲击，甚至面临倒闭的风险，虽然中国的劳动力就业也会受到影响，但资本受到更大影响的还是美国。

美国在中国多年布局跨国公司生产该类商品再返销美国，本身就说明该类商品无可替代。除非美国把在中国的这几千家企业全都搬到亚洲其他国家，再生产出 3 000 亿美元的商品，但上述过程没有三年五载是实现不了的，并且要寻找到硬件配套体系、基础设施环境、劳动力素质、制度成本跟中国差不多的国家并不容易。一旦上述内容都需要重建，可能需要 5~10 年的时间。这样一来，市场或许早已丧失，美国企业也会被他国企业替代，这将是巨大的"内伤"。因此，美国对中国 5 500 亿美元商品加征关税，或者是美国消费者自己买单，或者会导致一大批在华跨国企业倒闭，得不偿失。

再次，中国也会采取强有力的反制措施，"你加，我也加"。很多人认为，中国只有 1 500 亿美元的加税空间，美国有 5 500 亿美元的空间，中国在体量上就输了一筹。但应当看到的是，美国 5 500 亿美元商品中有很多商品通过产业链的传导会影响到本国企业，相反中国的 1 500 亿美元征税商品并没有产业链，主要涉及农产品、飞机、原油、天然气等，征税行为只会影响到美国企业，不会伤及中国企业。2019 年 5 月，美国对中国商品在加征 25% 关税的基础上再增加 5%，关税税率提高到 30%。作为反击，中国也拉出了一张涉及 750 亿美元的征税清单，其中包含大豆、猪肉、牛肉和各种原材料产品等，美国也颇为忌惮。由此可见，评估中美贸易摩擦对两国的影响，不能简单地通过观察征税商品的规模，就认定中国要吃大亏了。站在产业链的角度来看，中国 1 500 亿美元征税的反击力度甚至可能大于美国 5 500 亿美元征税的打击力度。

最后，在贸易冲突中，一旦产业链被打破，受影响最大的还是运营产业链的龙头企业。以苹果公司为例，苹果手机每年的销售额高达 1 万亿美元，在苹果的全球产业链布局中，中国有几百家零部件工厂在进行生产，亚洲其他国家（地区）还分布着几百个工厂。一旦美国未来加征关税封锁这条产业链以后，中国几百家配套零部件企业可能会停产，工人可能会下岗，的确会令中国损失掉 2 000 亿~3 000 亿美元的出口，世界其他国家的配套企业同样也会停产。但受到冲击最大的还是苹果公司，作为手机产业链的世界龙头老大，苹果每年上千亿美元的利益体系就泡汤了，还找不到替代方案，市场份额可能立刻会被华为、三星等竞争对手吞噬。因此，一旦经贸冲突伤及产业链、供应链、价值链，受损最大的还是龙头企业，而这些企业大多分布在美国。

站在产业链的视角来看，当今世界的经济格局更是"你中有我、我中有你"，美国试图发起"关税战"，并不是一个明智的选择。特朗普的这套打击思路或许在 50 年前是有效的，那个时候贸易国的任何一个产品都是独立生产的，一加关税成本就提高了，产品就卖不动了，可谓"一打一个准"。然而，在当前这种分工格局下，关税打击就有些不合时宜了。在一个相互合作的时代，合则两利、分则两败。产业链优势是我们打赢"贸易战"王牌中的王牌，是应对中美贸易摩擦的撒手锏。

（三）第三张牌，金融是盾牌

中国并不畏惧"关税战"，我们不仅守得住，更有反击能力和进攻性。但在金融市场方面，我们目前在全球的地位还不够高、不够强，并不具备攻击性。尽管中国有着全世界规模最大的一批银行，但服务对象还是立足于本土市场。中国的金融体制还是国内体制，并不具备全球范围的活动能力。美国如果对我国金融体系实施打击，基本上我们只能处于守势。金融体系在一国经济体系中处于重要地位。金融一着棋活，全盘皆活；一着棋坏，全盘皆坏。因此，金融是盾牌。具体而言，有四个方面的工作需要我们重点做好。

第一，要做好金融系统的供给侧结构性改革。去杠杆、去坏账、刺泡沫，这些工作一定要做好。各类工商企业，包括工业制造业企业、房地产公司、商业性服务性公司以及地方政府融资平台，过高的债务率和坏账率必须尽快降下来，这一点非常重要。否则一旦面临金融市场冲击，中国高负债、高坏账企业将极易陷入困境。要补足金融市场短板，消除自身的薄弱环节。唯有做好自己的事情，才能把盾牌筑牢。

第二，要深入研究过去几十年里美国发动的历次金融战的目的、手段和效果，未雨绸缪，做好防范预案，制定反制措施。前文提及，"贸易战"一旦全面展开并且进一步升级，可能会有五种具体的衍生形式，其中"汇率战""金融战""长臂管辖战"实质上都是广义的"金融战"，可以统称为"金融战"。

2019年8月初，美国财政部突然宣布中国是"汇率操纵国"。尽管过去10年间，中国是"汇率操纵国"这样的声音时常出现，但还从来没有被财政部长级别官员公开指责过。实际上，美国民间智库专家甚至是美联储人员来指责中国操纵汇率都不必过分在意，因为美国的相关法律规定，"汇率操纵国"的正式判定必须由美国财政部来宣布。过去10年间，美国财政部从未表态过中国是"汇率操纵国"。然而，2019年8月的这次声明预示着事态的严重性。

美国在2015年出台了一个法案，专门制定了对世界范围内"汇率操纵国"的惩罚条款，一旦某个国家被认定为操纵国，美国政府将可以采取十条惩戒性措施。其一，美国所有的银行、保险公司不得为"汇率操纵国"企业提供融资和保险，无论这些企业在本国经营还是在其他国家经营，都不能向美国的金融机构借钱。其二，美国的资本市场对"汇率操纵国"企业关闭。包括申请 IPO 上市的企业暂停上市，已经上市的企业强制其退出。其三，通过征信系统的强制干预，把"汇率操纵国"的国家信用或"汇率操纵国"重要金融机构的信用降级，例如，从 AAA 级降到 AA 级、BB 级。其四，实施贸易脱钩，美国企业不再和"汇率操纵国"企业开展货物贸易。其五，美国不再和"汇率操纵国"讨论任何贸易协定，美国和"汇率操纵国"之间各种合作协议的谈判统统取消。其六，美国政府将对"汇率操纵国"的政府、企业和个人资产，根据不同情况予以冻结。其七，对"汇率操纵国"企业处以巨额罚款。其八，利用比特币系统帮助和刺激"汇率操纵国"的企业和个人抽逃资金出国。其九，倒逼"汇率操纵国"资本项下自由兑换、市场开放，使"汇率操纵国"更容易受到国际市场的冲击。其十，SWIFT 系统对"汇率操纵国"关闭。2015 年法案明确规定，只要美国政府宣布某国为"汇率操纵国"，政府就有权采取上述十条处罚措施对"汇率操纵国"实施金融制裁。

2019 年国庆节期间，据说美国白宫研究了对中国作为"汇率操纵国"采取的几条措施，消息出来，美股立刻大跌。过了几天，美国财政部又宣布从来没有商议过任何制裁措施，也不会对中国采取任何行动，股市的波动也跟着缓解了。

总的来看，很多事情真真假假，但都有它发生的背景，绝不是空穴来风，也不是临时起意。事实上，美国法案明确规定了认定"汇率操纵国"的三条标准：一是某国对美国的贸易顺差超过 GDP 的 3%；二是某国最近不断买进或抛出美元，累积量达到 GDP 的 2%；三是某国货币对美元汇率的调整达到了一定的幅度，汇率明显呈现单向调高或者单向调低趋势。因此指控中国操纵汇率，根本站不住脚。前两条标准根本没有达到，第三条标准似是而非。现实的情况是，人民币兑美元汇率在2019年六七月持续贬值，8月1日跌破了"7"的大关。汇率波动纯属市场行为，根本不是政府操控的结果。

从这个意义上讲，美国的指控根本是不成立的，也与2015年法案判定规则不相符合。需要注意的是，上述十条内容基本上涵盖了"金融战"的全部内容，要么不打，要打就是这十条。我们应对"汇率战""金融战""长臂管辖战"，无外乎也是上述十条。筑牢中国金融之盾牌，需要我们不仅能应对上述十项内容，还要有反制的能力。

第三，妥善推进人民币国际化进程，主要包含六个要点。

一是全面推进跨境人民币结算。跨境人民币结算是指，有条件的企业在自愿的基础上以人民币进行跨境贸易的结算，即我们买卖他国商品都使用人民币支付。自2009年首次推出以后，跨境人民币结算在2010年达到了1 000亿元，2013年突破了4.63万亿元，2015年更是突破了7.23万亿元。

二是积极开展国与国之间的本币互换。当然，两个国家能够进行货币互换，本质上需要两国相互接受对方货币的使用价值。

三是建设人民币离岸交易市场。例如，在中国香港建成1万亿元规模的交易市场，在英国、新加坡或其他国家再建一个1万亿元规模的市场，总共建成2万亿元规模的离岸人民币市场。

四是推动人民币大宗物资清算、定价。也就是说，我国在国际市场上购买石油、铁矿石等大宗商品，不再用美元计价，而是用人民币计价。实现人民币计价，人民币就不仅是结算货币了，更成为计价货币，这是非常重要的，能够规避人民币兑美元汇率波动风险。当前，一定要加快推动人民币计价体系的建设。中国作为世界上最大的大宗商品采购国，需要获得对商品更加直接的定价权，人民币计价正是定价权的重要体现。

五是加强人民币在"一带一路"沿线国家和地区的影响力。中国与"一带一路"沿线国家和地区互联互通的资金、融通、投资都要尽可能地以人民币计价，形成"一带一路"人民币资金圈。

六是加快布局 CIPS，即建设一个以人民币为清算货币的全球商业银行网络。中国人民银行自 2012 年起就在建设并推进这个系统，经过六七年的建设，已经在全球范围内形成了有几十个国家 900 个商业银行加盟的、互联互通的贸易结算系统。一旦 SWIFT 给我们设置障碍，我们便可以名正言顺地将 CIPS 推出来。

第四，进一步加快金融领域对外开放。改革开放 40 多年以来，我国引进外资的金额几乎等于全部工商产业资产的 30%，这也是中国进出口贸易的重要推动力量。然而，我国在金融领域基础性制度的开放却不够。目前外资金融机构占整个中国金融资产的份额不到 2%。金融领域开放程度有限主要集中表现在三个方面。首先，外资不能开办某些类别的金融企业，或者不能开展某些金融业务，这涉及市场准入门槛的问题。其次，即便市场准入了，外资在很多领域还面临持股比例的限制。最后，即使外资企业在工商机构注册登记了，还会有一些营业范围不能触及。由于各类限制过多，一些外资银行与一个办事处实质上并没有多大的区别。

中央高度重视金融领域的对外开放。从 2018 年 4 月至今，国务院金融稳定发展委员会、中国人民银行、银保监会和证监会等四部委相继出台了多个文件，内含 64 条具体的开放性规则，其中有 24 条是关于市场准入的，11 条是关于外资持股比例的，29 条是关于经营范围的。市场准入方面，强调在准入前给予外资同等国民待遇；持股比例方面，逐步让外资控股甚至独资设立境内金融机构；经营范围方面，放开各种各样的业务许可。如果这 64 条措施全部落实到位，相信未来几年内会有一波非常热闹的"外资金融机构进入中国"的潮流，每年可能会带来几十亿美元、几百亿美元的资金，10年时间里就将累积带来几千亿美元的资本金，撬动上万亿美元的实体运营资金，相当于产生了7万亿~8万亿元的金融资产，必将增加金融供给侧的力量。金融领域的这些开放措施，意味着国家会按时完成全资全牌照开放。目前，中国股市中的外资占比仅为2.7%，债市中外资参与度仅为2.3%，在华外资银行资产占比一直在2%上下徘徊，保险业外资保费市场份额不到6%。而未来十年，2030年之后，当这一数字变成10%~15%的时候，一点儿也不用惊讶。考虑到中国市场规模之大，百分比上的任何一点儿变化都将带来绝对值上的惊人变化。相信没有人愿意错过这一轮中国金融开放所蕴藏的机会。

与此同时，金融业的对外开放，不仅能带来巨大的国际金融资本，还会带来外资金融机构的金融产品、管理经验、国际金融渠道。由于开放带来的竞争，国内金融机构在"与虎为伴、与狼共舞"的生态环境中，也能真正变强。一旦国内外金融机构再形成"你中有我，我中有你"的强强联合、优势互补的局面，我们对于有可能发生的"金融战"的防御能力无疑会大大增强。

（四）第四张牌，科技是关键牌

我国建设制造强国的关键在于提高科技水平，这需要我们不断加大研发投入。研发体系包括基础性研发、科研成果转化、大规模制造三个重要组成部分。当前，中国在上述三个方面均存在一些薄弱环节。

第一，基础性研发，国家投入明显不足。从整个科研开发投入的情况来看，我国已经是世界第二大研发投入国。2018年，中国整个研发投入占GDP的比重为2.2%，大约有两万多亿元。然而在

"0~1"的战略性、高科技、重大基础性研发方面，即在核心、高科技、基础性的研究开发（又称"核高基"研发）方面，投入量只有全部研发费用的5%。也就是说两万多亿元资金中只有1 000多亿元投入了"核高基"的研发中。

反观美国，研发费大概占据整个GDP的4%，2018年大约在8 000亿美元，约合人民币5万多亿元，从绝对量上就是我们的2.5倍。更为重要的是，美国在"核高基"研发方面的投入占到整个研发费用的17%，差不多有1 500亿美元，相当于1万多亿元，是我们的十几倍。整个G20国家"核高基"研发占总研发费用的比例更是高达20%，这就是我们存在的真实差距。在"从0到1"、从无到有的基础性研发方面，我们的投入严重不足。

第二，好不容易获得了一些基础性的研发专利成果，但我们真正将其转化为生产力的比例同样偏低。发达国家一般创新成果转化为生产力的比例大约为40%，而我们国家只有10%左右。为什么我们的科学家将技术发明出来，却转化不出成果呢？主要原因在于，我们的激励机制不正确。

目前，我国专利转化的激励机制是：科研成果出来以后，投资者（无论是企业投资、研究所投资、学校投资还是政府投资）只拥有知识产权的30%，而70%归于发明者。这个机制看起来很好，能够鼓励科学家发明创造，但问题在于，专利如果转化不成生产力，70%的知识产权依然是零收益。

这方面可以借鉴硅谷的《拜杜法案》，该法案是1980年提出的。这个"Know-How"（技术诀窍）的分享专利法案规定，美国任何的科研发明专利，知识产权的1/3归原始发明人，1/3归投资者，剩余的1/3归有能力将专利转化为现实生产力的人。专利的转化者本身并不是发明者，而是专利分享者。在硅谷的专利转化运行机制中，专利转化者是一股重要的力量，这群人往往是年轻的科技人员，每年往返于斯坦福大学、加州理工大学、麻省理工学院等科研院校，这些学校将基础性研发如同大字报一般贴出来，专利转化者要逐一查看，如果认为可以转化某项发明成果，就会跟学校签约。几年之后，如果成果转化不出来，学校和发明者不会有任何损失，转化者的工作也是白干。而一旦成果转化出来，专利产生了重大的经济效益，那么1/3归发明人、1/3归学校、1/3归转化者。

专利转化者往往是高情商、能够掌握市场灵活信息的人。而专利发明者可能是高智商、可以承受孤苦寂寞的人。如果我们让大学老师、科学家跑到各个城市去孵化专利，实际上是把他们的优势变成了劣势。所谓的"大众创新、万众创业"，应该致力于将科研院所中专家发明的专利拿到市场上去转化，这才是真正的创业创新。如果让专家学者出来创业，无异于"高射炮打蚊子"，他或许可以发明出"0~1"的专利，但就是转化不出来。我国目前就缺少类似《拜杜法案》这样的规则，深圳实际上可以做类似的尝试，地方法规中也有专利法和合同法，我们就实行合同法，大专院校的专利可以跟不同的转化者签约，所谓"一女多嫁"，哪个转化者将事情做成了，哪个转化者就可以来分享经济收益。

第三，在大规模生产线制造、独角兽企业培育方面，我国还应当加强私募投资基金建设和科创板建设。首先，美国的私募股权市场可以对科技研发企业进行"一轮、两轮、三轮"或者"A轮、B轮、C轮、D轮"的多轮投资。而在资本市场，企业只有投资规模达到500亿美元才能上市。这种制度值得我们借鉴。其次，科创板的退出机制建设也要加强。目前，上海和深圳都在推科创板。科创板不能只进不出，那样就会变成"僵尸板"。深圳的新三板市场，当年实际是想做成科创板的。4年的时间里上市了1万多家企业，但除了上市时有一波成交外，其余时间基本都没有交易。这 1 万家企业是名副其实的"僵尸"上市公司。证监会没有办法，从中挑选了 1 000 家企业，成为"新三板中的新三板"，为何不让其余 9 000 家公司退市呢？目前，很多新三板公司都在动脑筋退市，到上海的科创板上市，好像之前进错了门一样。归根结底并没有什么诀窍，上海科创板如果不把退市制度搞好，过个三五年，500 家科创企业上市，一堆垃圾公司不能退出，一样会遭遇新三板的宿命。这一类板块必须将退市制度完善起来，这也是国际惯例。

总之，科研创新补短板关键是要做好三件事。第一，加大"0~1"的投入，让"0~1"的投入占研发费的比重从 5% 变成 15%，从而推动核心、高科技、基础性的原始创新加速发展。第二，加大发明成果转化为生产力，在"1~100"阶段让有转化"Know-How"的人才拥有一定比例的知识产权。第三，"100~100 万"阶段要形成强大的私募基金投资、股权资本投资，形成一轮一轮的私募基金投资，最终上市。

（五）第五张牌，开放是我们永远的底牌

2018 年，习近平总书记在博鳌论坛、第一届中国国际进口博览会上先后强调，中国开放的大门永远不会关闭，只会越开越大。近一段时期乃至下一个阶段，中国对外开放有五个方面的重点任务。第一，进一步降低关税、扩大进口。第二，开拓全新的开放领域，全方位、宽领域、多渠道地引进外资。无论是教育、卫生、文化领域，金融、保险、证券领域，还是各种服务贸易领域，都要让外资充分进入。第三，不断改善中国的营商环境，让营商环境国际化、法治化、公开化。中央经济工作会议指出，中国下一轮开放的重点要由商品和要素流动型开放向规则等制度型开放转变。那么，何为

制度、规则？营商环境的国际化、法治化和公开化都属于制度、规则的构建。第四，不断建设对外开放的新高地。具体而言，内陆地区原本不够开放的城市，要力争建设成内陆开放高地；沿海地区本来就是开放高地的城市，包括上海、深圳，要在原有的开放基础上再创更新、更高的高地。对外开放要在高度、深度、广度上都有全面突破。第五，更好地参与WTO改革以及双边和区域性的FTA谈判，推进并融入全球化之中。

按照中央在对外开放方面的要求，近年来国内布局了18个自贸区。可以说，自贸区的政策，既涵盖了过去几十年开发区、经济特区、浦东新区、滨海新区的各类政策，以及保税区等海关特殊监管区的政策，又有了全新的突破。如果自贸试验区经过建设，跟保税区、开发区、特区、新区差不多，那就没有多大的意义了。不能"拿着西服做了衬衫"，衬衫虽然也有用，但不是自贸区要聚焦的贸易。自贸区要敢于突破以前开发区不能去做的事，即实现贸易自由、投资自由、资金自由、物流自由、人才就业自由以及数字贸易自由。自贸区应该与FTA对标，即与国家和国家之间放开搞自由贸易的协定对标。自贸试验区应当勇于探索、试验FTA设定的游戏规则。而一般性的简政放权规则，没有自贸区，也应该做这些尝试。FTA中的游戏规则主要涉及八个方面，包括准入前国民待遇、负面清单管理、知识产权清单保护、劳动力保护、生态环境保护、竞争中性要求、教育卫生领域开放、数字经济开放。

总而言之，习近平总书记多次提到建设开放新高地，当今中国最新的高地就是自贸试验区。我们要努力融入全球化进程当中，支持全球化发展，高举全球化大旗，为构建人类命运共同体贡献力量。一方面，要支持并积极参与WTO改革；另一方面，要积极参与双边的、地区性的FTA。如果我们能够跟欧盟、日本、韩国、东盟十国等建立自由贸易规则，中美贸易摩擦也就失去了意义。或许未来美国也会跟中国制定一个双边 FTA，谁也不吃亏。

截至 2019 年 6 月，中国进口关税税率已经下降到 7.4%，预计到 2020 年底可以继续降到 5% 左右。目前，全球贸易的平均关税税率在 5% 左右，通过签订 FTA 免去全部关税，其实也就是损失 5 个税点。20 世纪 90 年代，我国关税税率是 40%，为了加入 WTO，把税率降到了 15% 左右。当时，国内很多专家还在讨论，加入 WTO 到底是占便宜还是吃亏了，哪些行业会受到怎样的影响。无论如何，25 个税点的降低，一定会有企业受到极大的冲击。加入 WTO 后，2010 年我们将税率降到了 10%，2015 年进一步降到 8%，2018 年以来又降到了 7.4%。由此可见，努力降低关税是完全可以做到的。一旦降到零关税，就具备了与其他国签订 FTA 的逻辑基础。因此，打好 FTA 这张牌也将是我们制衡中美贸易摩擦的一个撒手锏、一个关键手段。开放是我们永远的底牌。

打好这五张牌符合中央要求的基本逻辑，不仅有助于应对中美贸易摩擦，更有利于推进我国改革开放事业，建设中国特色社会主义市场经济，相信最终的胜利一定会来到。

建设自贸试验区，补齐服务贸易发展短板

●

21世纪以来，全球服务贸易有了长足发展，尽管有2001年互联网泡沫危机、2008年次贷危机，但是全球服务贸易还是从2001年的2.95万亿美元增长到了2018年的10.8万亿美元，年均增长10%以上。

之所以有这个势头，是因为全球贸易格局变化，推动服务贸易快速发展。首先是全球货物贸易的中间品贸易比重从30多年前的30%上升到了现在的70%，一个全球性大产品往往是在几十个城市、几十个国家、几百个企业共同生产出来再销往全世界，这就导致了服务贸易大发展。因为伴随着上中下游产业链中的制造业企业生产活动，需要相应的从研发创新、物流运输到产业链金融以及清算、结算等生产性服务业，而这些生产性服务业跨国界的运行也就构成了服务贸易的发展。

其次是跨国公司为了适应贸易格局的变化，形成了以产业链标准提供、供应链纽带运筹、价值链枢纽管控为核心的竞争能力，这是跨国公司在资本、技术之外的又一种核心竞争力，而跨国公司在

这三链的管控运行中的所有业务活动，几乎都表现为服务贸易。

再次是全球制造业大国和服务经济强国为适应贸易格局的变化，不断推动关税和非关税壁垒下降，逐步形成了以"零关税、零壁垒、零补贴"原则为基础的国际贸易关系，也就是国家与国家双边或地区间自由贸易协定，极大地推动了服务贸易发展。

正是基于这些原因，这十几年来，全球服务贸易发展迅猛，服务贸易在全球贸易中的地位不断上升，以高新技术产业为代表的新兴服务贸易和跨国公司产业链、供应链、价值链"三链"运行业务为特征的服务贸易成为世界各国产业结构转型升级的内生动力。加快发展服务贸易成为各国提升综合竞争力的重要举措。

我国的服务贸易起步晚、发展快，大体跟上了全球服务贸易发展势头，2018年进出口总量达7 594亿美元，居世界第三位。但对比发达国家的服务贸易高附加值的行业结构，对比我国40多年来货物贸易的发展速度，仍然存在着五个基础性、结构性问题。一是我国服务贸易逆差很大。2018年7 594亿美元的服务贸易进出口总量中，逆差达到2 922亿美元，居世界首位，占全球服务贸易逆差的40%。二是结构效益不好。我国服务贸易主要集中在劳动力密集型行业，而知识密集型行业、资本密集型、资源环境密集型的服务贸易能力很弱，均表现为大幅度的逆差。三是巨量的货物贸易对服务贸易发展理应具有的带动优势没有发挥出来。我国是世界第一大货物进出口贸易国，每年4万多亿美元的货物贸易必然伴随生产性服务业，比如与货物贸易紧密相关的跨国运输、货物保险和贸易清算及结算的竞争优势未发挥出来。四是跨国公司一方面在中国境内形成了全球产业链、供应链最为齐全的制造业，另一方面这些制造业企业产业链标准、供应链纽带、价值链枢纽的掌控企业都注册在境外，由此形成的服务贸易业务量以及清算和结算后形成跨国的专利版税、企业所得税也都算在境外。五是服务贸易营商环境制度存在一定问题。对服务贸易领域的相关行业，比如金融、保险、生产性服务业、教育、卫生、文化创意以及数字经济等行业限制较多，准入门槛较高，全方位、宽领域、多渠道的开放体系还未形成。

比如，在数字经济方面。我们国家的数字经济、互联网经济、消费互联网规模敢说已经是世界最大的。所谓互联网的经济由4个经济指标来衡量：第一个是流量，互联网上流动的信息的流量；第二个是注册在互联网上的客户的数量；第三个是使用宽带付费的量；第四个是在互联网上进行各种访问和搜索的量。这4个指标中，我们在流量方面排在世界最前面；中国人多，大家拿着手机都在跟互联网发生连接，客户也是最多的；我们也是发展中国家中宽带消费量最大的。但是我们的互联网经济、数字经济在世界仅排在第三，美国排第一，英国排第二，而英国的量是美国各种量的50%。前面说的三个指标实际上我们都是在世界上名列前茅的，打分为什么排到第三、第四？就是我们对互联网的访问指标非常低。一般发展中国家我们都比不上，也比俄罗斯的指标低，这就是我们的薄弱环节。由于这个薄弱环节，许多跨国公司在中国有巨大的产业基础，需要搞研发，但是它的研究中心、研究室往往还是放在国外的。在中国它如果要研究，就需要访问它的数据库，找到全世界这个行业、这种技术的资料，但因为不能跨境访问，这些研究所又不能背个资料库到中国来，最终的结果就是放弃了在中国进行高端科研开发的机构建设，最后把这些研发机构放到外面去。其实研发的人才中国非常充分，市场又非常大，产业又在中国，本来顺手就把研究机构理所当然地放在中国，但现在很多在国外。这些是在数字经济领域的薄弱环节。

以上说的五个是客观存在的问题，如何解决呢？这需要在开放中探索。不可能在中国整个土地上突然全部开放，18个自贸区就该解决这五大问题。如果去看一下中央批准的对上海、深圳、广东、浙江，对18个自贸区的文件批复里面写到的政策内涵，大体上把中央的政策落实到位，刚才说的五大问题都会迎刃而解。三年五年以后，也就是自贸区充分发展三年五年，这五大问题将不再是中国改革开放中的薄弱环节，而会整个得到解决，中国的开放就会进入到更高、更深层次。

总之，进入新时代，中国开放出现了新格局、新特征、新高度，为服务贸易发展带来了良好的机遇。这种新格局表现在两个方面。

一方面是中国开放出现了五个新特征。一是从引进外资为主，转变为引进外资和对外投资并举。二是从扩大出口为主，转变为鼓励出口和增加进口并重。三是从沿海地区开放为主，转变为沿海沿边与内陆协同开放、整体开放。四是开放领域从过去以工业、房地产等工商产业为主转变为工业、服务业共同开放，形成了全方位、宽领域、多渠道开放局势。五是从融入和适应全球经济规则体系为主，转变为积极参与甚至引领国际投资和贸易规则的制定。

另一方面是建设中国对外开放新高地。自贸试验区的建设使中国的开放高度、深度、广度有了重大的拓展，短短几年形成"1+3+7+1+6"共18个自贸试验区，东西南北中，波澜壮阔、如火如荼地展开。自贸试验区的目标是对标FTA，FTA是国家与国家之间通过协议实现六个方面整体的自由贸易，包括贸易自由、投资自由、资金流动自由、货物进出自由、人员就业和进出自由、数字经济的数据进出自由。而自由贸易试验区则是在一个国家内部、某一个地方实行六个方面自由贸易活动的探索，实现营商环境的国际化、法治化、公开化。

自由贸易试验区的政策，集中表现在八个基本方面。

一是自贸试验区作为境内关外,一线放开、二线封闭的海关特殊监管区,海关政策除了体现在自用物资进口实行零关税之外,更主要的是在非关税贸易壁垒方面以自由化为核心,强调以贸易自由、投资自由、资金自由、运输自由、人员从业自由为重点。

二是税收优惠,形成万商云集的效果。鼓励高科技研发、战略新兴产业,包括响应的战略性新兴制造业和服务业,服务贸易实行5年内15%企业所得税,并视情况实行"两免三减半、五免五减半"的优惠政策,对于境外高端紧缺人才,还可由地方政策按15%个人所得税标准差额返还。

三是凡是与跨国公司的全球产业链、供应链、价值链运营业务关联的企业,全面准入、放开,业务活动实行负面清单、竞争中性的管理制度。

四是支持自贸试验区内企业开展真实的离岸贸易、转口贸易、跨境电子商务贸易、保税展示贸易和服务贸易。对于合理的离岸转手买卖业务,海关可以根据国际惯例对贸易合同货单、贸易清算结算税单和物流仓储货单实行三单分离审核。

五是自贸试验区内金融机构和企业可以进行跨境发债、跨境投资并购和跨境资金集中运营等跨境金融服务。金融机构可根据国际惯例为企业开展离岸转手买卖业务提供便利的跨境金融服务等离岸金融结算业务。

六是鼓励并推动数字经济、数字贸易发展,在国家安全的前提下,放宽大数据、云计算、人工智能及其数据处理中心领域的准入门槛,减少限制范围。

七是对教育培训、卫生医疗、物流配送、文化创意、科研创新、知识产权服务,对银行、证券、保险、产业链金融等金融行业,对跨境的物流配送、售后服务等生产性服务业以及各类进出口货物贸易相伴随的服务贸易，进一步放宽准入门槛，实行全方位、宽领域、多渠道的服务业开放方针。

八是自贸试验区实行营商环境国际化、法治化、公开化，实行准入前国民待遇、负面清单管理、知识产权保护、生态环境保护、劳动权利保护、竞争中性、数字贸易等，形成国际化、法治化、公开化的营商环境。

自贸试验区的建设和发展，为中国开放带来了新的开放高度、深度和广度，为服务贸易的发展带来了春天，带来了良好的发展机遇。要围绕我国服务贸易知识密集型、资本密集型、资源环境密集型行业的服务贸易能力弱的问题，围绕巨大的进出口货物贸易伴随的服务贸易潜力没有挖掘出来的问题，围绕全球相对最庞大的制造业产业链所伴随的"三链"服务贸易基地大部分在国外的问题，用足、用好、用活自由贸易试验区政策。自由贸易试验区首要宗旨就是要激活贸易，尤其是服务贸易。对我们来说，就是要解决上述服务贸易的短板问题。

一要以自由贸易试验区政策带动发展保税展示进口贸易、转口贸易、离岸贸易、跨境电子商务贸易、数字贸易、服务贸易等。

二要以自由贸易试验区政策带动发展与货物贸易相伴随的银行、证券、保险、保理、租赁、离岸金融结算、跨境人民币结算，以及跨境发债融资、投资、并购、跨境资金集中运营。

三要以自由贸易试验区政策带动发展与跨国公司产业链、供应链、价值链运行有关的生产性服务业和服务贸易，包括科研开发、信息服务、仓储物流配送、第三方物流以及跨境产品全球售后服务。要创造国际化的营商环境，吸引这些跨国公司，把"三链"服务相关的业务总部移到我国的自由贸易试验区来注册落户。

四要以自由贸易试验区政策带动发展教育培训、卫生医疗、文化创意、数字经济等与公共服务相关的服务贸易发展。

服务贸易与货物贸易不同，与工业项目不同，服务贸易看不见、摸不着，要虚事实做，实现见项目、见法人、见场景、见效益、见集群"五个见"。我相信，当我们把自贸试验区政策用足、用好、用活的时候，当我们的服务贸易不仅具有劳动密集型特点，更具有知识密集型、资本密集型、资源环境密集型特点的时候，当我们的服务贸易把我国巨大的货物贸易相伴随的服务贸易潜力挖掘出来的时候，当我们把最庞大的制造业产业链、供应链和价值链所对应的服务贸易基地体现在中国的时候，我们的服务贸易就实现了党中央要求的高质量高效益的发展，我们的服务贸易一定能在今后五到十年保持高速度发展的态势，到2035年前后，实现比2018年翻两番，达到3万亿美元的目标。

以内循环为主体，构建国内国际双循环新格局

●

习近平总书记在参加全国政协十三届三次会议的经济界委员联组会时指出，"面向未来，我们要把满足国内需求作为发展的出发点和落脚点，加快构建完整的内需体系，大力推进科技创新及其他各方面创新，加快推进数字经济、智能制造、生命健康、新材料等战略性新兴产业，形成更多新的增长点、增长极，着力打通生产、分配、流通、消费各个环节，逐步形成以国内大循环为主体、国内国际双循环相互促进的新发展格局，培育新形势下我国参与国际合作和竞争新优势"。新形势下，总书记的这一论述不仅仅是简单地针对当前产业链、供应链因疫情而中断所采取的权宜之计，而是在中国经济迈向高质量发展关键阶段的强国方略；不仅仅是因个别国家企图与我国脱钩、对我国进行围堵而迫不得已的内敛收缩，而是筹划以更深层次的改革、更高水平的开放加快形成内外良性循环的战略抉择。站在百年未有之大变局的历史关口，展望"十四五"，构建完整的内需体系、加快形成国内国际双循环相互促进的新格局应当成

为我们谋划中国经济下一程的重点内容。

一、全面准确理解"构建完整的内需体系"的内涵

"完整的内需体系"不是简单地讨论内需是什么,而是要在深刻把握"构建完整的内需体系"的时代背景下,从形成内需需要什么样的基础、什么样的条件、有什么样的机制等维度方面,系统理解"内需体系"的丰富含义。

(一)构建完整的内需体系,要以稳定市场预期、提高社会资本投资积极性为着力点

企业家愿不愿意扩大再生产、从事创新性的冒险活动,与其对经济的预期、市场竞争是否公平、产权是否得到有效保护有关。判断民营企业投资积极性有一个核心指标:全部民营企业的净资产增长率。这指的是,每年有多少企业利润未分配并留存下来成为净资产,有多少社会股权资本注入实体产业。如果一个地方的民营企业每年仅仅是总资产在增加,净资产不增加,则说明负债在增加,经济杠杆率在增加,有可能产生泡沫。如果全社会的企业尽管有利润但净资产在减少,就说明有更多的企业在亏损或有企业在转移资产。当前,广大民营企业受疫情冲击最严重,最关键的是要采取措施,稳定民营企业家的信心,营造中国经济长期向好的预期。而关键之关键在于落实好总书记在民营企业座谈会上提出的六条要求:一要切实减轻企业税费负担;二要采取措施,解决民营企业"融资难、融资贵"的问题;三要营造公平的竞争环境,特别是鼓励民营企业参与国有企业改革;四要完善政策执行方式,将"加强产权保护"落到实处;五要构建亲清新型政商关系;六要保护企业家人身和财产安全。落实了这六条,海量的民间资本就一定会再次活跃起来。

（二）构建完整的内需体系，必须以供给侧结构性改革为主线，提高资源配置效率

根据经济学理论，作为内需的主体，消费和投资之间应当有一个合理的比例关系。而这又取决于供给侧与需求侧之间能否有效衔接、动态匹配，取决于资源配置的效率。当前，针对消费升级的趋势，我国供给侧存在不少短板：在要素市场上，资金、土地、劳动力等要素的合理流动仍存在不少障碍；在产品市场上，物流成本仍然过高，农村市场与电商对接仍存在"最后一公里"的问题；在服务市场上，受疫情影响，餐饮、商场、文化、旅游、家政等生活服务业遭受了重创，教育、医疗、养老等领域的改革有待深化。对此，中央提出了进一步推进要素市场化配置改革，建设更加完善的社会主义市场经济体制的意见，就是要通过深化供给侧结构性改革，提高供给侧与需求侧匹配的灵活性，提高资源的配置效率。

（三）构建完整的内需体系，要以就业扩大和居民收入的持续提高为基础

内需的基础在收入，在就业。没有就业，没有收入，内需就无从谈起。我国现有4亿中等收入群体，同时还有6亿中低收入人群。当前，新冠疫情对实体经济的冲击已对民生、就业产生巨大影响，失业率冲高，部分群众收入下降，一些贫困人口脱贫后返贫压力加大。在此情况下，要进一步健全鼓励就业、促进就业的相关政策，加快形成以就业带动就业的新格局；要深化收入分配体制改革，进一步降低个人所得税率，提高劳动报酬在国民收入中的一次分配比重，在未来若干年内，将中等收入人群加倍，将中低收入人群减半。以此为基础，形成以中高收入人群消费为引领、中低收入人群消费

为基础并逐步提升的消费结构。

（四）构建完整的内需体系，必须更好地发挥政府在扩大内需、维护市场中的作用

政府在扩大内需中可以有两个直接作用：一方面，通过政府采购，形成当期消费需求；另一方面，通过政府支持的公共投资来形成有效投资需求。目前，这个两方面都有改进的空间。要以建立健全政府采购政策落实机制为切入点，进一步发挥政府采购对扩大内需的促进作用、引导作用；提高和优化公共投资效率及结构，更多投向市场不能有效配置资源的公共卫生、城乡基础设施、生态环境保护、重大科技进步等公共领域，发挥公共投资对总需求的乘数作用。同时，还应注意到，政府与市场不是简单的替代或互补关系，要想强化市场的作用，需要健全的法治体系，"有为政府"能更好地维护和催生"高效市场"。"更好发挥政府的作用"的一个目标就是"让市场在资源配置中起决定性作用"。"有为政府"和"高效市场"二者是"和谐社会"的基础，将共同为"和谐社会"提供法治支撑和充分就业。

（五）构建完整的内需体系，必须形成内需外需兼容互补、国内国际双循环相互促进的新格局

不能仅仅就内需谈内需。在开放经济条件下，内需的形成和有效供给也依赖于国际产业链、供应链的畅通和协同。在新冠疫情重挫全球贸易投资的大背景下，中国仍将持续扩大进口以满足国内多样化、个性化需求，仍将以开放的姿态深度融入全球产业链、供应链。中国是拥有14亿人口、4亿中等收入人群的超大市场，现在正好跳过了"中等收入陷阱"，进入了人均GDP 1万至3万美元的发展阶段，潜在的

经济活力和发展的余地、空间还是非常大的。今后几年，我们自身的内循环就可以把中国经济拉动百分之几的增长，而且可以通过增加进口，拉动周边国家、国际社会，进而带动世界经济的复苏，拉动国际经济大循环，进而形成国内国际双循环相互促进的新格局。

二、深化改革加快疏通国内大循环

习近平总书记指出，"我国经济潜力足、韧性强、回旋空间大、政策工具多的基本特点没有变"。从近期看，构建完整的内需体系需要尽快疏通影响国内大循环的堵点，促进国内大循环。一是要牢牢抓住创新这个驱动发展的不竭动力，尽快打通支撑科技强国的全流程创新链条，以创新创业引领内循环。二是要抢抓新一轮科技和产业革命新机遇，以新基建推动数字技术产业化、传统产业数字化，以数字经济赋能内循环。三是要创新发展思路，促进区域经济协调发展和布局优化，以培育新增长极和动力源拉动内循环。四是要落实以人民为中心的理念，采取有力措施，调整收入分配格局，以居民充分就业和收入提升支撑内循环。五是要打破部分行业的政策性梗阻，以新政策、新应用、新技术疏通内循环。六是要深化关键性、基础性体制改革，加快构建高标准市场体系，以市场化改革新成果改善内循环。

（一）牢牢抓住创新这个驱动发展的不竭动力，尽快打通支撑科技强国的全流程创新链条，以创新创业"引领"内循环

从本质上讲，创新就是通过创造新供给来催生新需求，一旦资本、资源、人力资本开始向新供给集中，新的需求就会被创造出来，老产业的生存空间就会受到挤压，产能过剩才能从根本上被消除，而整个经济不但会恢复平衡，而且能级会有一次大跃升。这正是以创新创业引领内循环的含义所在。然而，当前我国在科技创新方面

仍存在三个短板，分别对应于创新活动从无中生有到产业化的三个阶段。做好创新驱动，关键是针对这三个阶段存在的短板分类施策。

创新的第一个阶段是原始创新、基础创新、无中生有的科技创新。这是高层次专业人才在科研院所的实验室、在大专院校的工程中心、在大企业集团的研发中心搞出来的，需要的是国家科研经费、企业科研经费，以及种子基金、天使基金的投入。在这方面，我们有很大短板：尽管我国全社会研发投入已经占到 GDP 的 2.2%，总量在全世界排第二，但投向较为分散；一些需要长期投入的基础研究领域（如为"核高基"提供支撑的领域）缺乏足够投入，基础研究投入占比长期徘徊在 5%，与世界主要创新型国家多为 15%~20% 的差距较大。建议集中优势资源，加大对基础研究的投入，在未来 5 年内将基础研究投入占研发经费的比重由 5% 提高到 15% 左右的水平，并在以后年份继续逐步提高。

创新的第二个阶段是技术转化创新，是将基础原理转化为生产技术专利的创新，包括小试、中试，也包括将技术成果转化为产品，开发形成功能性样机，确立生产工艺等。这是各种科创中心、孵化基地、加速器的主要业务。在这方面，我们要调动各类智商高、情商高、有知识、肯下功夫钻研，以及接地气、了解市场的人，建立技术转移机构或者担任技术经理人。作为科技与产业的桥梁，其使命就是面向企业和产业需求，组织与整合科技力量进行深度研发，通过将科学转化为技术、以中试验证和改进技术来为企业界提供先进的技术解决方案。著名的德国弗劳恩霍夫研究所就是干这个活儿的。类似的机构在德国有很多，这也是德国科技创新如此先进的关键所在。而中国恰恰缺乏这样的机构。日前，科技部发布的《关于推进国家技术创新中心建设的总体方案（暂行）》（以下简称《方案》）特别提出，"国家技术创新中心不直接从事市场化的产品生产和销售,不与高校争学术之名、不与企业争产品之利。该中心将研发作为产业、将技术作为产品,致力于源头技术创新、实验室成果中试熟化、应用技术开发升值,为中小企业群体提供技术支撑与科技服务,孵化衍生科技型企业,引领带动重点产业和区域实现创新发展"。这实际上就是在培育中国的弗劳恩霍夫,补技术转移转化的短板。接下来,要进一步理顺国家技术创新中心的激励约束机制,落实好《方案》提出的"全面落实科技成果转化奖励、股权分红激励、所得税延期纳税等政策措施,建立市场化的绩效评价与收入分配激励机制"。要通过这些体制机制的改革,催生一大批从事应用技术开发与转移的专业机构和技术经理。

创新的第三个阶段是将转化成果变成大规模生产能力的过程。比如,如何将一个手机雏形变成几百万台、几千万台手机,最后卖到全世界呢?既要有大规模的生产基地,这是各种开发区、大型企业投资的结果,也要通过产业链水平整合、垂直整合,形成具有国际竞争力的产业集群。这个阶段的金融服务重点是各类股权投资机构跟踪投资、企业IPO或者大型上市公司收购投资以及银行贷款发债融资等。这就需要发挥资本市场的作用了。近年来,我国资本市场的基础性、关键性制度建设取得了显著进展,特别是实行注册制的科创板的上线为广大科技型企业上市融资打开了一个快捷及时的渠道。要发挥科创板的示范作用,为创新注入资本动能。凡是属于"卡脖子"的技术产业化项目,科创板都应优先考虑;凡是能够以产顶进,降低关键核心技术对外依存度的,科创板都应优先考虑;凡是有利于促进内循环、提升产业竞争力的,科创板都应优先考虑。要力争将科创板打造成与美国纳斯达克相媲美的资本市场,以科创板为龙头激活全流程创新链条,进而掀起全社会开展大规模科技创新活动的高潮。

（二）抢抓新一轮科技和产业革命新机遇，以新基建推动数字技术产业化、传统产业数字化，以数字经济"赋能"内循环

新基建作为数字经济、智能经济、生命经济这些人类未来文明的技术支撑，不仅本身将带来几万亿元甚至十几万亿元的投资需求，还将通过数字技术产业化、传统产业数字化、研发创新规模化而产生不可估量的叠加效应、乘数效应，对内循环产生巨大的赋能作用。

一是新基建有助于推动数字技术产业化，形成万亿元级自成体系的数字化平台。新基建涉及的信息基础设施如5G网络投资、大数据、人工智能、物联网、云计算、区块链等本身将带来天量投资。其中，5G基站将会有500万~600万座，每座50万元，投资规模将达到几万亿元。比如，各地正在兴建数据处理中心，中国今后5年将会增加1 000万台服务器。这1 000万台服务器连带机房、电力等设施建设至少将带动投资1万亿元。再如物联网，预计未来5年将至少有30亿~50亿个终端联网，形成万物互联，其带来的投资规模也会达2万亿~3万亿元。人工智能、区块链等也将是万亿元级的。预计2020—2025年，我国这些新基建投资产出以及建成后为社会带来的服务产出将超过10万亿元。

二是新基建有利于助推传统产业数字化，形成具有颠覆意义的产业互联网。所谓产业互联网，即利用数字技术，把产业各要素、各环节全部数字化和网络化，推动业务流程、生产方式重组变革，进而形成新的产业协作、资源配置和价值创造体系。根据中国信息通信研究院的数据，2018年我国产业数字化规模为24.9万亿元，同比名义增长23.1%，占数字经济比重由2005年的49%提升至2018年的79.5%，占GDP的比重由2005年的7%提升至

2018年的27.6%，产业数字化部分对数字经济增长的贡献度高达86.4%。这还只是开始，随着产业互联网的深入推进，其对经济的拉动、裂变效应将日益凸显。目前，中国工业总产值已达90万亿元，如果因产业互联网的广泛应用而提升10%的效率，就会产出9万亿元的增加值，经过资本市场催化后，形成百万亿元级的市值。如果说中国的消费互联网市场目前只能够容纳几家万亿元级的企业，那么产业互联网领域有可能容纳几十家、上百家同等规模的创新企业。这是一个巨大的蓝海，今后互联网数字经济中的"独角兽"将主要产生于产业互联网系统。

三是新基建有助于完善中国创新体系，推动引领第四次工业革命。近代以来，人类已经历三次工业革命，第一次是机械化，第二次是电气化，第三次是信息化。目前，世界正在进入以智能化为特征的第四次工业革命。第一次、第二次工业革命期间，中国正值闭关锁国的沉睡状态、清末民初的动乱时期，错过了发展机遇。第三次工业革命，我们赶上了，新中国的成立特别是改革开放让中国得以参与到这次工业革命中，成为受益者，但不是引领者。2010年前后，科技革命呈现出新的特征，一些领域出现了新的突破，国际社会将之称为"第四次工业革命"。在这个时期，中国的创新能力也发生了新的飞跃，特别是在5G领域具备了参与甚至是引领第四次工业革命的基础。在新冠疫情冲击全球经济的大背景下，唯有科技和创新才是走出危机、赢得主动的治本之道。加快新基建，特别是加快布局一批以大科学装置和大试验平台为代表的创新基础设施，同时辅以科技创新体制改革的深化，将有助于打造基础研究、区域创新、开放创新和前沿创新深度融合的协同创新体系，有助于进一步激发全社会的创新创造的动能，有助于中国引领第四次工业革命。

（三）创新发展思路，促进区域经济协调发展和布局优化，以培育新增长极和新动力源"拉动"内循环

形成国内大循环离不开区域协调发展。在新形势下，一方面，要通过城市群、都市圈建设，进一步增强中心城市和城市群等经济发展优势区域的经济与人口承载能力。另一方面，要跳出现有资源禀赋约束，用新技术、新应用的系统工程寻找西部大开发的突破口，进而促进形成优势互补、高质量发展的区域经济布局。要在这些新增长极、新动力源中寻找扩大内需的机会和空间。

重点规划建设好城市群、都市圈。当前，我国城镇化率已经超过60%，各类城市正由各管各的发展阶段迈向城市群、都市圈发展阶段，特别是京津冀、长三角、粤港澳、长江中游城市群、成渝地区经济圈等已经开启了城市群、都市圈的发展过程，其中的红利将高达数十万亿元级。而高瞻远瞩、科学合理的发展规划是发挥城市群、都市圈基础设施的综合效益和促进相互协同进而优化资源配置的前提，是看不见的"经济学"。一是要合理安排城市群的内部结构，形成以超级大城市、都市圈、城市群多重嵌套、分工协作的新格局。二是要按照"大联通、小分布"原则，采取"多中心、组团式"策略合理布局中心城市功能集聚区。三是注重以联通、高效、无缝对接的综合交通网络来降低城市"人流""物流"的综合成本。

进一步创新工作思路，用新技术、新应用的系统工程推进西部大开发。20年来，西部大开发取得了重大进展，但发展不平衡不充分问题依然突出，西部地区脱贫攻坚任务依然艰巨，与东部地区的发展差距依然较大。事实证明，简单地把东部地区城市化、工业化、农业精细化的逻辑搬到西部地区是行不通的。西部地区之所以落后，不能归结为其观念落后、知识不足、不懂得东部地区的运作

方式，而是东部地区的这些方式并不适合西部地区的资源禀赋。在新形势下谋划国内大循环，需要采取超常规思路，应因地制宜地采用现代高科技、工程化、大资本、企业化和系统推进的方略。比如，西部地区土地多、人口少，发展农业不宜采用沿海那种劳动密集型的模式，而应采用高技术、工程化、企业型的新模式。建议学习以色列和新加坡的经验，在有条件的地方利用大棚滴灌、立体种植和无土或少土栽培等技术发展新型戈壁农业，将广阔的戈壁滩改造成超大规模的蔬菜粮食生产基地，并通过中欧班列输送到欧洲或内地中东部。假设在西北地区10万平方千米（1.5亿亩，每亩1万元产值）的土地上采用这种方式，将会产生1.5万亿元的产值，形成上万亿元的农业增加值。同时，这相当于增加了1.5亿亩耕地，可以将因此形成的耕地指标卖给东部地区，既筹集了资金，又为城市群、都市圈建设增加了用地指标，一举两得。再比如，西部地区水光风电资源丰富，由于用电需求增长放缓、调峰能力有限、外送通道不畅等，近年来频频出现弃水、弃风、弃光问题。对此，一是要通过发展抽水储能、化学储能等技术，平衡此类能源的峰谷差，将此类能源改造成稳定可持续的电力资源。二是要加大特高压电网的投资力度，努力将这些地区富裕的电力通过特高压电网输送出去，提高对此类可再生能源的消纳能力。三是在西部地区就近布局云计算数据中心，通过"东数西算"为东部地区提供低成本的云计算服务。总之，要通过这些新的技术手段和系统工程发展思路，将西部地区富裕的清洁能源开发出来，进而转变为西部地区乃至全国高质量发展的物质支撑。

（四）落实以人民为中心的理念，采取有力措施调整收入分配格局，以居民充分就业和收入提升"支撑"内循环

2019年我国人均GDP已经突破1万美元大关，这意味着中国即将跨越"中等收入陷阱"，但仍处于"爬坡过坎"的关键阶段，4亿中等收入群体和6亿中低收入群体并存。在新冠疫情冲击之下，如果政策不当，掉回"中等收入陷阱"的可能性仍是存在的。应当采取特别措施刺激消费、促进就业、强化保障，进一步扩大中等收入群体、缩小中低收入群体，加快形成纺锤形收入分配格局。

一是降低个人所得税。目前，我国个人所得税实行七级累进、最高45%的所得税率，在全世界算是比较高的。我国每年的个人所得税占全部税收收入的比重为7%，大大低于发达国家20%、发展中国家15%的比重，甚至比俄罗斯都要低。之所以这么低，一个重要原因是高边际税率下，很多私营企业主在企业不领工资，而是将收入留在企业，转成按25%的税率交企业所得税。一些高收入人群要么移民，要么将企业迁到中国香港、新加坡等地以避税。按照国际惯例，个人所得税率应该小于或等于企业所得税率，现在企业所得税率降到了25%，个人所得税最高边际税率也应由45%降到25%，相应的级次税率也应下调。此举不仅不会减少税收总量，反而会扩大税基，刺激消费，导致税收总量增加，个人所得税占税收收入的比重也会逐步提升。

二是稳定小微企业所得税优惠政策。占企业数量80%的小微企业吸纳了70%的就业。2018年，国家有关部门针对小微企业出台了持续三年的所得税优惠政策：对年应纳税所得额低于100万元（含100万元）的小型微利企业，其所得减按50%计入应纳税所得额，按20%的税率缴纳企业所得税；优惠时间自2018年1月1日至

2020年12月31日。①此项政策将小微企业的实际税负降到了10%，可以说是全世界最优惠的政策了。但为何大家都不知情，还在众说纷纭地提出各项优惠政策要求呢？除了有关部门宣传不到位，还与该政策不是立法、只是短期政策、缺少长远预期有关。考虑到立足国内大循环的战略需要，建议将这一短期性、临时性政策转变为长远的基础性制度，上升为法律，以稳定社会预期。一旦小微企业缓过劲来，必将以新的就业带动更多就业，进而推动经济向好的循环方向发展。

三是增加农民的财产性收入。6亿低收入人群主要分布在农村。改革开放40多年来，广大城市居民的收入有了很大提高，其中很大一部分表现为财产性收入比重的提升。但与城市居民相比，广大农民除了务农收入和打工收入外，财产性收入占全部收入的比重始终停留在3%。这也是近年来城乡居民收入差距扩大的主要原因之一。对此，十八届三中全会确定了"坚持农村土地集体所有权""依法维护农民土地承包经营权""赋予农民更多财产权利"的改革思路，特别提出要"保障农民集体经济组织成员权利，积极发展农民股份合作，赋予农民对集体资产股份占有、收益、有偿退出及抵押、担保、继承权。保障农户宅基地用益物权，改革完善农村宅基地制度，选择若干试点，慎重稳妥推进农民住房财产权抵押、担保、转让，探索农民增加财产性收入渠道"。加快推进这些重大改革措施落地生效，对于缩小城乡收入差距意义重大。

---

① 2018年7月，为进一步支持小型微利企业发展，财政部、国家税务总局发布了《关于进一步扩大小型微利企业所得税优惠政策范围的通知》（财税〔2018〕77号）。随后，针对小微企业所得税优惠扩围后如何征管的问题，国家税务总局发布了《关于贯彻落实进一步扩大小型微利企业所得税优惠政策范围有关征管问题的公告》（国家税务总局公告2018年第40号）。

四是增加社会事业支出。2019年全国居民人均消费支出为21 559元。其中，居住、医疗保健、教育文化娱乐三项支出合计占人均消费支出的43.9%，比2015年提高了3.7个百分点，制约了居民消费水平的提升。为此，政府应增加住房、教育与医疗等方面的财政支出，以换取居民在这些领域减少支出，将节省的部分用于其他消费。比如，可以通过增加大城市的保障房供给，提升公租房在城市住房中的比重，稳定商品房的房价（房租）；尽快将学前教育纳入公共服务范围，将义务教育拓展到高中阶段；加大力度鼓励学生报考医疗卫生专业，减免学费，大幅增加医护人员供给，以应对因中国老龄化、慢病化加重而产生的医护服务供给短缺。

（五）打破部分行业政策性梗阻，促进供需实现高水平均衡，以新政策、新应用、新技术"疏通"内循环

过去几年，持续推进的供给侧结构性改革在化解部分行业的过剩产能方面取得了显著进展，国民经济大循环的水平和质量得到了显著提升。在疫情冲击之下，一些传统行业可能会出现新的产能"过剩"。对此，我们不能再施以强行去产能的手段，而是要通过适度调整政策、创造新的需求来释放这些"过剩"产能。毕竟产能"过剩"总是相对的，是受制于特定的技术和制度环境的。环境变了，供需条件自然也会发生变化。

第一，汽车行业。2019年，我国汽车产销分别完成2 572.1万辆和2 576.9万辆，尽管产销量继续蝉联世界第一，但同比分别下降了7.5%和8.2%，有消费萎缩的迹象。根据世界银行的数据，2019年每千人拥有汽车量方面，美国为837辆，德国为589辆，日本为591辆，一些亚洲国家如马来西亚为433辆，而中国仅173辆，这说明，中国的市场前景十分广阔。之所以出现汽车消费不振，一个重要原因在

于我们有很多限制汽车消费的政策。在一些地方,人民群众明明有很强的购车需求,却因为限号、限牌政策而买不了车。如果放开汽车消费,使中国达到发达国家50%的水平,则一方面可以满足市场消费需求,另一方面可以倒逼城市改造交通设施,扩建立体停车库。事实上,现在一些城市写字楼已经出现产能过剩,而楼房型的立体停车库非常少见,将部分过剩的写字楼改造成立体停车库,既能拉动消费,又能平衡市场。

第二,钢铁行业。根据工信部的数据,2019年全国生铁、粗钢和钢材产能分别为8.09亿吨、9.96亿吨和12.05亿吨,同比分别增长了5.3%、8.3%和9.8%,产能增长较快,已有再度"过剩"的迹象。在生产端,经过上一轮"去产能",污染的、技术落后的、规模较小的产能都已经被去掉了,现存的产能在世界上都算比较先进的。在消费端,尽管来自建筑业的钢材需求占比已超过了40%,但潜在的需求仍然较大。一是目前我国钢结构产量仅占我国钢产量的7%~8%,而欧美等国家(地区)的这一比重约为40%,提高各类建筑中的钢结构比重将显著扩大钢材需求。二是目前我国房地产用钢量为每平方米40~50公斤,而发达国家已达每平方米150公斤;我国每年新建10多亿平方米的房屋,如果能在建设标准中适度提高房屋用钢比重,甚至推广使用钢结构建筑,使每平方米建筑用钢达到150公斤,则一年可以多使用1亿多吨钢材,有助于消纳这些先进的"过剩"产能。三是现在的钢筋混凝土房屋一般寿命为30年,钢结构房屋寿命可以长达70~100年,提高建筑用钢标准、推广使用钢结构,可以大幅提升房屋质量、延长房屋寿命,形成废钢炼钢的循环经济,也有利于抗震减灾,一举多得。

第三,能源化工行业。2019年,中国进口原油5亿吨,对外依存度达70.8%;天然气进口9 660万吨,对外依存度达43%。未来几年，中国在能源方面的对外依存度还会继续升高。这么高的对外依存度始终是国家能源安全的重大隐患。这些进口的原油天然气有很大一部分用于生产各种化工产品。[①]而我国有世界上储量最丰富的煤炭，每年的煤炭产能为50亿吨，实际产量为40亿吨左右，似乎是"过剩"的。鉴于煤炭是天然的化工原料，建议对未来新增的炼化原油用煤炭来替代，发展煤化工、煤制油、煤制气，而不是简单地用来发电（将来的电也将主要来自可再生能源）。我国的神华集团等大企业已经具备了这个能力。如果增加8亿~10亿吨煤化工原料，就可以每年减少2亿~2.5亿吨的石油进口，既可以消纳"过剩"煤炭产能，又可以降低石油天然气的对外依存度。目前煤化工这条技术路线无非是受到了成本和清洁利用技术的制约，这可以通过科技创新和新技术应用来逐步解决。建议引导相关领域有实力的央企、民企进入该领域，用持续不断的资本投入来发展煤炭清洁利用技术，以技术进步和管理创新将这条技术路线的综合成本降下来，使其更有竞争力。

（六）要深化关键性、基础性体制改革，加快构建高标准市场体系，以市场化改革新成果"改善"内循环

深化要素市场化配置改革。2020年3月30日，《中共中央国务院关于构建更加完善的要素市场化配置体制机制的意见》发布。这

[①] 全世界之所以用原油、天然气作为化工原料，有技术上的路径依赖的原因。欧美资本在这条技术路线上深耕多年，长期的资本投入和技术进步降低了石油化工的综合成本。这条技术路线也被欧美资本带到了全世界，全世界采用了这条技术路线后又对原油、天然气产生了深度依赖。我们看到的石油美元正是这种"资源—技术—资本—产业—贸易"主导的国际大循环的集中体现。中国在过去相当长的一段时期不得不采用这个技术路线。

份重磅文件提出了许多生财型、聚财型和资源优化配置型改革,既具有针对性和前瞻性,又具有极强的战略意义。比如,"探索建立全国性的建设用地、补充耕地指标跨区域交易机制""放开放宽除个别超大城市外的城市落户限制,试行以经常居住地登记户口制度"等措施有利于提升要素流动性,有利于引导各类要素协同向先进生产力集聚。在当下经济增长和财政收入因疫情而大幅受挫的背景下,这种不花钱或少花钱却能带来巨量红利的改革不仅符合经济社会的实际,也有利于复工复产,激发企业活力,重启经济循环。

加快组建国有资本运营公司。2018年,我国企业国有资本权益总额为58.7万亿元,99%的股权资本是工商产业型资本投资公司的资本。建议加快落实十八届三中全会提出的"组建国有资本投资、运营公司"的有关要求,从现有产业型国有资本投资公司总盘子中划转出价值10万亿元左右的股权资产来组建若干个国有资本运营公司,让这些运营公司像新加坡淡马锡公司或美国巴菲特的投资公司,或者像私募基金那样专注于另类投资、股权投资,根据被投资企业的效益来决定进退,再与资本市场结合起来,这样一来,国有资本就盘活了。如果这10万亿元的投资能实现年化回报10%,每年就会有1万亿元左右的收益,可以为国家安全、公共服务等需要国有资本进入的领域提供持续稳定的资金来源,而不用增加财政负担。从工商产业类退出的10万亿元资本可以为民营经济腾出20多万亿元工业、商业、产业类市场空间,进一步鼓励并推动民营经济发展,从而打通国有经济与民营经济的资金循环,有利于推动混合所有制改革,激活经济全局。

推进物流运输体制改革。中国全社会各种物流成本占到了GDP水平的15%,而美国只有GDP的7%,欧洲、日本为6%~7%,甚至连东南亚发展中国家也只有10%左右,物流成本偏高已是社会共识。其中一个重要原因是铁路运量比重低，根据2020年的数据，铁路运量仅占总运量的9.5%，公路、水路运量分别占总运量的74.3%和16.2%（美国铁路运量的比重是20%）。一般来说，铁路运输的成本是高速公路成本的1/3，如果把铁路运量比重提高到15%~20%，将有效节约物流成本。为提高铁路运输货运量在各类运输方式中的比重，可以采取以下措施：一是将铁路线尽快延伸到各类开发区、厂矿企业，打通铁路运输"最后一公里"；二是随着高铁线路的逐步延伸，可以将原来的普快调整为货运专线，提升利用率；三是在一些交通枢纽深化改革、提升多式联运效率；四是推进新一代信息技术在交通运输中的应用，建设人流、物流、信息流多流集成，高效畅通的智慧交通。

推进内外贸监管一体化。跨境电商作为互联网时代发展最迅猛的贸易方式，未来将成为国际贸易的主流。近年来，我国跨境电商进出口总额虽然年均增速超过了50%，但在进出口贸易总额中的比重不到2%。部分原因是内外贸监管体制的分割。比如，跨境电商只能做零售，不能做贸易批发。又比如，零售商又被切分为保税进、保税出、一般进、一般出四种类型，只能选择其中一种经营方式，不能四位一体干零售。而内贸就不受这样的限制。这种跨境电商的监管体制严重束缚了企业的经营能力。从国际视野看，国际巨头亚马逊在从事跨境电商时，其不分国内国际、进口出口、批发零售，实现了经营方式一体化，这值得我们借鉴。最近海关总署已经允许在跨境电商综试区试点B2B，建议进一步打破零售与贸易批发的界限，允许所有跨境电商企业都可以做2B（对企业）、2C（对顾客），把零售和进出口贸易一体化，允许企业根据自身需要自由选择零售或批发等不同业态，为其开展国际供应链整合创造条件。

三、以高水平开放助推国际经济与中国更有效益的良性循环

当前，在全球贸易保护主义、单边主义抬头和疫情冲击全球经济大背景下，形势越困难，我们就越是要保持开放、扩大开放，在变局中开新局。我们要以高水平开放助推国际经济与中国更有效益的良性循环。

第一，稳步降低关税水平，适度扩大进口，提升我国在世界经济舞台上的话语权。事实上，当今世界，出口大国未必是经济强国，因为出口可能大都是劳动密集型产品、来料初加工产品。而进口大国一定是经济强国，进口所需的外汇可能来自技术和服务等贸易顺差，货币纳入SDR（特别提款权）成为世界货币也可与各国直接结算。

建议在未来3~5年内，将关税总水平由现在的7.5%逐步降到5%左右，实现与发达经济体大致持平。主动降低关税水平，可以直接降低消费者进口成本，有利于产业转型升级，增加群众消费福利；有利于增加进口，实现进出口平衡，为实现国际收支平衡创造条件；有利于在新一轮经贸谈判中占据主动，进口规模扩大后，我国在世界经济舞台的话语权自然也会扩大。

第二，进一步开放投资领域，持续放宽服务业市场准入。从全球来看，中国目前疫情控制得最好，也是投资风险最小的地方。只要我们进一步扩大开放，这些资金背后的产业资本必定纷至沓来，不仅部分外资转移产业的计划将被打消，还将帮中国迅速完成"补链""扩链""强链"。近日，国务院常务会议通过了《外商投资准入特别管理措施（负面清单）（2020年版）》，其中全国外商投资准入负面清单由40条减至33条，自贸试验区外商投资准入负面清单由37

条减至30条。特别是金融领域取消了证券公司、证券投资基金管理公司、期货公司、寿险公司外资股比限制，制造业领域放开了商用车制造外资股比限制，农业领域将小麦新品种选育和种子生产须由中方控股放宽为中方股比不低于34%。这些都为我们抓住机遇引资补链创造了条件。

建议进一步扩大物流、研发设计、数字经济等服务业的开放，吸引更多全球产业链相关企业落户中国、加入区域产业链集群，进而打造战略新兴产业链集群。在国外需求依旧疲软的时候，我们可以通过努力营造以当地需求、国内需求为拉动的产业小循环。当国外市场复苏的时候，扩大产业集群规模和发展质量，可以带动全球产业链的大循环。

第三，按照国际化、法制化、便利化的要求，加快打造国际一流营商环境。近几年，根据世界银行的标准，中国在营商环境改善方面取得了显著进步。这与我们持续不断深化放管服和其他有关方面改革有关。在新形势下，更要在现有基础上继续深化改革，将营商环境建设继续推向深入。例如，实现营商环境法制化，就是要将这些营商环境的具体要求上升为法律，转化为可问责的制度规则；实现营商环境便利化，就是要最大限度为各类要素跨境自由流动提供便利，实现成本最小化。

第四，以建设自贸区和中国特色自由贸易港为依托，建设开放新高地。现在我国已形成了以18个自贸区和1个自由贸易港为高地的对外开放新格局。它们的一个重要使命就是要围绕贸易自由、投资自由、资金流动自由、运输自由、人员停居留和就业自由、数据流动自由等方面进行先行先试。我们要以自贸区（港）为依托，培育与国际市场相通的产业实力和能力，打造具有国际影响力的先进制造业集群、战略新兴产业基地等。要建成国际一流营商环境，大幅降低外资在金融、保险、物流、研发设计、教育卫生、数字经济等领域的准入门槛，建立健全竞争性市场体制。要将改革开放和产业升级的措施形成可复制、可推广的成果。

第五，抓住机遇加快 FTA 谈判，积极参与国际经贸规则谈判和制定。2020 年 7 月，修订后的"美国 – 墨西哥 – 加拿大协定"正式生效，其中的"毒丸条款"就是针对中国的，是其试图削弱中国在全球贸易和产业供应链中地位的重要一步。接下来，美国大概率会延续在推动协定时的主要操作手法，与欧盟、英国、日本等达成类似的 FTA 协议。这实际上对我国形成了新的围追堵截。对此，我们应抓住机遇，加快中日韩自贸协定谈判、RCEP（区域全面经济伙伴关系）谈判、中欧 BIT 谈判、中英 BIT 谈判，适时启动加入 CPTPP 谈判。通过参与这类经贸规则谈判，一方面要努力打破美国在世界范围内"去中国化"的图谋，另一方面，要将这些国家和地区的科技、产业、资本和人才通过 FTA 规则吸引到中国来。

因为疫情，世界经济陷入了衰退。对此，正确的做法应该是继续高举全球化大旗，更合理地发挥市场对资源的优化配置作用，更好地形成全球各地、各国、各企业之间的分工配置，维护国际经济的良性大循环。那种以邻为壑搞"脱钩"、推卸责任拼命"甩锅"、搞单边主义和逆全球化的做法是在开历史的倒车，注定不会成功。我们要以高水平开放反制逆全球化，以改善营商环境反制"撤资论"、以超大市场的吸引力反制"脱钩论"。

后 记

研究经济学是一辈子的事儿

本书从筹备、酝酿、编辑修订到最终付梓，不觉历时一年时间。如今掩卷覃思，既感如释重负，也有些恋恋不舍。回想起来，实在是字里行间倾注了自己太多的思考感悟、人生阅历，每重拾这些文字，眼前不觉重现那些忘我工作的激情岁月，心中不由得生出一些"岁月不居，时节如流"的感慨。

从参加工作到退休，一晃就是 50 多年。回想这 50 多年，我绝大部分时间在从事企业管理、经济管理和城市管理工作，不论是下基层调研，还是政府部门内综合协调，抑或是与专家、企业家座谈讨论，中心议题大多是经济方面的。工作之余，闲暇时光，我最多的放松是浏览国内外财经新闻，最好的享受是阅读财经类书籍，最大的乐趣是从各类财经事件中发现规律、察觉大势。退休后，身边的家人、朋友劝我好好享受生活，但对经济问题的思考与研究，早已成为自己的一种日常习惯和生活方式。况且，作为一名受党教育44年的老党员，身处波澜壮阔的中华民族伟大复兴的历史进程之中，更应当退休不褪色、离岗不离责，在自己力所能及的范围内多研究、多思考，为中国经济高质量发展贡献自己的余热。

近两年，我受有关部门、省市或大学邀请，参加了一些论坛、讲座活动，就当前中国经济的热点、焦点、难点问题，特别是供给侧结构性改革问题，交流分享自己的研究成果，其中部分经整理后发布在报刊媒体上。出于一名党员干部党性觉悟的自觉，也出于对活动主办方的负责，我对自己的每一次演讲、每一篇文章，开列了5条"负面清单"。一是始终与党中央保持高度一致，尽己所能做好中央政策的宣传和解读工作。二是不讲没有经济学理论依据的"山海经"，呈现的观点要遵循经济学的基本逻辑，符合经济活动的基本常识。三是不搞脱离实际的"空对空"，以问题导向立论点、摆论据、做论证，努力让听众、读者有所思、有所获。四是不当拾人牙慧的"搬运工"，发表观点必须道人所未道，在角度、高度、深度上下功夫。五是不做重复的报告，只选取一些重点活动、特定主题参加。为了恪守这5条"负面清单"，我推掉了十之八九的邀请，并且每次参会前几天的早晨，都会到家门口的公园兜兜转转，精心构思演讲的主题观点和结构框架。寒来暑往间，这片喧嚣中的宁静，带给我许多灵感，使我发言的内涵视角能达到"精其选，解其言，知其意，明其理"的境界。

2019年7月，中国金融四十人论坛编辑部的同志找到我，邀请我把这两年的演讲稿件和署名文章汇编成册、印刷出版。新年以来，新冠肺炎疫情突如其来，加之恰逢假期，各项事务告一段落，自己也能够静下心来闭门编书，随手收录散作，不觉已有35万余字。宅在家中，在几十年来从未有过的闲暇时光里，我对过往文章进行了全面梳理，对观点、表述逐句推敲，对数据、案例逐一核对，对篇目、结构精心考量，每天写作6~7个小时，从隆冬腊月到春暖花开，最终形成了这本书。

我们这代人，按照老话说"生在新中国、长在红旗下"。人生轨迹横跨改革开放前后两个历史时期，是改革开放这一伟大事业的亲历者、见证者，更是拥护者、推动者。现在回想，供给侧结构性改革恰是中国改革开放的魂，其精神实质一以贯之地体现在我们党40多年来的经济工作实践中。以我本人为例，对供给侧结构性改革的认识与思考，大致可以分为三个阶段。

第一阶段，自行而不自知。20世纪90年代初，我主动向时任上海市市长的朱镕基同志请战，到新成立的浦东开发办工作。上任后头一件差事，就是牵头制定中央"十条政策"的贯彻落实举措。在当时，浦东开发开放政策力度之大、含金量之足是十分罕见的，减税降费、简政放权、外资市场准入等供给侧结构性改革的应有之义，在其中已见端倪，并收获了很好的成效。但那时的自己，更多是扮演一线执行者的角色，在上海市委市政府的领导下做一些具体的工作。

第二阶段，自知而不自觉。21世纪初，我溯江而上，到年轻的直辖市重庆工作。当时的重庆，主导产业重，经济能级低，面临"东北现象"和"西部特征"的叠加，经济转型升级迫在眉睫。面对这些问题，我们抓住全球金融危机下的产业转移机遇，从产业链升级的供给侧着手，大力发展汽车产业、电子信息产业和若干战略性新兴产业，推动形成上下游"整装+零部件配套"垂直整合、同类企业扎堆集聚、先进制造业与现代服务业互动融合的集群化发展格局。我在这个时期想问题、做决策的过程中，对经济供给侧管理的认识进一步深化，但客观地讲，更多是属于以问题导向见招拆招的，没有上升为系统性、条理化的经济学思考。

第三阶段，自觉而且自信。2015年，习近平总书记在中央财经领导小组第十一次会议上首次提出供给侧结构性改革这一概念，强调在适度扩大总需求的同时，着力加强供给侧结构性改革，提高供给体系质量和效率。在随后几年的中央经济工作会议上，总书记又陆续就供给侧结构性改革提出一系列重要论述，做出"三去一降一补"和"巩固、增强、提升、畅通"八字方针等重大部署。总书记的重要讲话思想深邃、博大精深，使供给侧结构性改革从一个重大战略性举措，发展成为系统完整的改革理论，也让我实现了从"知其然"到"知其义"，再到"知其所以然"的认识飞跃。近年来，在党中央的坚强领导下，在总书记的掌舵领航下，中国经济展现出巨大的韧性和潜力，取得了一系列为世界瞩目的成就。实践证明，总书记做出推动供给侧结构性改革的重大决策，是符合经济发展规律、提高中国经济质量的治本之策、务实之举，更为全球经济治理体系提供了中国智慧、中国方案。

从这个意义上讲，《结构性改革》虽以当前的经济概念为命题、以当代的经济问题为导向，实则辑录了自己几十年工作、学习、思考的体悟。我愿以此书，献给所有关心中国经济的朋友，献给所有为中国改革开放事业付出心血智慧的同辈人、同路人。

至今记得，2013年全国两会期间，我在接受媒体采访时谈道"市长只是个职务，研究经济学是终身的"。这确是我心中一直以来的感悟。弹指一挥间，几十年过去了，经济学早已成为我的良师益友，伴随我事业的发展，带给我思考的乐趣，指引我看遍经济现象的万千风景，走过经济改革的万水千山，结下了一段段千言万语道不尽的不解之缘。而今的自己虽然已近七十年岁，仍愿以"吾将上下而求索"的执着，不断探寻经济学真理的迷人光芒，不断见证中国经济的腾飞奇迹。

  此时此刻，当我轻轻合上书稿，放眼望去，上海已是一片流光溢彩、灯火璀璨。黄浦江的涛声在我耳畔隐隐回响，仿佛娓娓诉说着昨天的故事，又仿佛在告诉我，中国经济的巨轮将迎着新一轮的朝阳，沿着高质量发展的航道劈波斩浪、扬帆远航！

2020 年 3 月 14 日